JN055429

神との交流

スピリチュアル・ヒエラルキーの手引き

バーバラ・Y・マーティン
ディミトリ・モライティス　共著
山田恵　訳

太陽出版

COMMUNING WITH THE DIVINE
A Clairvoyant's Guide to Angels, Archangels, and the Spiritual Hierarchy
by Barbara Y. Martin and Dimitri Moraitis

Copyright © 2014 by Barbara Y. Martin and Dimitri Moraitis
Full-color illustrations by Howard David Johnson
All rights reserved including the right of reproduction in whole or in part in any form.
This edition published by arrangement with TarcherPerigee,
an imprint of Penguin Publishing Group,
a division of Penguin Random House LLC
through Tuttle-Mori Agency, Inc., Tokyo

口絵１　聖なる偉大な兄弟愛の天使

口絵２　大天使ミカエル

口絵３　聖霊（ホーリー・スピリット）

口絵４　英知の光の主（主キリスト）

人類のために新しい時代を生じさせる〈英知の光の主〉と
スピリチュアル・ヒエラルキーに捧ぐ

序文

この本の執筆に加われたことは素晴らしい喜びでした。天の聖なる存在については考慮すべきことが多くあるため、スピリチュアル・ヒエラルキーを精査することが記念碑的な仕事になるだろうということは最初からわかっていました。この本は、聖なる存在を人生とスピリチュアルな探究に含めることを奨励するためのものであると同時に、私たちひとりひとりが受け取っているスピリチュアルな支援の深さをより正しく理解してもらえるように強いインスピレーションを与える要素ももっています。バーバラと共同で本を書くときには必ず、聖なる存在が近くにやってきて執筆を支えてくれます。しかし、本書の執筆中は特にその距離を縮め、ほぼ毎日のように、自分たちが与えたインスピレーションを正確に反映する内容になっているかを確認しにやってきました。聖なる存在がそのように近くまで来てくれたおかげで、私は神なる存在について新しい理解と認識を得ることができました。聖なる存在が自分たちの営みについて次々と洞察を与えてくれたため、協力して作業している感じでした。

いつものことですが、バーバラの教師としての能力、そして透視能力者としての能力には驚かされます。私が師事した当初から、バーバラと神なる存在とのつながりは彼女の教えの大きな特徴でした。バーバラは聖なる存在について、私が出会った誰よりも深い理解と広範囲な経験を有しています。それでもこの本の執筆中には、新たな発見がひとつならずあり、どんなに形而上学をよく知り、経験していても、常にその先があるのだということを教えてくれました。だからこそ、スピリチュアルな旅はとても神秘的で刺激的なのです。

一般の人に向けた本であるにもかかわらず、神なる存在が本書のために教えてくれた内容の深さと範囲の広さは、途方もないものでした。提示された多くの洞察は、かつては上級クラスの生徒にしか明かされなかったものです。しかし今、神なる存在は天界について多くの重要な事実を伝えようとしています。これはつまり、かつてないほど多くの人々が、そうした知識や知識がもたらす気づきに対して準備ができていることを意味しています。

本書の執筆中、私たちは、神なる存在に対するさまざまな信仰と、本書で示す形而上学的理解を、どのように調和させるかという問題に取り組みました。文化によって呼び名が違っても、指しているのは人類全体を導く同じスピリチュアル・ヒエラルキーであることを、強く伝えたいと思いました。それぞれの宗教や形而上学的伝統には敬意を表しますが、私たち人間はみな、同じ神の家族なのです。

本書の執筆中にはまた、ヒエラルキーの内部で進んでいた管理・運営上の変革という、少し変わった体験もしました。聖なる存在は静的ではありません。彼らは動的で、いっそう輝きを増しながら成長しつづけています。この数年で神からの支援が増したので、この本はとても良いタイミングで書けたと言えます。

個人的な話をすれば、この本の執筆中の私は、スピリチュアルな成長におけるきわめて重要な転機を迎えていました。聖なる存在に導かれ、到達できるとは思っていなかったスピリチュアルな高みへとたどりついたのです。それは長年の準備の結果起こった成長でした。聖なる存在がしてくれたこと、今行ってくれているすべてのことに対して、私の感謝を言葉で伝えることは不可能です。この場所に私を導いてくれたバーバラに深く感謝します。彼女は、本当の意味で正真正銘の教師です。与えられた祝福に報いる唯一の方法として、私は他者を助けることで神なる存在の役に立とうと思います。

そのようなスピリチュアルな変化が本当に起こるのだろうかと疑う人たちにも、変化は起こります。また、たとえば天使のような聖なる存在を疑う人がいても、聖なる存在は実在します。人は想像以上に素晴らしい、愛に満ちた支援を受けています。この本がスピリチュアルな旅路を歩むうえで役立つ新鮮なインスピレーションをもたらすように願っています。

光と愛とともに
ディミトリ・モライティス

はじめに

スピリチュアル・ヒエラルキーに関するこの本を提供できることは、大きな喜びであり名誉です。私が授かった透視の才能のなかでも、聖なる存在とのつながりこそ、最もかけがえのないものです。三歳で天使に会った経験に始まり、〈神の光〉をもたらす聖なる存在は、個人的にも仕事のうえでも精神的にも、常に私の仲間であり、支援者でした。私は、四十年以上形而上学の教師をしてきました。主にオーラの分野で知られていて、オーラとスピリチュアル・エネルギーに取り組むことによって向上する道を数千人に教えてきました。しかし、すべての形而上学的な取り組みの背後には聖なる存在がいました。端的に言えば、彼らの恒常的な支援がなくてはスピリチュアルな仕事をすることはできなかったのです。

これから、聖なる存在との出会いについて、私が体験した出来事をいくつか述べますが、聖なる存在、あるいは高次とも呼ばれている彼らの姿が見えることは、彼らとつながる必要条件ではないと言わせてください。オーラに取り組むためにオーラが見える必要はないのと同じように、高次とつながるために彼らの姿が見える必要はありません。高次は、自分の姿が相手に見えていようといまいと、すべての人に優しく働きかけています。こういった聖なる存在は人の生涯における変わることのないパートナーです。人の成功は、彼らの助力に依存します。聖なる存在は、ひとりひとりの人を熟知しています。さまざまな点で、本人よりもよく知っています。その人の目的、長所・短所、できることを知っている彼らは、その人が目的を叶えられるように、より近くで力になろうと尽力しています。聖なる存在とうまく調和できるようになるにつれて、人の人生はより素晴らしく、成功に満ちたものとなります。そしてそのような関係は、最終的には大きな神秘的結合へとつながります。

古代の人たちは、聖なる存在と交流するこの力をテオファニー（神なる存在との対話）と呼びました。この本の目的は、高次と対話する能力を強化することです。サイキックや霊媒的な力、もしくは憧れや妄想を多分に含んだファンタジー的な力を指して言っているのではありません。人がもつ性質の神秘な部分を通して、聖なる存在とよりうまくつながる方法を学ぶということです。

この本を読み終わるころには高次と直接つながっているはずです、と約束することはできません。そのつながりは、人がスピリチュアルな梯子をのぼるなかで、しかるべきタイミングで築かれるものです。私に言えることは、真面目にスピリチュアルな努力をすれば、聖なる存在に大いに近づき、より直接的に彼らの影響を感じられるようになるということです。

聖なる存在に関する私たちの研究は、私自身が生涯にわたって積んできた直接的な透視体験と観察にもとづきます。聖なる存在とのそうした交流のなかには、非常に個人的なものだったためにこれまで秘密にしてきたものもあります。そのいくつかを本書で初めてお伝えしようとしている理由は、聖なる存在と交流できる可能性は誰にでもあることを示しなさいと、聖なる存在たち自身が勧めているからです。

私が幼いころから、聖なる存在はもっと彼らのことを理解できるように現れてくれました。聖なる存在にはさまざまなタイプがいて、それぞれ特別な能力や才能をもっているということを私は知りました。

時として彼らは最も予期せぬ方法でやってきます。八歳のころ、私は電話があったと伝えるために父を捜していました。父はギリシャ正教の聖職者で、教会で会議中でした。この後の出来事を理解していただくために、少し背景をお話ししておきましょう。父は子どもたちに聖者の話をするのが好きでした。私は特に聖スピリドンの物語に魅かれました。ギリシャの山で孤児となった聖スピリドンがどのように羊飼いになったかはもちろん、どのように聖職者になり、崇敬される司教になったかに関心を抱きました。彼の親切さと知恵、神に奉仕するために物事を具現化したその才能に私は驚き、彼が神へのとりなしによってギリシャ教会のイコンを守るなど、多くの素晴らしい奉仕活動を行ったことに感銘を受けていました。

さて、その日、私は父を捜して教会に入りました。教会に人影はなく、入口近くに聖スピリドンの全身を描いたパネルがありました。すると驚いたことに、スピリドン自身がその肖像画から出てきました。彼は私に微笑み、私は微笑み返しました。彼のオーラは素晴らしく、金色の光でキラキラ輝いていました。残念なことに一瞬で去ってしまったものの、私は畏敬の念を覚えながらその場に立ちつくし、すべてを理解しようとしました。高次に接するときはいつもそうですが、恐れや不安はなく、ただ驚嘆の感覚だけがありました。やがて私は父を見つけましたが、スピリドンの訪問を受けたことについてはもちろん話しませんでした。

私がスピリチュアル・ヒエラルキーに関する教育を初めて受けたのは、十一歳のときのことです。聖なる存在の訪問は受けていたものの、私には相手が誰なのかがほとんどわかっていませんでした。神の性質をもっていることはわかったのですが、彼らは現れてもさほど情報をくれなかったのです。必要なときに現れることも、単に自分の存在を知らせにくることもありましたが、彼らが誰なのかについて、私はその存在の美しさと威厳以上のことは理解していませんでした。

十一歳のとき、私は家族とともにミズーリ州カンザスシティーに住んでいて、有名な教師であるドロシー・ラ・モスに舞台のレッスンを受けていました。中西部でも一、二を争う劇場専属劇団を率いていたドロシーは、のちに、ヘルメス科学者で、大変な透視能力者であることがわかりました。彼女は私の才能に気づき、形而上学の手ほどきをしてくれました。啓示的で刺激的な時間でした。ドロシーのおかげで、自分がしていたスピリチュアルな体験の数々をよりしっかりと理解できたのです。毎週土曜日に一年ほど、私はドロシーに会って形而上学を教えてもらいました。ドロシーは、ヘルメス科学に関する神聖な手書きの本を私に読ませてくれました。形而上学の技法のなかでも最古の、いまだ色あせない文献です。

この間に私は、自分の透視能力についてもより正しく理解できるようになりました。ドロシーはオーラに関してもより深い理解を授け、オーラの色を解釈する方法を教えてくれました。そうした訓練の一環として、私はスピリチュアル・ヒエラルキーに関する体系化された教育を初めて受けたのです。ヘルメス科学では、スピリチュアル・ヒエラルキーは「彼方のより偉大な存在」と呼ばれていました。ヘルメス科学は、高次がいかなる存在で、いかに重要か、彼らについて人はどう学ぶべきなのか、彼らはどうやって人を助けてくれるのかを伝えていました。

十三歳から十九歳にかけて、オーラを透視する私の能力は強まり、聖なる存在と交流する能力も増大しました。私は高次とのやりとりをコンスタントに続け、談話を通して多くのことを教わるようになりました。自分や他の人のためにどのように〈神の光〉を使うべきか、そして、聖なる存在がどのように人類に〈神の光〉をもたらしているのかを、私は学びました。彼らは、歩むべき神の道があることを強調し、スピリチュアルな取り組みを続けるよう私に勧めました。そのときの私は、形而上学ではなく「普通の」生活を送ろうとしていたのですが、聖なる存在はスピリチュアルな生活がどのように重要かを優しく説いてくれました。

聖なる存在との私の個人的体験は、二十代に入るといっそう劇的に展開しました。こちらから求めなくても、存在すら知らなかったヒエラルキーのメンバーが驚くべき形で現れるようになったのです。まるで天が開いたようにも思えた時期でした。私はヒエラルキーの範囲と規模を身をもって教わりました。残念なことに、こうした体験を話せる人は誰もいなかったので、人生を変えるような出来事ではありましたが自分の胸のうちにとどめておきました。

スピリチュアルな師であり、同胞でもあるアイネズ・ハードに会ったときに、そうした状況は変わりました。アイネズはロサンゼルスで形而上学を教えていました。高度なスピリチュアルな技術と能力を兼ね備えた驚異的な魂だった彼女は、劇的な幼少期を経験していました。父親はオーストリアの上流階級に生まれたのですが、一般女性と結婚したことで既存体制との争いが生じ、結婚相手である母親は殺されてしまいます。同じく命を狙われた父親は祖国から逃げ、アメリカにいる叔母にアイネズを預けました。自分と一緒にいると娘のアイネズを危険にさらしてしまうと感じた父親は、南米に向かいましたが、結局はその地で殺されてしまいました。アイネズはカンザスの叔母の手で育てられました。やがてロサンゼルスへ引っ越してハンコック家に嫁ぎましたが、その結婚は長続きせず、のちにフランク・ハードに会って結婚し、二人の子どもを得ました。幸せな結婚でしたが、息子は自動車事故で死亡、フランクは病死するなど悲劇が続きました。

まだ二十代後半のとき、アイネズは汚染されたレタスによる食中毒で死にかけました。その夜、生死の境をさまよいながら神に助けを求めて祈った彼女は、生きのびることができたら残りの人生を神に捧げると誓いました。アイネズはそのときすでに、多くの透視経験をしていましたが、直接的にはスピリチュアルな生活を追求していなかったのです。こうして、その後の彼女の人生の目的は明確になりました。もちろん、彼女は生きのび、スピリチュアルな取り組みを生活の中心に置いて暮らすようになりました。

アイネズは透視能力を高めるための訓練を何年も続け、非常に力を伸ばしました。オーラに精通し、スピリチュアル・ヒエラルキーとも特別なつながりを築きました。聖なる存在はアイネズを通して、彼女が「クリストスの英知」と呼んだ、神秘の探究に関するひとつの驚異的な啓示をもたらしました。特定の宗派に属さないこの神秘主義は、アイネズの仕事の中核となると同時に、私の教えの焦点になりました。聖なる存在はそのとき以来、この壮大なスピリチュアルな研究体系の広い理解を私に授けてくれています。研究自体の形而上学的解釈は〈光界の教え〉として知られていて、今の時代の人類に与えられている普遍的な教えの一部です。本書ではヘルメス科学の知識もご紹介しますが、ヒエラルキーについてお伝えする知識のスピリチュアルな基盤は〈光界の教え〉です。〈光界の教え〉は、私たちが行うあらゆる指導の中心にある教えです。

アイネズは、手順を追ってヒエラルキーとつながるよう私を訓練しました。訓練を終えるころには、私は聖なる存在と途切れなく対話することができるようになっていました。これは個人的にもスピリチュアルな教師としても必要とされる技術でした。なぜなら、本物のスピリチュアルな教師は全員、聖なる存在の特使として活動している部分が大きいからです。聖なる存在に対する私の愛情や彼らとの関係は、それ以来ずっと深まっています。彼らをいて当然の存在だと思ったことはありません。聖なる存在と交流する光栄を得られることは、いつであろうと素晴らしい体験です。

本書でお話しする聖なる存在との出会いの多くは、命のこちら側で起こりましたが、神霊世界もしくは精神世界と呼ばれるところで起こったものもあります。聖なる存在は、訓練と祝福のために私を精神世界へ連れていくことがありました。肉体をもっているあいだも、私たちは全員神霊世界につながっていますが、技術を習得しないかぎり、向こう側での経験を意識的な記憶として持ち帰ることはあまりありません。精神世界で見る聖なる存在は通常、いっそう壮大で見事です。

共同執筆者のディミトリ・モライティスが神なる存在と直接の交わりをもてる場所へ実際に到達したという点で、この本の執筆は天の恵みでもありました。この本は、固い信念をもち、決然としていたら、どんなことが可能であるかの証です。

他人のスピリチュアルな体験談を聞くのは素晴らしいことですが、そういった体験は自分とは無関係だともしどこかで感じているなら、安心してください。聖なる存在は人の人生の一部であり、神なる存在と交流できる場所へ到達する力は誰もがもっているのです。

神の光と愛とともに
バーバラ・Y・マーティン

神との交流——目次

第1部　見えない支援体系

第1章　スピリチュアル・ヒエラルキーとは何か

あらゆる草の葉には、
それに身をかがめる天使がいて、
「成長して、成長して」と囁いている。

――『タルムード』

真実の探求者はみな、神秘体験に憧れます。永遠の体験とも言えるものを探して、私たちは多くの道を旅します。創作に没頭している芸術家、新しい発見に必死に取り組んでいる科学者、愛する人の喜びに包まれている人、子どもの可愛らしさに触れている親などは、この神秘な結合を探しています。しかしその探求の最中、人がまさしく探している神なる存在は、すでにその人とともにいます。神なる存在はその人のうちにあり、その人を取り囲んでいて、その人を愛し、導き、奮起させているのです。

神秘な体験を探す旅の途中で落胆することもあるかもしれません。神なる存在の探求など妄想だ、歩むべきスピリチュアルな道などないと、感じるかもしれません。でも、そんなときでさえ、神なる存在はそばにいて根気よく真実のランプを掲げながら、疑いと絶望の雲が通りすぎるのを待ち、その人が元気と活力を取り戻して旅を再開できるようになるのを支えています。

探求の旅は最終的に結実します。無数の人々が長い年月にわたって結実させてきたのと同じように、実を結ぶのです。人生はあらゆる面で収まるべきところに収まり、物質のベールはいつの間にか消え、魂は何にも邪魔されることなく、神なる存在を自由に経験できるようになります。

こうした驚くべき旅路を、人はひとりで歩んでいるのではありません。成功へ至るための欠くことのできないパートナーであるスピリチュアル・ヒエラルキーが、人生のあらゆる面で助けてくれています。このヒエラルキーという存在を、天使や大天使という観点からとらえる人は多くいます。たしかに、天使や大天使は驚くべき存在ですが、彼らはより大きなネットワークの一部であり、天界の存在から成るこのネットワークがスピリチュアル・ヒエラルキーとして知られるものになります。大規模な意味でも、個人的にインスピレーションを得るような場面でも、人は誰もが常に神なる存在と特別なつながりをもって生きています。人が理解をせずに人生をやみくもに歩くことは神の意図するところではありません。神は人に、完全な気づきを得て、スピリチュアルな知をもって生きる手段を与えていますが、人は人生をどう生きるかによってこの気づきを構築しなければならないのです。

ここからは、私自身の生涯にわたる透視体験をもとに、聖なる存在の解説を試みます。天使や大天使をはじめとする聖なる存在についての誤解を解き、混乱を解決したいと思います。高次の存在とより密接にかかわり、日々の生活においてより深く親密な関係を築いていただくことが狙いです。高次との関係はとても神聖な関係です。高次がいかに神聖かを理解すると、自分自身の神聖さもいっそう理解できるようになります。

また、ヒエラルキーの組織体系についても、正確にわかりやすく説明したいと思います。彼らの外見や任務についてお話しし、私たちが命の階層秩序の一部であることを解説していきます。この本は実用書として、聖なる存在と交流する最も効果的な手段と技術をいくつかご紹介するものです。

スピリチュアル・ヒエラルキーの三つの定義

神からの支援に対する信仰は、どの社会にもありました。神の使者としての天使の存在は、聖書に流れるテーマとなっています。『コーラン』は、天使を六つの信仰対象のひとつとしました。インドでは、デーヴァ（神々）と王朝と神の化身が語られます。道教信者にも、称えている神々や神仙がいます。古代メソポタミアやエジプトの神々および聖なる存在は、当時の社会で中心的な役割を演じました。オルフェウス教とエレウシスの秘儀は、ギリシャ神話と同じく、古代ギリシャの文化の発展と黄金時代に欠くことのできないものでした。比較的最近では、ヘレナ・ブラヴァツキー、マックス・スタイナー、アリス・ベイリー、ルドルフ・シュタイナーのような神秘主義者たちの尽力により、スピリチュアル・ヒエラルキーに対する理解があらためて確立しました。スピリチュアル・ルネッサンスを迎えつつある今日では、多くの人が聖なる存在と人間の関係を以前よりも詳細に観察しています。

宗教と関係しているか否かにかかわらず、目に見えないスピリチュアルな存在という概念は人類の文化的な遺産の一部です。スピリチュアルな存在は、安心感、慰め、インスピレーションの源です。無数の賢人や神秘主義者が聖なる存在と直接接触したと主張してきました。また、古代のスピリチュアルな訓練所であった神秘学派の修練所や遁世僧院《アシュラム》は、志願者が神なる存在と直接つながることを支援するという共通の目的をもっていました。

今日では、物質科学的見地から、スピリチュアル・ヒエラルキーというテーマを時代遅れの神話や民話としてとらえる人たちもいます。そうとらえる人たちは、現代に生きる人々の精神にとって天使や大天使は関連性も考える価値もないものとみなしていますが、これは真実からは程遠い話です。私たちが住んでいる物質界をよりよく理解するようになると、物質生活を支えて維持しているスピリチュアルなルーツを理解することがいっそう重要になります。

形而上学的研究のなかでも、スピリチュアル・ヒエラルキーは、明確かつ客観的な方法でアプローチするのが最も難しいもののひとつです。ヒエラルキーを理解するうえでの難題は、どの体系に従うかによって、混乱を招く矛盾した情報が少なからずあることです。多様な宗教的・形而上学的学派はそれぞれ、ヒエラルキーの順序に関する独自の解釈をもっており、ときには明らかに対立していたり、互いに敵対的であったりさえします。こうなったのは主に、古代の啓示を解釈しなおす人の技量が数世紀にわたって足りなかったことが原因です。本書のアプローチは諸説混合主義です。「リグ・ヴェーダ」に書かれているように、「賢人たちはひとつの真実をさまざまな名前で呼ぶ」のです。多様なスピリチュアルな体系に共通して見られる特徴を理解することによって、聖なる存在がいかに私たち全員にとって普遍的かをよりよく理解することができます。

この本で精査するスピリチュアル・ヒエラルキーは、三つの観点から定義できます。スピリチュアル・ヒエラルキーは「神に仕える聖なる存在のネットワーク」であり、「命の階層秩序」であり、「〈神の光〉の階層構造」です。

神に仕える聖なる存在のネットワーク

スピリチュアル・ヒエラルキーは、神による聖なる計画の管理者で、創造にかかわるさまざまな任務を遂行する役割を果たします。この聖なるネットワークのメンバーは、人間界にいる発達した魂から、輝かしい天使・大天使、さらには惑星のリーダーたちに至るまで、多岐にわたります。本書では特に天使と大天使を重点的に取り上げますが、同様に多大な影響を及ぼす高次の存在は他にもいます。
こうした聖なる存在は、長いあいだ、多くは何十億年もかけて、スピリチュアルな道を歩みながらとてつもない進化を遂げてきました。彼らは人類を向上させ、人類を神へとつなげる進化のリンクを形成します。彼らの進化のレベルはまちまちで、だからこそヒエラルキーすなわち階層と呼ばれているわけですが、それでも全員が完全に調和した状態で働いています。互いに力を合わせて進化の鎖となり、アメーバのようにきわめて単純な存在からこのうえなく輝かしい大天使までの全命をつなぐ役目を果たします。私たち人間には、神へのリンクとなる彼らの存在が必要であり、神はこうした素晴らしい存在を通して進化のプロセス全体を導き、舵取りをします。
私たち人間と同様に、スピリチュアル・ヒエラルキーはそれぞれの進化の過程にあります。聖なる存在は自らの可能性を高めながら、神聖な源へとさらに近づいています。古代の著述家である偽ディオニュシオスは、『天上位階論』で次のように語っています。

〔……〕［ヒエラルキーとは］神にできるだけ似せた聖なる存在たちによる師団であり、知識であり、活動である。〔……〕このヒエラルキーの狙いは、可能なかぎり神と同化し、ひとつになることである。

ヒエラルキーのメンバーである聖なる存在は、自らが進化する過程の一環として、光のなかで見れば弟であり妹である人類を助ける責任を負っています。彼らは愛と純粋な奉仕の気持ちから人類を助けます。じつは、自然の各界には、それぞれ導き手となる独自のヒエラルキーがいるのです。動物界には動物界の、植物界には植物界の、鉱物界には鉱物界のヒエラルキーがいます。惑星や太陽系を導くヒエラルキーすらいます。

この本では主に、人類の進化に直接かかわるヒエラルキーに焦点を当てますが、これは私たちが日々交流しているのがこの聖なるネットワークだからです。

命の階層秩序

さらに広い視野から見ると、このヒエラルキーを別の形でとらえることができます。ヒエラルキーは命のスピリチュアルな秩序でもあるのです。偉大な形而上学的秘密のひとつは、命をもつものすべてに意識があるということです。この意識には進化の度合いに差が見られます。度合いの低いものから見ていくと、植物や動物はより原始的な意識をもち、その次に人間の意識がきます。人間より上には、天界のさまざまな意識が続きますが、こうした階層秩序には始まりも終わりもありません。命をこのように見ると、私たちは今この瞬間も命の階層秩序の一部です。

命のこの大きな鎖は神との関係を読み解く鍵です。人が神に祈るとき、神は知的レベルの異なる聖なる存在たちをうまく使いながらその人に手を差し伸べますが、これはつまり、その人が自分よりも発達したスピリチュアルな存在の力を借りているということです。スピリチュアル・ヒエラルキーはまさに、神への経路です。ヒエラルキーに近づけば近づくほど、人は神に近づくのです。

命の階層秩序の一部として、私たちは創造的なプロセスにおいて欠くことのできない役割を果たしています。このプロセスへの参加に抵抗を覚えるときもあるかもしれませんが、それはほんの一時的なものです。なぜなら命の自然秩序は本来創造的で、永遠に上昇を続け、より偉大な表現を切望するものだからです。

〈神の光〉の階層構造

〈神の光〉について話すことなくスピリチュアル・ヒエラルキーについて話すことはできません。聖なる存在は人類にスピリチュアル・エネルギーを送る責任を負っています。私たちには全員にオーラがあります。人のオーラは、普遍的な生命力の個人的な表現です。人は毎日、人生をどう生きるかによってオーラの力を高めたり、減じたりします。そして、聖なる存在は毎日、人に〈神の光〉を授けています。瞑想をすれば、直接その光をお願いすることができますし、そうすることで、〈神の光〉の管理者である聖なる存在にさらに近づくことができます。つまり、聖なる存在を光の瞑想に取り入れることによって、人は自分のオーラをいっそう強め、彼らとのつながりを強化できるということです。スピリチュアル・ヒエラルキーとつながり、スピリチュアル・エネルギーを受け取ることを、この本では重要な手段のひとつとしていきます。

私の透視能力では､高次とのつながりがオーラの領域に確認できます。人がスピリチュアル・ヒエラルキーとの強い直感的なつながりを築くと、色とりどりで活気に満ちた素晴らしいエネルギーが、ひとつひとつのチャクラの周囲はもちろん、オーラの領域の周辺で見られます。それは胸が躍るような光景です。白色光が頭上から降りているのも見えますが、この光は聖なる存在がもたらすインスピレーションの流れとの強いつながりを示します。また、神への献身と専心を示す濃い紺青色《ロイヤルブルー》の光線がハート・チャクラから出ていることも少なくありません。そのような人の魂はスピリチュアル・ヒエラルキーと同調しているだけでなく、与えられるインスピレーションを受け入れ、実行に移しています。

〈神の光〉と密接なつながりをもつ聖なる存在が階層構造をもっていることに加えて、光のほうにもヒエラルキーすなわち階層構造があります｡この光のヒエラルキーは､あらゆる被造物が頼って生きるエネルギー的基盤です。もとは「原初の光」として神から発せられたひとつの神聖な光が、色帯の異なるいくつもの光線に分かれて階層を成すのですが、それぞれの光線が神の異なる特性をもちつつ、究極的には神の包括的な力と特性の一部である状態を保っています。聖なる存在は〈神の光〉のこうした階層内でそれぞれに持ち場をもち、担当する光の供給所となることで独自の力を得ます。光によって力を得るのは私たち人間も同じです。自らがもつ光を強め、事物の神なる秩序のなかでしかるべき位置を占めるようになると、人は神の力光線に満たされ、光のヒエラルキーの一部となります。

人生の目的を達成するための鍵

三十代前半のとき、私はスピリチュアル・ヒエラルキーがいかに頼もしい盟友であるかをあらためて実感できる素晴らしい交流をしました。当時、私のスピリチュアルな人生は美しく開花しつつありましたが、他の面では大変な時期でした。私はシングル・マザーで二人の子どもを育てていて、カリフォルニア州サンタモニカのホテルで低賃金の仕事をしながら、自分の母親の面倒もみていました。姉が助けてくれていましたが、彼女は結婚したばかりで、できるだけのことはしてくれていたものの、私は経済的に苦しい状況にありました。

ある夜、出勤途中に車で衝突事故を起こす夢を見ました。ひどく嫌な夢だったので、翌朝は仕事に行きたくありませんでしたが、不本意ながらとにかく出かけました。通勤途中、交差点に差し掛かると、隣接する通りを運転していた女性ドライバーが赤信号を確認しないまま全速力で交差点に進入し、私の車の側面に激しくぶつかりました。車はひっくり返り、私は背中と足を痛め、鞭打ちになりました。

背中が回復するまでの九か月間、私は働くことができず、板の上で眠らなければなりませんでした。そのせいで、金銭的にもいっそう困難な状況に陥りました。失業し、日々暮らしていくのがやっとです。障害保険はおりましたが、十分とは言えませんでした。

月日は流れていきますが、どうすべきかわかりません。導きを求めて祈る日が続くなか、特に仕事を司る天使に導きを求めながら、心を込めて祈っていたある日のことです。祈りの最中に突然私は自分の体から連れ出され、あちらの世界の美しい場所に連れていかれました。それまでにも、聖なる存在は指導のために私を何度も体から連れ出していましたが、個人的な願いと直接関連があるあちらの世界に連れていかれたのは、このときがほぼ初めてでした。

気づくと私は、ギリシャ神殿のような見事な建物がある、川のほとりにいました。聖なる存在たちによって神殿のなかへと案内され、本でいっぱいの豪華な部屋に連れていかれます。目の前には印象的な見た目の机がありました。部屋はオフィスのように見えましたが、地上で目にするオフィスとは似ていません。私はそこにいることにワクワクしました。天使がどれほどの力をもっているかわかっていましたし、神の加護の訪れを期待して待っていました。

すると、ひとりの男性が机の向こう側に現れました。パリッとした青いスーツを着て、堂々とした裕福なビジネスマンのように見えました。髪は茶色、青い目をしています。真面目な顔つきですが、厳しさはなく、むしろ時間を浪費したくないといった感じでした。

男性は立ったまま、「どういう御用件ですか」と言いました。

流れるようなローブを着た、光線を発する天使が現れるのを内心期待していた私は、思わず、「あなたは天使ではないわ！」と口にしてしまいました。

男性は微笑み、私の発言を面白がって言いました。

「私が天使じゃないって?!」

突然、幾筋もの閃光が男性から流れ出しました。部屋全体が光で輝き、私は彼が放った天使の力にほとんど圧倒されました。彼は、私がより気楽に感じられるようにビジネスマンの外見をしていたのです。私は心のなかで「失敗した」と思いました。

少し経つと、光のエネルギーがおさまり、天使は再び普通のビジネスマンの外見になりました。私は次にどう言っていいかわからず、「誤解していました」とだけ言いました。

「あなたを助けたいのです」と、彼は誠実に答えます。

「今、家計が苦しくて、とても不安なんです」と言って、私は事情を説明しようとしましたが、そこで穏やかに遮られました。

「詳細は必要ありません。何を言っているのかはわかっています。あなたが来てくれて良かった。なぜなら、この問題に対するあなたの対処法は間違っていて、私が今からお伝えすることを受け入れる必要があるからです。詳述はしませんが、光を与えるつもりです。そうすれば、問題を解決するためにどうすべきかわかるでしょう」

美しい金色の光線が天使のハート・チャクラから放たれ、私のハート・チャクラに入りました。私はすぐに、啓蒙を受けて向上したように感じました。天使の言いたいことが理解できました。私は自分の状況を改善するために必要なスピリチュアルな知識と力を、しっかり使えていなかったのです。もう大丈夫だと、私にはわかりました。

祝福を授けた天使は、しばらくして言いました。

「これであなたは、その光で問題を解決できます」

天使はその光を使うことの大切さを説きつづけました。天使の役目は私の代わりに私の問題を解決することではなく、私が自分の問題を自分で解決できるように力と自信を与えることなのだと、私は気づきました。私は、自分の潜在能力を発揮していませんでした。高次からはそれまでにたくさんの洞察を得ていて、今の苦境はそうした洞察を活かす機会だったのに、活かしておらず、活かしていたとしても十分ではありませんでした。この天使にとても感謝しました。彼が時間をかけて助けてくれたというまさにその事実がとても心強く、聖なる存在がどれだけ私たち人間のことを気にかけてくれているかに気づかされました。

私はできることならもっとその場にいたかったのですが、天使は他にも急ぎの仕事を抱えていて去らねばならないことは明白でした。私は「本当にありがとう！」とだけ言いました。

「助けることができて嬉しく思います」と言って彼は去りましたが、私は光と愛を感じつづけました。

体に戻ると、彼の助言に従って、与えられた光をしっかり使い、自分の責務を果たしました。すると奇跡が起こりはじめました。約一週間後、私がお金に困っていることを耳にしたかつてのホテルの同僚たちが、助けになればと思いがけない寄付をしてくれました。相当な額です。何が起こっているか聞きつけた他の友人も、同じく寄付してくれました。こういった寄付のおかげで、私は再び働くことができるようになるまでの苦境を乗り切ることができたのです。

痛めた背中は、以前より治りが早くなっているようでした。まもなく働けるようになった私は、地元の学校で奨学金関連の手伝いをする、もっと賃金の高い仕事を見つけました。親切にしてくれた人たちに少しずつお金を返したかったのですが、断られました。この経験を通して、どんな状況にあっても光と聖なる存在に常に呼びかけることの大切さを私は学びました。おそらく、スピリチュアル・ヒエラルキーの最も驚くべき点のひとつは、私たちの人生をどれほど掌握しているかということです。

ヒエラルキーは、人が生まれた瞬間から亡くなる日まで、人生のあらゆる局面で黙って助け、励ましています。人がスピリチュアルな覚醒をするときも、彼らはそこにいますし、試練のときもそこにいます。間違えたり、つまずいたりするときも、忍耐強くそこにいます。悲劇の最中も、勝利の瞬間も、聖なる偉大な存在は人を支えるためにそこにいます。スピリチュアルな旅路において、人は決してひとりではないのです。私は、聖なる存在が病院で病人を癒しているところを目にしましたし、刑務所では収監されている囚人たちを支えているところを見てきました。人が日中職場で働いているときも、帰宅後に家でくつろいでいるときも、彼らはその人を祝福しています。難しい決断を下そうとしているときもそこにいて、落胆していたり、悲しんでいたりしたら、元気づけてくれます。卒業や結婚など、人生の喜ばしい節目の瞬間を祝います。インスピレーションを形にしようと必死に努力している最中も、しっかりとそばにいます。聖なる存在は、人類が成し遂げるあらゆる業績の源泉なのです。素晴らしい発明、芸術的な作品、見事な発想はすべて、ヒエラルキーの協力があったからこそ、人類にもたらされました。旅行するときでさえ、彼らは助けてくれます。そしてもちろん、瞑想したり、祈りを捧げたりするときにも、そこにいます。

この本の中心となるテーマでもありますが、スピリチュアル・ヒエラルキーこそ、神へとつながる経路そのものなのです。彼らは人が人生の目的を達成し、自らのスピリチュアルな可能性に到達するための手段です。彼らなしで目的を達成することはできません。彼らは人が進化するのを助け、人生の旅においてひとりではないことを思い出させるためにそこにいます。これは協調的な努力です。人が聖なる存在を意識していないときでも彼らは力を与えていますが、人が聖なる存在と調和すれば、彼らの支援する力は大いに増幅するのです。

ヒエラルキーとの交流で得られるものは甚大です。彼らを自分の親友、最大の支援者だとみなしてください。高次とつながれば、揺るぎなく変わることのない、永遠の友情を築けるでしょう。高次は常にそばにいてくれるようになります。仕組みを完全に理解することはできないかもしれませんが、何が起ころうとも、自分には支援者がいることがわかるでしょう。

聖なる存在は人の最高に素晴らしい面を見て、その人の最高に理想的な姿を見失いません。その人自身は自分のことをそんなふうには見ていなくてもです。人が自らに課された神聖な運命に向けて努力していようと、あらゆる失敗をしていようと、彼らは忍耐強く愛に満ちています。許し、無限に忍耐する準備が常にできています。人は自分で成長しなければならないため、彼らは間違いを止めませんが、その人が向上できるように励まし、成長における次のステップを示してくれます。

聖なる存在を意識して生活することによって、人はより深く神に献身できるようになります。多くの人が何を信じるべきかよくわからない時代に、しっかりした信念をもって行動し、強さと勇気を示せるようになります。そうした生活を送ることで、神は実際に自分の人生にかかわっているのだという力強い信念を得られるでしょう。

聖なる存在は神ではありませんが、神に似た存在であることはたしかです。彼らはスピリチュアルな道において私たちのはるか先まで旅していますが、まだ進化の過程にあります。スピリチュアルな知識、力、認識は膨大に備わっていますが、能力においてはまだ全知でも無限でもありません。聖なる存在は人間から崇拝されたいとは思っておらず、むしろ光と英知を身につけた兄や姉のような存在として認識してほしがっています。ただし、間違えないでください。聖なる存在は神が放つ神聖な力で本当に満たされていますし、畏敬の念と愛をもって接する必要があります。彼らは、私たち人間の命令に従ったり、欲を満たしたりする使用人ではありません。聖なる存在がいてくれるのは、私たちが自分のなかから最良で最高で最もスピリチュアルな部分を引き出せるように助けるためなのです。

聖なる存在とつながるために、彼らが見える必要はない

そのような強力な支援体系があるなか、聖なる存在については、なぜ彼らは見えないのか、という最大の疑問が浮かび上がります。聖なる存在がそばにいるなら、なぜ私たちはもっと彼らに気づかないのでしょう。独立独歩が重んじられ、自然が見境なく猛威を振るい、物質的合理主義が主調をなす今の時代に、目に見えない知的な支援体系があると考えるなど、非現実的だと思えるかもしれません。聖なる存在が話題にあがるときの反応は、断固として懐疑的なものから、狂信的なものまで、じつに幅があります。命の驚異的な部分を注意深く、バランスよく、冷静に観察すること、スピリチュアル・ヒエラルキーに関心を払うのは価値ある研究だと理解することが、私たちの目指すところです。人はこうした研究を通じて、自分たちよりも優れた知性に触れることができるのですから。

聖なる存在を見る力は、どんな人のなかにもあります。しかし、実際に見るには献身的に努力し、訓練し、力を開花させる必要があります。非物質的な次元に移り、波動を非常に高レベルまで上げる必要があるため、聖なる存在に直接同調するのは大変な挑戦になりますが、不可能ではありません。透視能力は、スピリチュアルな進化に伴って自然に得られる副産物です。スピリチュアルな鍛錬を積むと、ちょうど良いときに透視能力は開花し、聖なる存在を直接体験できるようになります。

ありがたいことに、人のスピリチュアルな成長度合いに関係なく、神なる存在の特別な計らいにより高次が姿を見せてくれることがあります。天使をはじめ、聖なる存在を見た人の話は数えきれません。そうした話のなかには願望にもとづく空想によるものもたしかにありますが、人生を変えるような本物の体験もまた

あるのです。

と言っても、聖なる存在とつながって力を得るうえでは、彼らが見えなくても何も問題ありません。聖なる存在を見ることは、求められていないのです。求められているのは、彼らを信頼・信用し、直感と知性を重んじながら働きかけることです。自分の才能と能力と意識をすべて傾けることによって、接触はなされます。聖なる存在はこちらを見ています。心から人を愛していますし、人が愛情を込めて働きかけるにつれて、より直接的に彼らを見られる日がやってくるでしょう。

神の名においてスピリチュアル・ヒエラルキーに恭しく呼びかけることにより、人は神なる命に関する理解を深め、スピリチュアル・ヒエラルキーにつながる力を発動することになります。この呼びかけは非常に効果的で、スピリチュアルな成長を速めます。彼らの助けを求めることで、人は彼らの力を引き寄せ、結果として彼らに近づくことになるのですが、これはつまり神に近づくということです。

非常に熱心に長年学んでいたロイスという生徒がいました。ロイスと私はとても良い友人でした。彼女は頭が良く、スピリチュアルな学びと瞑想に真面目に取り組みました。それでもよく、自分には〈神の光〉が見えないとこぼしていました。ロイスには聖なる存在が少しも見えなかったのです。けれども、スピリチュアルな鍛錬に価値があることはわかっていましたし、人生を送るうえで良い効果も得ていました。そんなある日のこと、ロイスは瞑想中に、まったく思いがけず、天使の訪問を受けました。愛の天使が姿を見せ、微笑み、彼女の頬に優しくキスをしたのです。ロイスは深く感動しましたが、驚くことはなく、むしろ、聖なる存在はいつもそばにいるのだという確証を得たのでした。

高次とつながるために必要なのは、直感、インスピレーション、そして知性です。効果的に働きかけるには、この三つの力を開発する必要があります。後述するように、直感とインスピレーションは、高次につながる能力の原動力です。高次に即座に波長を合わせて自分自身の成長へとつなげられる、人の性質における神なる部分です。直感力とインスピレーションを鍛え、信じることで、高次との親密な関係は自然と強まります。この二つの力は神秘な体験の扉を開ける鍵になります。

しかし、直感力とインスピレーションは単独では働きません。人が進化するうえでは、その人の知的で合理的な部分が強い役割を果たします。スピリチュアルな道を歩むなかで、常識を捨ててしまう人は大勢いますが、そうしたやり方は本来の神秘な道に完全に反しています。しっかりと理性に支えられていない直感は、筋の通らない迷信的な行動につながる恐れがあります。現実のものと想像上のものを分ける境界線は、簡単にぼやけてしまいます。理性を失くしてしまえば、上昇する魂は覚醒へと導いてくれるコンパスを失ってしまうでしょう。いっぽうで、覚醒は知的なプロセスではないため、神なる存在を知性だけで解明しようとする試みに実りはありません。そのような試みは、霊感に欠けた偏狭で柔軟性のないふるまいにつながるだけです。直感とインスピレーションが先で、知性はその次です。力を正しい順序で調和させて使うことで、スピリチュアルな成功へのロードマップが手に入るのです。

第2章　神と聖なる存在

私は自分では何もできない。
〔……〕私のうちにおられる父が、
その業を行っておられるのである。

――イエス・キリスト

神について話すことなく、スピリチュアル・ヒエラルキーについて話すことはできません。スピリチュアリティに対する関心がこれほど大きいなかで、神というテーマがえてして扱いにくいのは悲しい皮肉です。これまでにも生徒から、「スピリチュアル・エネルギーを使う鍛錬は大好きだけど、どうしてバーバラはそうやって神様みたいなものを持ち出さないとすまないわけ？」と言われてきました。あたかも神が、〈神の光〉やスピリチュアルな進化と無関係であるかのように。聖なる存在についても同様に感じる人は大勢います。天使に支援を求めるのは好きなのに、天使がその力を引き出している神聖な源についてはしっかり認識できていないのです。まるでヒエラルキーが私たちの願望を叶えてくれるしもべであるかのように頼みごとをするケースも、非常によく見られます。もちろん、彼らはそんなことをするためにいるのではありません。こういった頼みごとをする人たちはおそらく、人が互いにやりとりするようなやり方で、自分自身の目的を叶えるために聖なる存在と交流できると勘違いしています。聖なる存在とは非常に素晴らしい関係にあるとはいえ、関係のあり方についてはきちんと把握しておく必要があります。

神なる存在に完全につながるうえで、人がもつエゴは妨げになります。私たちは自分を過大評価しがちです。私が指導するクラスに、精神科医として成功した女性がしばらく参加したことがありました。背が高く、魅力的なブロンドで、精神科医としても有名です。人あたりのいい人でしたが、エゴも相当強い人でした。あるクラスの最中に、私が神について話しはじめると、この女性はいらいらしはじめました。そしてほどなく、挑戦的な調子でこう言ったのです。

「私は、神の存在を信じません。私が神です！」

彼女は宇宙論的な意味でそう口にしたのではありません。そうではなく、自分のほうが知的に優れているという誤った思い込みを口走っていたのです。名声を得たことにより、彼女は自分が他の人より優っていると思ってしまったようでした。私は彼女に言って聞かせました。

「神はいますが、それはあなたではありません！」

言うまでもなく、彼女は二度とクラスに参加しませんでした。

聖なる存在と効果的に心を通わせるには、彼らが力を引き出す神聖な源にまず同調する必要があります。神聖な源とはすなわち、私たちが神と呼んでいるものであり、同調とはこの神聖な源との関係をより深く理解することを意味します。神という主題はあまりに大きすぎて、この本の残りをすべて費やしたとしても、表面的なことにしか触れられませんが、〈光界の教え〉による概要を少し説明してみましょう。

神を理解するための第一歩は自分自身をよりよく理解することです。「私は誰か」という問いは、長年にわたり考えられてきた哲学的難問のひとつです。形而上学は、人がその人の体ではないことを教えます。人はその人の人格でさえありません。人は不滅の魂であり、人の魂は命が個別化して生まれた閃光です。この命は永遠です。始まりも終わりもありません。人の魂は、何らかの形で常に存在してきたものであり、今後も存在しつづけます。

命のこの閃光は、本質的に神性を帯びています。神秘主義者があらゆる存在の「未知なる根源」と呼ぶ「命の海」の一部です。神や聖なる存在が人を見るとき、最初に確かめるのはその人の体や人格ではありません。彼らはまず、その人の真の姿である、命の不滅の閃光を見ます。彼らが心を通わせ、励ますことができるのは、この部分だからです。

自分が不滅の魂であることを知り、認めることは、人が進化するうえできわめて重要です。不滅の魂であるということは、何度となくつまずき、間違えても、神と聖なる存在は常に最高の自分を見てくれているということです。彼らはどんなときでも、私たちひとりひとりの最も良いところを引き出します。どんな間違いも必ず許してきましたし、いつもそばにいて助けてくれます。ですからまずは、自分には神の愛と心遣いを受け取る価値があり、スピリチュアル・ヒエラルキーから神聖な支援を受ける価値があることに気づいてください。自分のうちにある命は聖なる存在のうちにもあり、その命は神の一部なのです。

しかし、魂は神聖であっても、私たちは各自がスピリチュアルな力と表現をより大きく開花させていく過程にあります。人生の経験のひとつひとつを糧として、人の神性は徐々に輝きを増していきます。これは創造の本質です。命はそもそも創造的なので、人も本来的に創造的なのです。

私たちの魂の本質である、人格をもたないこの「未知なる根源」から、存在のあらゆる層で働く、命のスピリチュアルな法則のすべてが生じます。こうした原理の究極の発生源である「未知なる根源」は、人間の理解を越えるものですが、私たちは今この瞬間も、「未知なる根源」にとって欠くことのできない一部を成しています。「未知なる根源」は、中国人が道《タオ》と呼ぶものです。ヘルメス哲学は『キバリオン』で「未知なる根源」を見事に言い表しています。

時間と空間と変化の宇宙の背後には、常に、本質的実在、すなわち根本真理がある。

根本真理であるもの、すなわち本質的実在は、名すら超えているが、賢人はそれを「全」と呼ぶ。

その本質において、「全」は知ることができない。

『キバリオン』は続けて、この不可知な無限の「全」について定義したり、推測したりする試みは、「有限なものが無限なものの秘密を知ろうとする子どもじみた試みでしかない」と述べています。

しかし、だからと言って、「未知なる根源」とこれ以上波長を合わせることはできないというわけではありません。私たちはこのうえなく神聖であるいっぽうで、「未知なる根源」をより素晴らしく表現する過程にあります。道教では、「『道』に戻る」こと、つまり意識を高めて「全」とより調和することを教えます。

そして、この無限で非人格的な原理から、定義可能な最高の存在が生まれます。「未知なる根源」を定義可能な形で究極的に表現するものが、私たちが神と呼んでいるものです。定義上、「未知なる根源」が理解不可能であるのに対して、神は理解できます。神は「未知なる根源」の大宇宙で、人の魂は小宇宙です。神は広大で無限ですが、私たちはみな、直接神を知り、経験する定めにあります。神は、宇宙の精神と心、輝かしい天の体をもつ、愛に満ちた聖なる知性です。私たちひとりひとり、そしてあらゆる被造物は、神のこの天体のなかで生き、動き、存在しています。神は、私たちひとりひとりと親密な関係にあります。私たちは毎日、神の精神と心から受け取っています。神を通して、命というものの美しさ、力強さ、荘厳さを経験しているのです。

「未知なる根源」を表現する神には、あらゆる最上級の言葉があてはまります。神は全知で、全能で、遍在します。神は、これまで存在してきたもの、今存在しているもの、そしてこの先存在するものすべての創造主です。神は無限で、絶大です。神は「存在するすべて」です。

命のこうした表現を生み出したのは神です。私たちは神の子宮のなかで人間に生まれました。私たちを支えているのは神であり、創造を通じた巡礼の旅を終えたあと、最終的に戻るところも神です。私たちは神の子どもであり、神自身のスピリットとスピリット物質から作られます。これは、私たちが最高レベルの愛と知性から生まれたことを意味します。神は惜しみなく、命の無限の海における表現を私たちに与えたのです。

それゆえ、神につながるための第一の方法は、愛によるものです。神を愛してください。子が親を愛するように、神を愛してください。自分という存在のあらゆる部分を使って称賛してください。全活動を通して、そして他者に対する奉仕を通して、その愛を表明してください。それが神を愛する最高のかたちです。それができたら今度は、愛をもって、精神で神を理解しましょう。そうすれば、自分を作ってくれた知性を表現することができます。精神と心の両方で神を知ることができるように、神について学び、知識と英知を活用してください。

人は、神の子であることに加えて、神のスピリチュアルな表現の器でもあります。人がその表現の流れを止めないかぎり、神はその人を通して自らのより大きな栄光のために表現を続けます。つまり、人は神に心を開かなければなりません。人間が作った神の概念に対してではなく、自分のうちをじかに流れる神の力に対して、心を開くのです。自分の意識の扉口に立ち、神が自分の人生に入るのを許すか、拒否するか、決めるのは本人です。選択権は常に本人にあり、そのスピリチュアルな選択の如何によってその人の運命は示されます。

神はいないと話す無神論者や、神がいるかどうかは重要でないと話す不可知論者にだまされないでください。神はまさに実在しますし、人が気づいていようといまいと、その人の人生の中心にいます。神が人を理解しているように、人は日々の生活で神を理解するように意図されています。そして、その親密な交流の仲介役になることが、スピリチュアル・ヒエラルキーの目的です。

このうえなく完璧な存在としての神を、しっかり胸にとどめておきましょう。神との結合を目指して努力をすれば、やがて人生は美しく花開き、スピリチュアル・ヒエラルキーとの永遠の絆を築けます。

命の単一性《ワンネス》

ここで、神なる存在との関係におけるある重要な概念が浮上します。単一性《ワンネス》（ひとつであること）という概念です。単一性は、すべてを包含する神の統一性を表すために使われることばです。人が神とひとつになれるようにお願いするということは、神すなわち神聖で創造的な善と結合することを意味します。

最も単純な原子から最も偉大な天界まで、すべての命を統一する原理が単一性です。あらゆる命は神の一部である以上、命の統一性および単一性の一部です。私たちはみな、互いにつながっています。これは、全被造物が同じスピリチュアルな源から命を得ることを意味します。その源とつながっていない力はありません。「父と私はひとつです」とキリストは私たちに教えました。これは法であり、命の本質です。その「ひとつ」の外にある力というものは存在しません。たったひとつの統一原理があり、その原理と私たちの関係があるだけです。単一性に抵抗し、神聖な源から遠ざかるものもいれば、スピリチュアルなリズムと調和し、神聖な源に近づいていくものもいます。しかし、私たちの姿勢や気づき、あるいは認識がどうあろうと、私たちは単一体《ワン》の一部です。

目指すべきは、この単一性をしっかり意識することです。そうすることによって、人は命を統一する源につながり、より完全に力を引き出せるようになります。命の単一性と結びつくことは、神と結びつくことです。神に近づけば近づくほど、人は神のスピリチュアルな力が通る経路になれます。自分を他者や神と何のつながりもない独立した個人としてとらえていると、受け取れるはずのスピリチュアルな力を制限し、詰まらせてしまいます。人がこの世で行うべき最大の仕事のひとつは、周囲にあるすべてのもの、自分のすべての活動や交流に、このスピリチュアルな統一原理が働いているのだと気づけるようになることです。神と対立する勢力があると思っているかぎり、神を知ることはできません。

物質的な生活を送るうえで、私たちは往々にして、自分たちがそれぞれ独立しており、それゆえにつながっていないと考えがちです。「私はここ、あなたはそこにいるので、別々の存在だ」という感じです。このような認識でいると、「あなた」も「私」も同じ源から命を引き出していることになかなか気づけません。自分がそういった狭いものの見方をしているのに気づいたら、一歩下がって視野を広げる必要があります。限られた物理的な認識をその通りに受けとめてはいけません。もっと大きな実在が常に存在しているからです。

哲学では、この単一性の原理を一元論と呼びます。一元論は、宇宙のあらゆるものはひとつの根元的な実体の一部であると主張します。この意味で、創造には根本的な統一性があります。そこから外れた素材やスピリチュアルな命はありません。「あなた」と「私」は同じ命の一部であり、異なる周波数で動いています。この原理において、根元的な善や悪はありません。調和である善と、悪として表すことが可能な不調和もしくは抵抗があるだけです。

命はどう見ても非常に多様なのに、単一性など存在できるのかと尋ねる人もいるかもしれません。まず、単一性は「同一性」を意味しないことをはっきりさせておきましょう。私たちはそれぞれが独特で、個々に区別されます。創造には当然ながら力学が働きますし、光と影、暑さと寒さ、昼と夜などといった両極性も見られます。形而上学は、命のこのような多様性と両極性の基礎には同じ統一原理があると言っているのです。

加えて、一部のスピリチュアルな学派は、さらに大きな理解への踏み台として、特定の真理を説くために二元論を使います。たとえば、昔から信じられてきた根元的な善悪という概念は、生きるうえでの責任について学ぶ必要がある人に道徳を教える手段です。人が責任について学んだところで、統一的な原理という大いなる真実を伝えれば、その人はそうした啓示をきちんとスピリットで受け取る準備を整えられることでしょう。

古代のギリシャ人は命の統一性を表すためにエノーシスという語を用いましたが、これは「単一性《ワンネス》」を意味する言葉です。古代ギリシャの神秘主義者で数学者のピタゴラスは単一性の唱導者としてよく知られており、それをモナドと呼んでいました。彼の神秘的な記数法では、すべては「1」という数字、つまりモナドに由来するため、数字も含めてあらゆるものは合わせると「1」になります。そして、その「1」なるものから他のすべては生じるのです。

単一性が重要な概念であるのは、しっかりとした形而上学的・宗教的教えに統一原理があることを教えてくれるからです。すべてが単一《ワン》体の一部であるならば、さまざまなスピリチュアルな信条を的確にとらえた場合、共通の根をもっていることになります。この諸説混合主義のアプローチは、スピリチュアリティを現代的に理解し、聖なる存在についての理解を深めるために不可欠です。

単一性《ワンネス》に入れるよう最善を尽くしましょう。神なる存在はその単一性のなかで姿を現すからです。人の命を命の単一体に導くにはこつがあります。命の不滅の原理と調和して生きていると、その調和を通じて神なる単一性《ワンネス》に至ることができます。自分の目的とスピリチュアルな可能性を追求することで、人は命の単一性により近づくのです。思いやりや寛大さ、愛を表現するにつれ、すべての人や物のうちに神なる存在がいるのだと気づきはじめます。そしてそれによって、神なる単一性により近づけます。自分に理解できる範囲で神なるものを愛そうとすれば、命の偉大な単一性にいっそう近づけるのです。

神なる単一性《ワンネス》と調和するための瞑想の祈り

天の父であり神聖な母である神様、私の意識を神なる単一性で満たすために、純粋な白色光を投射してください。命の単一体と調和し、大きな命全体の一部であることを感じられるようにお願いします。

神の仲介者

では、どのように神や聖なる存在との関係をまとめたらいいのでしょうか。人は神だけに祈るべきだと感じる人もいます。スピリチュアル・ヒエラルキーの存在は認めることがあっても、気持ちのすべては神へ向けなければならず、そうしなければ冒瀆にあたるという考え方です。

前述したように、神はスピリチュアルな実践のかなめです。しかし、神の存在を認めたり、神に祈ったりするだけでは全体像はつかめません。両足の下には地面が必要で、息をするには空気が必要なのと同じように、人には聖なる存在が必要です。思い出してください。人が気づいていてもいなくても、神に祈るとき、神はスピリチュアル・ヒエラルキーを通してその祈りに応えているのです。聖なる存在を祈りに含めると、すでに起こっているプロセスをシンプルに認めたことになります。形而上学の目標は、人が自らの魂を進化させ、命のスピリチュアルなプロセスに意識的に取り組むうえで、その力となることです。そして、人が意識的な知を高める唯一の方法は、スピリチュアルな生活が実際にどのような力学で作用するのかを知り、そうした生活を実践することです。

神を一兆ワットの発電所のように考えてください。人は二十ワットの電球です。一兆ワットをすべて直接受け取るのは人の意識にとっては大変な負荷です。受け入れ可能なレベルまでエネルギーを引き下げる必要があります。スピリチュアル・ヒエラルキーはこの引き下げを引き受け、人が利用できるレベルまで波動を下げてくれます。自分の力を拡大するにつれて、人が取り込めるスピリチュアルな力は徐々に増えていきます。こうしてスピリチュアルなコップを満たすことが、スピリチュアルな上昇をするための鍵です。

神へと向かう旅において聖なる存在と交流することの素晴らしさは、彼らが神の存在で満たされていることにあります。聖なる存在は神がいることを知っています。彼らにとっては疑う余地のないことです。神を探そうとしている人間の段階はだいぶ前に通りすぎていて、より深く神を知り、より完全に神の神秘を探求するところまで進化している彼らは、至るところで神を崇拝します。私は、彼らが神聖な讃美歌を歌って深い祈りに入ることにより神と交流する集会に行ったことがあります。神の知を通して、天の存在である彼らは自らの生命と力と喜びを得ているのです。

人の近くにやってくるとき、聖なる存在は神のこうした力と知を携えてやってきます。だからこそ、スピリチュアル・ヒエラルキーとの対面は素晴らしく、人生を変える経験となるのです。彼らと会うことで、人は自らの神聖な源に近づきます。スピリチュアル・ヒエラルキーは力に満ち、高みに達していますが、神の計画における自分たちの役割や、どれほど学んで成長する余地があるかがわかっているので、永遠に控えめでもあります。それゆえ、彼らは崇拝してほしいとは思っておらず、実際そうであるところの神の使者として敬意を表してほしいと思っています。同時に、こうした高次の存在には神だと思えるほど進化しているものもいますが、そういった存在でさえ神聖な源である神を仰いでいます。

肝心な点は、聖なる存在とうまく交流したいなら、神を中心にすえてスピリチュアルな探究を行う必要があるということです。この二つは同じプロセスの一部です。本書で紹介する実践や瞑想の祈りでは、神を優先させてください。それによって、聖なる存在とつながるプロセスは完了します。

神との遭遇

ここで根本的な疑問がわいてきます。肉体にいるあいだに神に会うことはできるのでしょうか。聖なる存在に会えるのはたしかですが、神はどうでしょう。

答えを言うと、神にもまた会えます。ただし、その方法を理解する必要があります。人はまさしくこの瞬間にも神のなかにいます。神の署名はあらゆる被造物に記されています。それでも、人は神に関する理解を自分のなかで呼び覚まさなければなりません。まだ神に意識的に気づいていないとすれば、それは単にその人が進化のプロセスの途中にあるためです。人の魂は、そのスピリチュアルな可能性をゆっくり開花させています。可能性を発揮するにつれ、人は命全体をもっと自覚するようになります。人間は最初から意識をもっていますが、自意識については必ずしももっているわけではありません。人生の多くの経験を通して自意識の強い意識を構築し、最終的にはこれらの経験を通じて、完全に進化した「光をもつ不滅の存在」として神のもとへ至るのです。

天の家へと帰るこの旅の途中で、人は神秘主義者が「内なる神」と呼ぶものを体験できます。この体験は、人がスピリチュアルな巡礼の旅を終えたときに果たす神との結合と同じものではありません。内なる神との出会いは、物質的な人生を送っている人が、覚醒の旅において長い時間をかけてスピリチュアルな進化と鍛錬をするなかで、ひとつの頂点として経験するものです。あらゆる人の魂は、ちょうど良いときにこの経験をするはずです。本物の神秘能力者もみな、古くからこの体験をしてきました。内なる神との出会いは旅の終わりではありませんが、出会いを果たした瞬間から先は、神が本当にいることを確信できます。

内なる神に関する私の体験をひとつお話ししたいと思います。とても個人的なものだったため、人には話したことがない体験です。当時、私は教師としての仕事を始めたばかりで、多くのスピリチュアルな才能をすでに開花させていました。私はクラスを教えていて、生徒たちは張り切って学んでいました。私は一人前の教師になりかけていましたが、何かが欠けているとわかっていました。能力的なひとつの頂点に、まだ達していなかったのです。はっきりとは説明できないながらも、私はそのスピリチュアルな頂点に到達したいと強く願っていました。スピリチュアルな神秘をいっそう熱心に探究しながら、いっそう深い方法で〈神の光〉とつながっていました。

私は幼いころから神がいることを知っていました。特に天使たちを通して神を感じました。天使は神の力と生気を携えていました。そんな彼らの存在が、より偉大な聖なる力の存在を教えてくれました。そしてもちろん、こうした聖なる存在は神に会ったことがあります。それゆえ彼らといると神を身近に感じずにはいられないのです。しかし、私が今お話ししようとしている体験は、そうした感覚とはまったく違うものでした。

ある日の瞑想中に、私は不意に、それまで経験したなかでもきわめて深い瞑想状態に入っていることに気づきました。聖なる存在たちがつながりを作ろうとしているのを感じましたが、すぐに、まったく次元の異なる体験に入り込んでいることがわかりました。

まもなく私は、言葉ではとても表現できない場所に自分がいることに気づきました。場所というよりは、存在というほうが近いかもしれません。それは、正確には透視体験ではありませんでした。なぜなら、何かをスピリチュアルに見たり聞いたりしたわけではなかったからです。感覚に訴えるものではありませんでしたが、私ははっきりと感じていました。精神に訴えるものですらありませんでしたが、私の精神はしっかり覚醒し、鋭敏な状態です。その体験を表現するのに最もふさわしい語は「実存」かもしれません。私は、命の実存のなかにいました。漠然とした説明であるのはわかっています。透視のように光線やオーラについて詳しく描写できたらいいのですが、先ほども述べたようにそれは透視とは異なる体験でした。今いる場所も、自分が何をしていたかも、私はまったくわからなくなっていました。

その瞬間に、私は神に遭遇しているとしか言いようのない状態にいました。声や思考といった感覚での交流はありません。しかし、そこでは紛れもなく、神が神自身の一部を直接あらわにしていました。言葉や考えやビジョンはなく、感情すらなく、時間や場所もありませんでした。そうしたものは神の一部であり、私をその瞬間に導いてくれたものでもありますが、神との遭遇はそのいずれをも超越する体験でした。そのような存在を前にすると、人は創造主である神の流れに取り込まれます。そして創造主は、人のうちにある命となり、外にある命となるのです。人は無限の真只中に置かれます。故郷に戻り、心から安らぎを覚えている状態です。

どれくらいのあいだ神と会っていたのかわかりません。物理的な時間で言えば長くはありませんでしたが、その影響は人生を変えるものでした。自分でも気づきませんでしたが、私が探し求めていたのはその体験でした。新しい目覚めであり、生涯をかけて経験する数多くの劇的なスピリチュアルな瞬間のうちでも、ひとつの頂点に達した瞬間でした。私はスピリチュアルな存在としての自分は何者なのかについて、揺らぐことのない確信を得ました。人生と仕事に関して長いあいだ抱いていた疑問がすべて消えました。神とのつながりと関係について、疑念はいっさい残りませんでした。

ご想像通り、この経験の後、神に対する私の愛情は非常に深まりました。そして性格の面でひとつ、面白い変化が起こりました。他の人が神を非難したり、信じなかったりすると、義憤に駆られるようになったのです。個人的な侮蔑を受けたように感じ、命の源泉を完全に否定されたように感じました。

私は神が実在すると個人的に証言します。神は人の命の源泉です。人間はじつのところ、神を称賛するために地上にいるのです。命の栄光を受け入れてください。命がもつ創造力や知性や愛や喜びなど、人生を生きる価値のあるものにしてくれるすべてを受け入れるのです。スピリチュアル・ヒエラルキーは命の永遠の愛と壮大さの表現です。ヒエラルキーはどの部分を取り上げても、尊い神なる存在と相似しています。ヒエラルキーはその命を、神の無限の栄光と創造力に捧げているのです。

神を優先させることについて、そういった経験をするまで待つ必要はありません。自分の心と精神と魂で、今の自分にできるところまで、神なる存在を受け入れましょう。瞑想し、〈神の光〉や聖なる存在とつながるとき、人は不滅へとわたる橋を築いています。神が与えてくれるあらゆるものとつながれば、本来送るべき人生を送れることでしょう。

自分が神をどれほど敬い、神に献身しているか、振り返ってみましょう。しっかりできていれば、どうすればさらに身を捧げられるかを考えてください。あまり身を尽くせていないようなら、生活をあらためて神を中心に置いた人生を送るようにしましょう。行うすべてのことに、人生における活動の最中に、神なる存在を見つけてください。活動したり行動したりする時間だけでなく、静かにじっくり考える時間、ひとりになって休息する時間をとってください。

神の階層

この章は、聖なる存在や神と人間の関係に関する章なので、神なる存在の性質についてもう少し知っていただくために、神の階層についてお話ししたいと思います。単一性《ワンネス》の内部には、じつは神の階層秩序があります。神についてこのように話すのは奇妙に思えるかもしれませんが、多くのスピリチュアルな哲学者は、神なる存在の広大さに秩序をもたらそうと試みるなかで、神がもついくつかの側面について話します。あらゆる被造物に見てとれるように、神は静的でもなければ、不活発でもなく、動的で、さらに大きな栄光へと発展しています。この発展のプロセスは命の表現の一部です。私たちはこのプロセスの広大さを想像することしかできません。ヘレナ・ブラヴァツキーは彼女の傑作『秘密の教義《シークレット・ドクトリン》』で次のように述べています。

> 私たちの「宇宙」は、無数の宇宙のうちのひとつにすぎない。〔……〕それぞれの宇宙がそれに先行するものの結果であり、それに続くものの原因となっている。〔……〕そして、この途方もない展開には、考えられる始めも想像できる終わりもない。

こうした「途方もない展開」を秩序立てて考えるために、形而上学では、神が三つの基本となる姿で現れると認識しています。伝統的なキリスト教神学では、この関係は父と子と聖霊と解釈されています。ヒンズー教には三神一体の教理があり、神を創造者（ブラフマー）であり、保持者（ヴィシュヌ）であり、破壊者（シヴァ）であるものとして理解します。さらに道教には、神聖なプロセスの異なる面をそれぞれに美しく描写する、三清と称される神々がいます。本書で取り上げる形而上学的な鍛錬では、神の三つの側面を「父であり神聖な母である神」、「全能の神」、「絶対の神（存在するすべて）」としてとらえます。
人類は最初に神なる存在を理解しようとしたとき、太陽に目を向け、あれが神であると言いました。空と星に目を向け、あれが天国であると言いました。長い年月を経て、私たちは自分たちが生きている自然界をより深く理解しました。今日の私たちは、物質的な世界におけるごく単純な体系に思えていたものが、実際は想像よりずっと広大だとわかるようになっています。最大の問題のひとつは、命の広大さについての現代の理解と神の本性についての理解をどのように調和させるべきかです。神の階層性を理解するとこの二つを結びつけることができます。薔薇十字団員のマックス・ハインデルは影響力ある著書『薔薇十字団員の宇宙概念』において、神の力学を理解する難しさを次のように表現しました。

「神」という名が使われるとき、絶対者、つまりひとつの存在を意味しているのか、それとも崇高な存在、宇宙の偉大なる創造者を意味しているのか、あるいは、私たちの太陽系の創造者である神を意味しているのかは、常に不確かだ。

まず、「父であり神聖な母である神」に目を向けましょう。父であり神聖な母である神は、私たちのスピリチュアルな両親です。父である神はダイナミックな原理で、神聖な母である神はマグネティックな原理です。この両極性は、単一体《ワン》の力のもとにあるすべての生命の二面性を表します。神性のこの二つの側面が結合することにより、私たち人間をはじめ、肉体をもつすべての存在は命を得ました。スピリチュアルに進化する最終目的は、父であり母である神の国に帰ることです。

おそらく、人が人格を備えた神として想像するもののなかでいちばん近いのは、この神聖な父であり母にあたる創造者としての神でしょう。モーゼがイスラエルの民のために神の呼び名を尋ねたとき、神はエヘイエ（「私はある」）という名を告げました。「エヘイエが私をあなたがたのもとに遣わされたのだと、彼らに話しなさい」と答えたのです。これは、私たち全員にとっての天の父であり神聖な母である神に対する、不思議で神秘的な言及です。この聖書の一節は、イスラエルの民だけでなく全人類が同じ神なる両親から生まれたのだということを伝える秘教的な声明なのです。

スピリチュアルな道を歩む私たちを優しく導き、可能性を発揮する力を与えてくれるのは、父であり母である神です。天の両親はヒエラルキーと協調して、私たちにスピリチュアルな目覚めという最初の一歩を踏み出させてくれました。神なる両親は、私たちの準備ができたときに不滅のアイデンティティに目覚めさせ、覚醒への扉を通れるように先導します。そして、私たちが長い巡礼の旅を終えて天の家に入るとき、喜んで迎えてくれるのは父であり母である神であり、そこで私たちは神やスピリチュアル・ヒエラルキーとともに創造をする存在になります。

「全能の神」へ移りましょう。全能の神は、進化の計画の全体的構想を担っています。歩むべき〈神の光〉の道があるのは全能の神のおかげです。全能の神は舞台裏で働くと言えます。私たち人間だけでなく、他のあらゆるレベルの被造物のことも、命のプロセスを開花させられるよう導き、助けています。全能の神は、宇宙の重要な設計者です。人生の目的を果たすためのノウハウと力を与えてくれるのは全能の神です。私たちにはそれぞれ人生における目的があり、その目的は神の計画全体において重要な一部を成しています。私たちの目的は自分だけにかかわるものではないことを忘れてはいけません。人は誰もが宇宙の壮大な計画の一部であり、それに貢献しています。スピリチュアル・ヒエラルキーさえ、全員がその計画に関与しています。この途方もない計画を組み立て、指揮しているのが、全能の神です。全能の神の権威によって、まさしく諸惑星はその軌道上にあり、星は美しく輝いていると言えます。

それから、「絶対の神」が来ます。絶対の神は、究極の神であり、紛れもなく、存在するすべてです。全存在の「未知なる根源」を究極的に表現したのが、この神です。私たちのスピリチュアルな性質の最も高次なものはこの神の一部ですし、レベルの異なるあらゆる被造物もすべてこの神のうちにあります。この神こそが単一《ワン》体です。ヒンズー教では、絶対の神を不滅のブラフマンと呼びます。これは三神一体の一神であるブラフマーとは異なるものです。カバラの教理では、絶対の神について話す際にエン・ソフ（無限、果てしない）という用語を使います。

活動的な存在と呼べそうなものが存在する前に、創造の最初の吐息を「大きな虚空」に吹き込んだのは、絶対の神でした。宇宙が存在する前に、絶対の神がいたのです。私たちがオーラに取り込むさまざまなエネルギー光線の源である「原初の光」は、絶対の神から生じました。父であり母である神と全能の神のあらゆる側面も、絶対の神に含まれます。スピリチュアルな進化に関して言えば、私たちにまさしく意識を授けるのは絶対の神です。絶対の神という命の源泉がなければ、スピリチュアルな梯子をのぼることも、命の創造性を表現して神なる計画を実現することもできないでしょう。絶対の神は、そこから命あるすべてのものが力を得る、天の神聖なスピリットなのです。

絶対の神がいっそう畏怖の念を起こさせるのは、その無限性が壮大で驚異的であるいっぽうで、命の最も微細な部分の中核にもいるということです。絶対の神は文字通り、手足よりも人の近くにいます。

神のこうした側面はいずれも、互いに完全に調和しつつ機能します。そして驚くべきことに、私たちはこの信じられないほど素晴らしいプロセスにとって不可欠なのです。神の隣にあってはちっぽけかもしれませんが、だからと言って取るに足らないわけではありません。魂がひとつ欠けるだけでも創造は完了しないとヒエラルキーは言います。今この瞬間に私たちは、父であり母である神、全能の神、絶対の神の一部であり、全員が神の目には貴重です。

人の唯一の義務は神に対するものである

どうすれば神の無限性を理解できるでしょうか。まずは、人もその無限性の一部であると認識することから始めてください。自分のうちにある神なる性質を知ることで、神を知ることができます。神なる存在と交流したいと真剣に強く願うところから始めましょう。

人生には気をそらせるものがたくさんあるため、何が最も重要かを忘れるのはたやすいことです。神はまさに、人の人生における唯一の義務です。日々の生活のなかに神のための場所を作ってください。祈り、観想し、瞑想する時間を作り、人生がどのように神のリズムと力のうちに展開するかを見てみましょう。

たしかに人には任務と責任があります。この二つは人が学び、成長していく過程の一部ですが、最終的に誰に対して義務を負っているのかを覚えていてください。人間は他の人間とともに生きます。互いに愛し、交流し、遊びます。それでも結局のところ、私たち人間が応えなければならないのは神なのです。

この章を瞑想の祈りで終えたいと思います。

神をより近くに感じるための瞑想の祈り

天の父であり神聖な母である神様、私が心、精神、そして魂であなたをより近くに感じることができるように純白の光を投射し、あなたの神なる本質をもたらしてください。永遠の光と愛のなかであなたに奉仕できるようにあなたの神なる力を私に授けてくれることに対して、父であり母である神、全能の神、絶対の神、そして永遠の命の一部である偉大な聖なる存在に感謝いたします。

第3章〈自然の十二界〉

スピリチュアル・ヒエラルキーを受け入れると、
偉大な経験と理解をもつ彼らの導きと啓発を
確実に得られるようになる。

——スブーティ『今日の仏教』

スピリチュアル・ヒエラルキーの編成はどうなっているのでしょうか。スピリチュアルな存在に多様なレベルがあることに初めて気づいたときは驚きました。宇宙に偉大な秩序があることがわかったからです。命は、一部の人が信じているような偶然の出来事などではありません。自然の信じられないような調和や、自分の体がいかに整っているかを考えてみてください。そのような秩序を生み出すのに要した神の知性は、想像しただけで気が遠くなります。しかし同時に、私たちは自由意志をもって、この創造的な命の秩序に関与しているのです。
聖なる存在の秩序をはっきりと理解する際には、いくつかの試練に直面します。まず、入手できる資料が矛盾していたり、相反していたりすることがよくある点です。さらに、聖なる存在のひとつの側面だけを特に強調する信念体系をもったグループがあることも、事態をややこしくしています。キリスト教徒は三位一体と天使の天軍九隊を重視しますし、カバラの教えは生命の樹の十のセフィロトに結びついた神々について説きます。ヒンズー教は三神一体説を唱えますが、この説は幾世代も続く化身や神なる存在やデーヴァの一族がひとつの神から生まれたとする説です。新プラトン主義者は、スーフィズム信奉者とともに、神のエマナティオ（万物の創造は一者あるいは神からの完璧なるものの流出によるとする考え方）を説き、仏教徒は五浄居天に住む天子について語ります。例をあげればきりがありません。それゆえ、この全体系を整理するのは大変な仕事なのです。私が目指すのは、私自身の透視体験についてお話しし、すべての純粋な体系に共通する統一的な特徴を探し出すことです。

スピリチュアル・ヒエラルキーを理解する際のもうひとつの試練は、ヒエラルキーの階層秩序が一種類ではないことです。宇宙や地球は命に満ちています。太陽系や、太陽系の集まりや、さらにそれを超えた天体の集まりに結びついた壮大なヒエラルキーがあるかと思えば、地球全体に結びついたヒエラルキーがあります。また、スペクトルの反対端には微生物の命に結びついたヒエラルキーがあり、地球の最も単純な（しかし重要でないわけではない）生物の成長を助けています。さまざまな種類の藻や細胞、バクテリア、菌類、寄生生物、ウィルスなどを含むこの界は、昆虫界までつながっています。地上の命の最初の物質的表現は、数十億年前にこの界から生まれ、他の界の基礎としての役目を果たしています。

それから、私たち人間が属する階層秩序があります。〈自然の十二界〉として知られるこのヒエラルキーの驚くべき点は、植物、動物、人間といった自然の側面だけでなく、この本で焦点を当てている天使や大天使などの聖なる存在も含んでいることです。言い換えれば、私たちの進化を導いている聖なる存在は、私たち人間と同じヒエラルキーに属しているということです。

命の梯子

命を系統立てて考えることは、科学であろうと、宗教であろうと、形而上学であろうと、最も深遠な研究のひとつです。現代科学は形体の類似性に従って生物を分類します。アリストテレスは体系的に生物を分類した最初の人物でした。彼は、一番下が非生物で一番上が人間の梯子に命を並べました。「自然の階段」として知られた考え方です。何世紀も後の一七〇〇年代には、植物学者のカール・リンネが分類学という現代科学研究の基礎を築きました。今日の科学は形体の特徴に従って命をまとめる込み入った体系を編み出しています。

形而上学や宗教は、命を整理あるいは分類する独自の体系を有してきました。古代から続くこれらの体系で最も有名なもののひとつは、鉱物界から天使や神に至るまであらゆるものを含むように、「自然の階段」を拡張したものでした。この分類は「存在の大いなる連鎖」として知られるようになり、法外な影響力をもつに至ります。残念ながら、時がたつにつれて内容が歪められ、社会を秩序づける政治的道具として利用されるようになりますが、その分類は不完全ながらも、物質からスピリットに至るまで、ひとつの壮大な計画のもとにあるあらゆる被造物を結びつける試みでした。聖なる存在をこのように分類することは奇妙に思えるかもしれませんが、じつはこれが、彼らの性質を命の自然秩序の一部として客観的に理解するのに最もふさわしい方法なのです。

聖なる存在の階層秩序を学ぶうえで、考慮すべき三つの原則があります。

1．命は意識のレベルに従って階層化されている。

2．命は本来的に動的で、偉大な完成に向かって進化している。
3．命はボトムアップではなくトップダウンで機能する。

形而上学では、命は意識のレベルに従って階層化されていると考えます。スピリチュアルな観点からとらえると、体は意識の表現です。私たちは肉体ではないことを思い出しましょう。肉体は魂の表現手段なのです。体はさまざまな形状をとる可能性があり、成分も物質だけにとどまりません。聖なる存在は輝きに満ちた独自のエーテル体をとります。

二つめの原則は、命は本来的に動的で、創造的で、静的ではないというものです。魂は確実に、より偉大な完成と表現に向かっていく進化の途上にあります。この進化に順応するために、体はゆっくり変わっていきます。形体的な変化が起こるのはこのためです。このことは、聖なる存在ですら進化の過程にあることを意味します。

形而上学の第三の原則は、命はトップダウンで機能するということです。これは、最も単純な命の表現はその内部に最も発達したもののパターンやデザインを秘めていて、その内部にあるものを形にしようと努めているということです。たとえるなら、〈自然の十二界〉における最高の段階をバラであるとすると、最初の第一段階はその種子です。バラになるすべての潜在能力はすでに種子の内部にありますが、美しいバラになる前に命の全段階を経て成長しなければなりません。つまり、魂は自然のひとつの界を通じて進化し、それが終わったら今度は、スピリチュアルな旅の新しい段階を始めるために新しい界に生まれ出るのです。

意識の進化の十二段階

ここからは、〈光界の教え〉が説く〈自然の十二界〉という形而上学的体系についてお話しします。この体系では、天使や大天使といった用語を用います。こうした用語は特定の宗教に関係するものではない点に注意してください。他の神秘学派では別の用語が使われますが、言及している体系は同じです。全人類に向けた統一的なスピリチュアル・ヒエラルキーはひとつしかないからです。異なる学派の文化的要素を考慮すれば、驚くべき一致が見られるのです。

〈自然の十二界〉は、ひとつの壮大な構想全体において進歩しつつある意識の十二の段階を表します。その区分は、最も発達したものから順に並べると、1．無名の聖なる第十二界、2．無名の聖なる第十一界、3．大天使界、4．天使界、5．人間界、6．動物界、7．魚界、8．無名の非物質界、9．植物界、10．元素界、11．鉱物界、12．構造界、となります。

たとえば、植物界や魚界や動物界といった初期の発達段階では、形体が多様性に富んでいるため、種も多くあります。人間界や天使界やその上の界では、多様性は減りますが、いっそう力強く、表現力のある形体をとります。これから見ていくように、人間界は進化する魂が自身のもつ神聖な可能性を自覚するようになり、自意識をもって創造的なプロセスに参加できる重要な界です。ある日、この十二界を通る進化を終えると、私たちはさらに素晴らしい進化の計画に移ります。

進化しつつある意識という観点から見ると、これらの十二界は以下のように分けられます。

神の意識を最大限に表現する界

無名の聖なる第十二界、無名の聖なる第十一界、大天使界、天使界

神の意識に目覚める界

人間界

形体を通して意識を表現する界

動物界、魚界、無名の非物質界、植物界

意識に目覚める界

元素界、鉱物界、構造界

それでは、これらの界をひとつずつ探っていきましょう。本書の焦点は、私たちより進化した聖なる存在にありますが、神の計画における自分の位置を理解するには、人間がどのようにこの十二界の構造に溶け込んでいるのかを示す全体像を把握しておく必要があります。最初期の段階から順に見ていきます。

構造界

全十二界を通る上昇の第一段階は、非物質的なものですが、地球という惑星の大きな一部を占めています。
この構造界にいる幼い魂は、およそ十二～十五センチの丸い形をした、原始的なエーテル体をもっています。

カラフルな美しいオーラを帯びたこのスピリチュアルな存在は遊び好きで、空中を漂っているのを透視能力で見ることができます。スピリチュアル・エネルギーに強く引きつけられ、実際に、〈神の光〉を導く働きをします。構造界の支援なしでは、私たちはスピリチュアル・エネルギーを効果的に受け取ることができません。構造界の魂は光の導管として働いてくれるからです。彼らは私たちや十二界の命にとって重要な役割を果たします。

構造界はより高次のスピリチュアル・エネルギーの流れと徐々に同調することによって進化し、多様なスピリチュアル・エネルギー光線の性質を吸収することを学びます。

鉱物界

初期の魂が構造界でできるすべてを学んだら、鉱物界へ進みます。進化の経験は、空気から地中へと移るのです。地面に植えられた種のように、鉱物界の魂は物質的な世界の高密度物質に埋まっています。構造界の魂と同じく体は原始的なエーテル体で、大きさはさまざまですが、ここでも形は円形です。

この界で生活を始める魂は、高密度物質の波動に慣れるため、まずは潜伏します。大地はたくさんのスピリチュアルな力とつながっており、鉱物界の魂はこの力を体現し、利用することを学びます。ある程度なら動き回ることもできます。もちろん、鉱物界には多くの制限や抵抗がありますが、構造界よりも鉱物界のほうがスピリチュアルな成長をするのに力がいるため、こうした抵抗を通して魂は強くなるのです。

地球内には命があり、惑星自体が進化のプロセスにあるため、鉱物界は地球の深部に光を送るのを手伝います。また、植物や、地表で生きている昆虫・動物の成長を助けています。黒や灰色をしたネガティブな原子が、光の力を借りて再構成するために鉱物界へと送られてきたときに、その解放を手伝うのも、彼らの役目です。石油や石炭の生成を助け、地質分布にも関与しています。

構造界と同じように、鉱物界にいる魂の目的は光への意識を高めることです。物質に埋まった状態なので難易度は上がりますが、〈神の光〉をさらに深く認識できるようになるので、得るものもより大きくなります。鉱物界の魂の興味深い性質は、進化するにつれて地球の中心核に近づいていくことです。

元素界

元素界の魂は、地球の四元素を司る魂とは別物なので、混同しないでください（人間界の初期にあたるこの段階のスピリットについては、第10章でお話しします）。構造界や鉱物界の魂と同様、元素界の魂も球体のエーテルに包まれていますが、空気、水、火、土という地球の四元素はいずれも通過できます。彼らもまた、〈神の光〉を他の界に送るのを助け、鉱物界と構造界の魂にとっては導いてくれる存在です。

この界の目標は、しっかり成長して〈神の光〉と調和し、意識の感覚を完全に呼び起こすことです。この界は、最初の三つの界における意識の目覚めの最終段階になります。

植物界

魂が植物界へと進化したら、進化のまったく新しい局面が始まります。ここで取り上げるのは、個別の物質的形体を住処とする生命スピリットです。植物の内面性については非常に多くのことが言えます。植物のスピリットは、有機的形体を通じて、意識を利用する方法を学びます。物理的な表現がしづらいという面はありますが、私たちが単なる生存本能に過ぎないとみなすものでも、じつは経験とスピリチュアルな成長のためのメカニズムなのです。植物の魂は物質的な世界を利用できるようになるにつれて、スピリチュアルな力と意識を高めていきます。植物は、個別の種や植物界全体につながっている原型的な意識に従って活動します。

植物は同化や排出の能力といった新しい力を備えています。知っての通り、光合成のプロセスを通して、栄養のために日光を吸収します。水と二酸化炭素も吸収し、引きかえに酸素を排出します。植物界なしでは地球上の有機生命は存在できないでしょう。植物は繁殖のプロセスを経験し、それによって創造的な表現への新しい扉が開きます。これはまた、誕生、生、死のプロセスを経験するということでもあります。スピリチュアルな面では、植物の魂は創造的な表現への新たな課題と機会を得ます。

植物は感覚器や神経系はもたないものの、波動に非常に敏感です。物質的形体に加えて、エーテル体ならびに原始的なアストラル体を備えています。このアストラル体があることで、植物は何かに魅力を覚えたり、嫌悪を抱いたりするため、原始的な欲望を経験していると言えるでしょう。それゆえ、辺りを動き回るような独立運動こそしませんが、置かれた環境に対して確実に反応します。好き嫌いを表現するのです。植物は私たちのようには痛みや喜びを経験しないものの、刺激には敏感です。

植物は〈神の光〉にとてもよく反応します。日光、空気、水を吸収するように、〈神の光〉を吸収します。植物は、構造と存在のあらゆるレベルでスピリチュアル・エネルギーを体現することによって進化します。だからこそ、植物に光を当てると成長するのであり、植物や花が周囲にあると人は元気づけられるのです。

無名の非物質界

無名の非物質界についてはほとんど知られていません。魂はアストラル体／エーテル体しかもたないもののこの界は植物界と類似していると、聖なる存在は教えてくれました。この界の植物は生気に満ちています。

まだ地面には根ざしていますが、自分の意志で動くことができます。肉食植物に関する伝説は以前からありますし、物質的な領域においても、ハエトリソウのように同じタイプの動き方をする植物が見られます。

この界の魂は、植物界の魂にはできない強さで〈神の光〉を体現することにより進化します。原始的な中枢神経系を備えていますが、これはメンタル体の初期的なものをもつということです。このメンタル体は主に、感覚認識と独立運動のために使われます。

魚界

魚界まで来ると、個別化した物質的形体についてお話しすることになります。魚は動物界の一部であると思うかもしれませんが、意識という観点から見ると、魚と動物は間違いなく異なる進化のレベルにあります。魚の魂は、自由に動ける物質的な体を通して意識を表現することを学ばなければなりません。新たな進化を遂げたことで、いくつかの変化が生じました。まず、魚は魚を含む種の集合的意識の影響下に入りました。一部の形而上学派はこの点を誤解し、魚と動物には個々の魂がない、どちらも集合的な魂の一部であると考えてきましたが、これは真実ではありません。魚には個々の魂が確実にあります。集合的意識が意味するのは、個々がその行動や他者と通じ合う能力の大部分を同一の集合的意識から引き出すということです。集団心理と言ってもよいでしょう。これは人間界でさえ見られます。たとえばスポーツのイベントや演劇を見ている観客が一体となって反応するときなどがそうです。

魚は原始的なメンタル体が発達しているので、中枢神経系と感覚機能をもちます。また、運動能力もあるため、自由意志をより表現できます。これらはすべて、物質的かつスピリチュアルに進化するための手段です。

魚独特の特徴はもちろん、水中で生きるということです。ここで、水がもつスピリチュアルな特質と、進化のプロセスにおいて果たす役割が重要になってきます。ご存じのように、水はすべての有機生命にとって必須です。私たちは水なしでは生きることができません。水は分子活性のための優れた溶媒です。スピリチュアルな見地からは、物質的生命を活気づける力でもあります。体と魂が進化のために必要とするスピリチュアルな活力が、水にはあるのです。

古くからある学派のなかには、水を「原始の鏡」と呼び、神聖なイメージを物質的世界に反映するものととらえる学派もあります。また、すべての物質的生命が水または液体を介して成長することは、目で見て確認できます。水は自然の血液であると言ってもよいでしょう。

魚界のもうひとつの重要な面は、魚が変温動物だということです。環境によって体温が変わるため、恒温動物ほど体温維持のための食物摂取を必要としません。このことから、魚は生き残るために戦わなければならないものの、動物界ほど物理的に必要なものは多くないことがわかります。それはまた、魚が環境により依存した状態で生きているということでもあります。

魚が進化するにつれて、その魂は〈神の光〉を見る能力を高めます。ある意味では、水中で陽気に交流することを通じてスピリチュアルな光の世界に住んでいるとも言えます。〈神の光〉を吸収し、体現する彼らは、水中にあるスピリチュアルな活力に力を与えることによって、神なる計画に奉仕しています。海や河川には実際に、活気に満ちた世界が広がっているのです。

動物界

動物界へ移ると、全十二界を通る上昇における新たな頂点に達したことになります。動物の魂は、物質的形体を通した意識的な認識の感覚を高めています。自意識的な認識ではなく、意識的な認識という用語を使っていることに注意してください。あらゆる高次の界は表現のために形体を用いますが、自己認識と認識はまったく異なります。動物は認識はしていますが、自己認識はしていません。このことは、抽象的なものを客観的にとらえる思考力がまだ発達しておらず、導きと指南を求めて高次の精神に直接つながることのできる段階にはまだ到達していないことを意味します。動物は集合的意識を介して生きますが、それは最高レベルまで発達した集合的意識です。

動物は確実に、〈神の光〉に気づいています。そしてここまで来ると、スピリットや聖なる存在についてもその認識力を発揮することができます。本能的に、スピリチュアルな領域を見通せるのです。動物は自分自身の高次の性質に同調することすらできます。これにより動物独自の覚醒を経験し、人間と似たような性質を帯びるようになります。うちにあるスピリチュアルな性質に目覚める前の人間と比べるなら、動物のほうが多くの面でスピリチュアルな領域により同調していると言えます。

動物はさまざまな方法で神の計画に奉仕しますが、主として自分自身を捧げます。こうした動物から、人間は力を得ます。動物は発達したアストラル／エーテル体を備えています。多くの種があるため、動物の魂は多くの生涯を経験することになります。恒温動物になると生存に必要なものはとても多くなりますが、スピリチュアルな面で成長できる度合いも大きくなります。動物は本能的な性質を極限まで進化させます。家畜は人間に似た性質を帯びはじめます。人間らしくなることで、その動物のスピリットは進化しやすくなります。動物を大切に扱うことがとても重要なのはこのためです。動物は人類のレベルに到達しようと励んでいるのです。進化の高い段階に達した動物は、より個別化した意識のプロセスに入り、それによって人間界へ進む準備を整えます。

人間界

人間界は、より低い界とより高い界のあいだできわめて重要な役目を果たす界です。現代科学は人間を動物と同じカテゴリーに分類しようとしますが、これは、スピリチュアルな見地から見ると正確ではありません。人間は動物と類似した身体的な特徴を少なからずもっていますが、決して動物ではありません。オーラからそう言うことができます。人間のオーラは動物のオーラとは完全に異なる構造をしています。

人間界は、意識と自意識とのあいだの架け橋です。カバラ信奉者は、この人間界、なかでも、啓発されていない状態の人間界を指して、アシャー（初歩的な物質世界）と呼びます。自分のなかの神なる部分とつながることで、私たちはスピリチュアル・ヒエラルキーの一部になる訓練ができます。

人間界の初期段階では、本能的な性質を再体験します。動物のような特徴はたしかに残っている段階ですが、最初から動物とは違います。進化のある地点で、人間の魂は精神と自意識という贈り物を与えられます。これにより、知的なレベルで進化できるようになり、さらにそこから聖なるレベルの気づきへと扉が開きます。

人間界では、〈神の光〉に対する気づきを高め、自分自身の高次の性質を認識する力を養います。高次の非物質的な領域を感知し、その領域と交流することを学びます。しかし何より、物質的形体をもちながら神に初めて直接会えるのがこの人間界です。全十二界を通る旅で初めて、進化しつつある魂は神を感知できるレベルに達するのです。これは人間の進化における大きな目標であり、私たち全員が求める覚醒です。

人間でいるあいだには、善と悪、罪人と聖人、覚醒と眠りが奇妙に混ざり合った世界を生きます。どれもこの重要な界の一部なのです。人間界には二面性があり、未熟なときにはこの二面性が果てしない葛藤と混乱を生みます。しかし、自分のうちにある神性を努力して進化させると、人間の二面性は消え、神なる命とひとつになります。これにより、より高みにある、神の栄光への扉が開きます。

人間はもはや集合的な意識の影響下にはありません。多様な形体もまとまってひとつになり、より強力で表現力豊かな形体となります。人間は高次の精神機能を備え、そうした精神があることで自意識を得ます。そしてこの高次の精神とのつながり（開発する必要があるものですが）を通して、自由意志をもっていることを示し、より大きな創造的表現をします。私たちは複雑な文明、芸術、科学を構築することもできますし、神に対する気づきについて熟考したり、そうした気づきを切望したりすることもできるのです。

いったん覚醒のレベルに到達すると、人間の魂はスピリチュアル・ヒエラルキーの一部になり、意識的に神の計画に参加しはじめます。人の人生の最高点は、生まれた場所から天界へと戻ることです。神とのこの直接的な結合こそが、人間界において重ねたあらゆる努力に対する報いなのです。

天使界

多くの人は、人間でいることはこのうえなく素晴らしいと感じています。物質的なレベルでは、これは真実です。人間の肉体は、今地球上にある物質的形体のなかでは最も発達しています。しかし、進化はここでは止まりません。私たちはスピリチュアルな進化を続けます。人間界の次の領域は天使界です。天使は私たちにとって、光の兄であり姉です。

カバラ信奉者は天使の領域をイェツィラーと呼びますが、これは形成界という意味です。ヒンズー教で天使に最も近い用語はスラですが、これはデーヴァと同じ意味でよく用いられます。天使界へと進化した魂の特徴は、神を認識しているということです。人間界にいる私たちは、進化の過程を通して神を認識します。その認識は打ち立てなければならないものです。天使界にいる存在はこの神の認識をもって生まれ、進化の過程では初めから、その認識を完全に表現することを学びます。これにより、天使は神の多大なる力と能力を手にします。彼らは、人間界を含む下位の界が経験したり利用したりすることを学んでいる光を、まさに体現しています。

第2部で見ていくように、天使には人間のような特徴がありますが、より正確に言えば、人間が天使の特徴を反映しているのです。天使は人間より背が高く、並外れたオーラをもっています。翼はありませんが、エネルギーの流れは翼のように見えることがあります。また、地上を歩くように空中を動けることも、天使には翼があるという説が広まる原因となっています。

この天使という段階では非物質的な形体をしていますが、いっぽうではまだ、私たちの住む物質的な世界の一部でもあります。

大天使界

天使が天使界で吸収できることをすべて吸収したら、大天使界へと移ります。神智論者はこの天の巨人を、ディヤーニ・チョーハン、すなわち「光の主」と呼ぶこともありました。カバラではこの大天使的領域をブリアー界と呼びます。ヒンズー教徒は大天使に関してデーヴァ・ラジャという用語を時折使います。

大天使界のスピリットは、全知（集合レベルでの神の認識力の一種）を表しはじめる点まで進化しています。これは、類似した認識を共有する集合意識とは違います。全知とは、同時に複数の場所に注意を向けても、自らの個としての認識を維持できる能力です。大天使の意識は、すべての天使と人間をそっくり入れられるほどに発達しています。

大天使は顔、手、足があるという意味で人間に似た形体をしていますが、その姿は非常に洗練されていて、形体にどれだけの可能性があるのかに気づかせてくれます。大天使は本当に背が高く、巨大と言ってもいいくらいです。オーラは完全に輝いていて広がりがあります。体現するエネルギーと力を完全にコントロールしている様子は、一目見ただけで感銘を与えます。

彼らは天使がまだ到達していない、神の内なる知の意識を有しており、とてつもない才能と技術を備えています。じつのところ、大天使について語るときは、たとえ彼らが私たち人間と同じ階層秩序に含まれるにしても、人間には理解しづらい意識について語っているのです。

彼らは、人間が進化できるように導きます。高い意識を用いて人類全体の進化に注意を向けることができますし、個々の魂や必要性に集中することもできます。大天使界よりも下位の界であれば、どんな存在であれ進化を手助けできますし、人類の進歩を助ける役目を果たしています。

無名の聖なる第十一界

第十一界に入ると、神と非常によく似た意識に行き着きます。あまりに似ているため、多くのスピリチュアルな学派の神秘主義者はこの界に属するスピリチュアルな存在を神の一側面としてとらえてきました。第十二界もそうですが、この界の名はとても神聖なので、一般の方々向けの本でお伝えすることはできません。これらの上位二つの界についてきちんと理解できるのは、聖なる存在と直接接触した経験をもつ覚醒した人々だけなのです。

第十一界の基調は、「創造的意識」です。この界のスピリチュアルな存在は、命を共同で直接創造するプロセスにかかわっています。彼らは天使や大天使をしのぐ神の認識力を有しています。すべての命は本来的に創造的ですが、ここでお話ししているのは、神による非常に高度な創造に直接関与するということです。私たちの物質的形体を設計したのは神ですが、形体の進化を考案して始動させ、維持管理しているのは第十一界の神聖な存在です。この界のメンバーは、人類ならびに地球上のすべての有機的形体の創始者です。あらゆる生物的進化は、彼らの管理下にあります。

ヒンズー教では、神なる創造性を表すマヌとピトリをはじめ、この界の聖なる存在をさまざまに表現します。いっぽうで、この創造的衝動は命の他の部分にも伝わります。私たちの創造的衝動もこの界の存在から繰り返し霊感を受け取ります。

カバラ信奉者は最も高次のスピリチュアルな領域のひとつをこの領域にあて、アツィルト〈神的なものたちが住む果てしない世界〉と呼んでいます。ユダヤ神秘主義が神をさまざまな名前で呼ぶ理由のひとつはここにあります。神の感化を受けた存在がもつ創造力を、その名に反映しているのです。キリスト教神秘主義者は、この界とこの界を代表するきわめて偉大な存在を「聖霊《ホーリー・スピリット》」とし、神の三位一体のひとつとしました。

こうした存在は全十二界の一部であるため、はっきりとした形体があります。心から私たちを愛していて、人類を向上させ、導くために、疲れを知らずに働きます。天使と大天使は、愛情を込めてこれらの聖なる存在を見上げます。第十一界にいる存在は神の計画を具体化したり、遂行したりする役目を担うため、創造力だけでなく、神の導きについても重要な仕事として請け負います。彼らは大天使よりもさらに包括的なレベルの全知を有します。

無名の聖なる第十二界

ここからは、〈自然の十二界〉という進化の計画全体から見た、スピリチュアルな梯子の頂点に移ります。この界も、名前では呼べないくらい神聖です。第十二界の基調となるのは、「神の意識」です。私たちが全十二界を通じて打ち立てる意識的な認識のすべては、この界で体現される神の意識を通して濾過されます。十二の界はそれぞれ、本質的にはこの神の意識の程度を示す段階なのです。

第十二界はすべての界に秘められた可能性が完全に結実した状態を表すため、神秘学派のなかには、「宇宙的人間《コズミック・マン》」といったような広い意味をもつ一般用語を使ってこの界を語る学派もあります。これはカバラにおけるアダム・カドモンであり、ヒンズー教ではプラクリティ（物質的生命の根本物質）を活気づけるプルシャにあたります。命を生むプルシャへの賞賛は「ヴェーダ」の讃歌を生み出し、讃歌はヒンズー教の信仰全体の基盤となっています。こうした聖なる存在は、ラーマやクリシュナをはじめとする、ヴィシュヌの化身《アヴァターラ》としても知られています。アメリカ先住民は、自分たちを見守るこの界の神なるスピリットを「偉大な白いスピリット」と呼んでいました。ゾロアスター教のアフラ・マズダーも、この界に属する聖なる存在です。キリスト教神秘主義者はこの界とこの界を導く聖なる存在を、三位一体の二つめの側面であるキリストとしました。

第十二界に到達した魂は、目指している「神の意識」そのものになっています。神の認識力と理解を最高限度まで体現できたのです。この界に属する栄光に輝く魂たちは、他の界の存在は入ることができない、神の内部の聖域に入ることができます。彼らは他の全界を導く、スピリチュアル・ヒエラルキーのリーダーです。

聖なる第十一界と同様に、第十二界は非常に素晴らしいため、多くの教派が最上級の言葉でこの界を称えてきました。そして私は、この界のメンバーとの交流は人生を変えてしまうような体験であると、私自身の経験からお伝えできます。彼らは神の存在感に満ちているため、見ているとまるで神がすぐ隣の部屋にいるような感覚を覚えます。しかし驚くべきなのは、私たちはこういった存在とつながり、協調しているだけでなく、いつの日かこの界に進化する運命にあるということです。第十二界は、最高レベルの意識、最も発達したオーラ、そして最も進化した完璧な形体を体現します。構造界という最底辺から始まった長いスピリチュアルな旅の頂点にたどりついたのです。

全十二界は、命の壮大な計画のなかで連結しています。ある界は他の界より進化していますが、すべての界は協調しています。下位の界は上位の界を支え、上位の界はそのお返しに弟や妹を向上させます。つまり、私たちが聖なる存在から受け取るだけでなく、聖なる存在も私たちから受け取っているということです。

このことは、聖なる存在とつながる際のマスター・キー、すなわち調和をもたらしてくれます。命のあらゆる部分が神の計画にとって不可欠であり、ただ人間に何をすべきか命令して威張ることは聖なる存在のやることではありません。彼らは私たちが運命を全うし、スピリチュアルな可能性を実現できるようにするためにいます。なぜなら、そうすることが全体としての命にとって最も役に立つからです。同様に、聖なる存在と協力し合うことによって、私たちは彼らが使命を成し遂げる手伝いをしています。人間と聖なる存在の関係は双方向の関係なのです。私たちは、命の統一原理、すなわち単一性《ワンネス》に立ち返ります。私たちはみな、この単一性の一部なのです。

なぜ物質的ではない界があるのか

以上のように階層秩序を見てきましたが、すべてが同じ命の一部であるなら、なぜ物質的ではない界があるのかと不思議に思う方もいるかもしれません。天使や大天使が私たちと同じ進化の過程をたどっているなら、どうして天使や大天使は物質的形体をもっていないのでしょう。

理解すべきことは、物質だけではない多くの表現形体があるということです。物質的な地球は、相互に浸透し合ういくつかの非物質的な形体に包まれています。人は物質的な体に居住していますが、その物質的な形体はアストラルやエーテルの体もしくはテンプレートといった非物質的な形体をもち、こうした形体が物質的な体を支えています。魂を表現するのはこうした形体の組み合わせなのです。

人間界より上位の界において、天使をはじめとする聖なる存在は、まだ地球的表現の一部に含まれるエーテルの形体を使用します。この非物質的な形体はとても希薄で、物質的な体に閉じ込めることはできません。ひょっとしたらいつの日か、地球自体が今よりも発達して、天使やそれより上位の存在の波動を受けとめられるような物質的な波動が生じるかもしれませんが。

つまり、聖なる存在を目にするとき、私たちは自分のなかにあるエーテル的な部分とつながっているということです。これは聖なる存在を直接透視する際の重要な鍵になりますので、第4部で探っていきます。自分のうちにあるエーテル的な部分とつながることで、私たちは「神の意識」を呼び覚ますのです。

第4章 歴史的背景

神秘能力者はいつの時代も、スピリチュアル・ヒエラルキーについて知っていました。ヒエラルキーとのつながりによって、神秘能力者はスピリチュアルな力を得ていたのです。あらゆる文化に独自の神の理解があり、そのスピリチュアルな階層秩序を独自に表現してきました。この章では、そういった文化的な影響と、それが聖なる存在の集団的理解にどう関係しているのかを少し見ていきます。

ヒエラルキーという用語が最初に出てきたのは、西暦紀元初期のことでした。当時、ヘブライの伝統に含まれるスピリチュアルな資料を整理する動きがあり、この整理によって天使に関するより深い理解が生まれました。ディオニュシオスという名前を使った無名のキリスト教神秘主義者は、四~五世紀に『天上位階論』を含む非常に影響力のある作品を何冊か著した人物です。『天上位階論』は、天使の位階を下から順に詳しく説明するものでした。ディオニュシオスは、新しいインスピレーションを自分の手柄にせず、むしろこのテーマに関する理解の長い歴史をまとめました。誰もが受け入れたわけではありませんでしたが、彼のまとめた体系はスピリチュアル・ヒエラルキーに関して当時発展途上にあった理解を反映する内容でした。

数世紀後、トマス・アクィナスはディオニュシオスの著作に大きく影響され、ディオニュシオスが残したモデルにもとづく、天使の階層秩序の体系を築き上げました。今日に至るまで最も広く認められる天使の解釈となったのが、このアクィナスによる体系です。ルーファス・ジョーンズは著書『神秘宗教研究』で次のように述べています。

〔……〕天使博士であるトマス・アクィナスの『神学大全』でさえ、ディオニュシオスの著作から「集めた蜂蜜を多様な巣室に滞りなく蓄えた蜂の巣」に過ぎないし、すでに述べてきたように、ディオニュシオスは偉大な神秘主義者がこぞって食した蜂パンになった。

十九世紀後期になって、スピリチュアル・ヒエラルキーの認識は、神智学の出現とその著作に影響された著述家たちによって再び脚光を浴びます。彼らは、進化のプロセスを導き、進める多くの偉大な聖なる存在について解説しています。また、古代の研究における聖なる存在に関する識見を世界の意識にもたらしたインド神秘主義の流入もありました。

ヒエラルキーについての本物の教えは、そもそもの初めから神聖な神秘学派の修練所や遁世僧院《アシュラム》にゆだねられ、そのような知識に対する準備ができたものにのみ与えられるものとされていました。より多くの人にこういった知識の一部を広める初期の試みは、多くの場合、阻止されたり、誤解されたりしました。このことに加え、聖なる存在というテーマは簡単な話題ではないという事実があります。聖なる存在というテーマはスピリチュアル研究のきわめて複雑な側面ですが、同時にきわめて価値がある側面でもあります。

おそらく最も重要なことは、聖なる存在たち自身によって次々と明らかにされる啓示があるということです。数世紀もの時をかけて、人類は命のスピリチュアルな原則についての知識を増大させていくことになっています。永遠の真実はありますが、その真実は、人類がそうした英知を吸収し、使う時間をもてるように、段階的に与えられます。宗教的・形而上学的研究は、決して固定されたものを目指してはきませんでした。新しいインスピレーションが常に与えられるため、それに対してオープンでいなければならないからです。

今日、スピリチュアルなアプローチの点で、異なる部分よりもむしろ類似する部分を探す傾向が見られるのは喜ばしいことです。存在すら知らなかった、あるいは永遠に失われてしまったと思っていた古代の過去を、明らかにしつつあるのです。私たちは、聖なる存在と交流するために必要とされる神秘な鍵をかつてないほど与えられています。

ユダヤ教の伝統

スピリチュアルな存在は、「創世記」の最初からヘブライの伝統の一部でした。現代の天使の理解はこのヘブライの伝統まで遡ることができます。

ご存じのように、ユダヤ人の信仰は、人はみな同じ神の子どもだという理解を広めるうえで大きな役割を果たしています。こうした信仰を一神教と呼びます。その昔、人々は複数の神もしくは多神教的な考え方を信じていたので、これは革命的な概念でした。一神教の宗教的な概念が発展するにつれ、ユダヤ人の信仰は神の単一性を重視するために、天使とスピリチュアル・ヒエラルキーの役割を軽視しました。この傾向に対する例外がユダヤ教神秘主義です。ユダヤ教神秘主義は、人の人生における聖なる存在の重要性を強く強調しつづけました。

ユダヤの形而上学は、アブラハムと同じくらいはるか昔に始まったものです。数世紀後のエゼキエルの時代に、スピリチュアル・ヒエラルキーという言葉は使われなかったものの、その存在を重要視する形而上学的伝統の再生がありました。その後、第二神殿の時期には、正式な聖書の正典にはならなかった、宗教的で形而上学的な書物や文書の全盛期がありました。これらの著作は、聖書外典や偽書として知られています。この時代の最も有名な著作のひとつが「エノク書」で、天使について多くを語っていました。

のちに、そうした形而上学的教えのいくつかを保護するため、より体系的に書きとめたタルムード神秘主義者がいました。こうした教えのうちの二つが、マーセ・メルカバ（戦車の業）とマーセ・ベレシート（創造の業）として知られるようになります。どちらも当時の純粋な形而上学の学派でしたが、それぞれユダヤ神秘主義の別の側面に焦点を当てていました。マーセ・メルカバは天使と天界の領域を扱うエゼキエルの伝統に従い、マーセ・ベレシートは「創世記」とヘブライのアルファベットと数の秘教的側面に重点を置く、という具合です。数世紀後のカバラの発展まで、これらの違いは調整されませんでした。カバラによって、聖なる存在に関する理解が、セフィロトの樹または生命の樹の一部としてさらに発展することになります。

キリスト教の伝統

キリスト教の出現でスピリチュアル・ヒエラルキーは受け入れられ、取り込まれました。神なる存在の重要な側面として新たに強調されたのは、人類にとってキリストが果たす役割を含んだ聖なる「三位一体」です。今日一般に説かれているように、キリスト教は、キリストを神の一側面であり人類の救世主であるとみなします。しかし、形而上学はいくらか異なる見方でキリストの役割をとらえます。スピリチュアル・ヒエラルキーの頂点にあり、神に直接出会うための扉となる存在とみなすのです（キリストの神秘的な理解については、第8章でより深く掘り下げます）。

キリスト教の運動にはその起源から、宗教的側面と同様に神秘的側面がありました。キリスト教神秘主義者は、直接知という考えを強調しました。人は中央集権化した教会や教会関係組織による介在などなくても聖なる存在を個人的に直接体験することができると、彼らは説いたのです。預言者の時代は選ばれた少数の人々の手にゆだねられるものでもなければ、特定の宗教的集団に限って訪れるものでもなく、そのような内的な知を呼び覚ますために必要な知識を得る時間を費やした人々に対して潜在的に開かれているのだと、彼らは強調しました。初期のキリスト教のこうした神秘的な面は、やがてグノーシス主義と呼ばれることになります。

初期キリスト教の神秘主義運動はひとつの統一された集団によるものではなかったため、複雑でした。キリスト教神秘主義者は、非キリスト教の神秘的な伝統を歓迎し、研究しました。たとえば、新プラトン主義運動です。新プラトン主義運動は、ギリシャの哲学体系と開花しつつあるキリスト教運動を一致させようと試みるものでした。のちに、この哲学は中世のキリスト教の考え方に大きな影響を及ぼします。スピリチュアル・ヒエラルキーに関するディオニュシオスの本は、新プラトン主義の考え方に影響を受けていました。

こうした信仰に帰依する人が増えてくると、組織化が不可欠になります。キリスト教の宗教的指導者たちは、個人のスピリチュアルな生活における秩序、儀式、教会の役割を強調しました。残念なことに、当時隆盛しつつあった教会の司祭や司教の多くは、教会を必要としない直接知の考えを異教とみなしました。権力や影響力が増すにつれ、彼らはキリスト教の神秘的なルーツをうまく抑え込んでいきます。神秘主義者は地下にもぐり、舞台裏で静かに活動を続けました。宗教的なものと神秘的なものは共存するはずだったことを考えると、これは大きな損失でした。そしてこうした状況により生まれた不均衡が、キリスト教の教えに関する誤解の原因となったのです。

イスラム教／スーフィーの伝統

イスラム教は、その神学の一部にスピリチュアル・ヒエラルキーを含んでおり、信ずべき六つの信条、すなわち六信（実行すべき五つの義務を指す五柱と混同しないでください）のひとつとして天使を信仰対象にしています。イスラムの伝統では、マホメットに『コーラン』を示したのが大天使ジブリールとして知られる大天使ガブリエルであったことを教えます。天使は、アッラーによって作られた天使、人間、精霊《ジン》という三つの存在の一部です。精霊は良くも悪くもなりうるスピリットで、「ランプの精」という有名なキャラクターはこの精霊の民間伝承から生まれました。『コーラン』は監視者について語っていますが、この監視者という存在は守護天使に似ています。ひとりひとりの魂には、「頸静脈と同じくらい近い」ところに監視者がいるのです。天使は雨の一滴一滴とともに降りてくると言われるように、イスラム教に欠くことができないものとして考えられています。

アブラハムをその父祖と認めているように、イスラム教は、ユダヤ教およびキリスト教と同じ先祖を有します。イスラム教は古代の預言者や賢人による原始の信仰が提示したより完全な啓示、あるいは最終的な啓示をもたらすと、イスラム教徒は信じています。それゆえ、イスラム教は、新しい階層秩序を作るよりはむしろすでに確立されている秩序に関する理解を具体的に示そうとします。

イスラム教の大きな基調は、神への傾倒と降伏です。もちろんあらゆる宗教は献身を強調しますが、イスラム教では献身は特に強調されます。忠実なイスラム教徒は、神への傾倒を生活の中心において日々活動します。ここで、スピリチュアル・ヒエラルキーを理解する重要なポイントが浮上します。前述したように、聖なる存在は私たちが自らのスピリチュアルな可能性をできるだけ発揮できるように助けてくれますが、可能性を発揮するためには、私たちは自分自身より進化した命の力に同調することを学ばなければならず、そうするためにはかなりの専心と献身が必要となるということです。

イスラム教の形而上学的もしくは秘教的な側面がスーフィーの伝統です。スーフィー教徒は、神を直接知るための潜在能力を人間にとって必要不可欠なものとします。スーフィー教では、悟りを開いた人々が志望者をスピリチュアルな知の場所へと案内する役目を果たします。この秘教的な階層に属す人々のリーダーはクトゥブと呼ばれ、神なる存在に直結していると言われています。クトゥブはマホメットまで途切れなく遡るスピリチュアルなリーダーの一員で、神秘主義者のなかでも選ばれた人々だけに正体を現します。スーフィーの伝統を学ぶものは長い時間をかけて師から神秘主義を教わり、神を知ることのできる場所へとたどりつくのです。

イスラムの急進派閥がこうした秘教的な教えに関する明確な理解を曇らせてしまったことは、非常に残念です。何世紀ものあいだ、マホメットよりも前でさえ、アラブ世界はギリシャ人、ローマ人、ユダヤ人、キリスト教徒の影響を受けました。中世には、宗教的不寛容がヨーロッパで勢いを増し、知識の光はイスラム世界で明るく輝きました。当時のイスラム世界はまだ開放的で、学びにおいて進んでいました。世界屈指の頭脳を魅了したバグダッドには、「英知の家」として知られる洗練されたアカデミーと図書館もあったのです。

ヒンズー教の伝統

ヒンズー教の伝統を見ると、聖なる存在に関する尽きることのない知識と情報があるように思えます。「ヒエラルキー」や「天使」という用語はインドの宇宙論には欠けています。しかし、インドの用語法において重視されているスピリチュアルな存在の血統と王朝は、「スピリチュアルな秩序」を別の方法で表現したものです。非常に多様なスピリチュアルな存在がいる理由のひとつは、この宗教が長い歴史をもち、異なる信念に対して寛容であることです。この寛容性と多様性は西洋の考え方にとって魅力的で、数世紀のあいだに、命に関するひとつのスピリチュアルな解釈として定着しました。

インドの神々の体系は多様性に富んでいますが、じつは根底に統一性があります。ヒンズー信仰における神々はすべて、究極の存在すなわちブラフマンとして知られる絶対神の分身です。この最高神から、地上の人類を祝福し、向上させるブラフマー／ヴィシュヌ／シヴァや、すべてのデーヴァ、クマラ、王朝、マヌ、祖先、化身《アヴァターラ》が出てきます。ヒンズー信仰は、聖なる存在がいかに広範にわたるかを示しています。聖なる存在は多数の次元にわたる階層を成しており、それぞれが唯一の最高絶対神の現れなのです。

一見したところ、この階層秩序は西洋文化の天使や大天使とはほとんど無関係に見えますが、この本では一貫して、根底に統一性があることに注目していきます。異なる名前や用語が使われているかもしれませんが、そこにあるのは全人類を対象とするひとつのヒエラルキーです。

ヒンズー信仰の宗教的・秘教的伝統の基盤は「ヴェーダ」、特に「リグ・ヴェーダ」です。「リグ・ヴェーダ」は神なる存在に捧げられる讃歌のコレクションです。ヒンズー教徒が儀式催行の際に用いたこれらの讃歌は、一見したところ、アグニ（火）、スーリヤ（太陽）、ヴァーユ（風）、またはインドラ（空）といった自然神を称えているように思えるかもしれません。しかし、「リグ・ヴェーダ」を編纂した古代の預言者または聖仙《リシ》は、最高の意味での神秘主義者であり、たとえば「ウパニシャッド」、『マハーバーラタ』、『バガヴァッド・ギーター』、『マヌ法典』や「プラーナ」といったのちの作品で時間とともに浮上し、発展することになる形而上学的真実を、これらの讃歌に埋め込んでいます。こうした聖典を通して、聖なる存在たちがまばゆいばかりの姿で活躍する完全なヒンズー宇宙論が生じたのです。

ヒンズー教の形而上学的側面はヨガとして知られています。ヨガにはいくつかの流派があります。神秘的なヨガは、運動や肉体的健康を保つ方法として非常に人気が出ているハタ・ヨガをはるかに超えるものです。たとえば、ラジャ・ヨガのようなヨガは、魂を神なる存在とひとつにするための実践的修練です。ヨガの伝統は、聖なる存在と直接つながって覚醒する方法を弟子に教えるスピリチュアルな教師（導師）たちの関係性を重視しました。導師とは、聖なる存在とのつながりを維持する導師一族につらなる存在だったからです。

アメリカだけでなく、祖国インドでも、ヒンズー信仰はリバイバルと再評価のときを迎えつつあります。インド人は一七〇〇年代にイスラム教の影響によって信仰の危機を経験し、十九〜二〇世紀にはさらに、英国の影響によって同様の苦難を味わいました。多くのインド人は、自身が受け継ぐ文化的な遺産を古い迷信とみなしました。第二次世界大戦後のインド独立によって古代の歴史が復興し、そうした歴史に対する誇りが生じたのです。古代の多様な教えを系統立てる、かなり組織的な試みも見られました。インドの本物のスピリチュアルな教師たちが移住することで、ヒンズーの伝統は世界中に広まっています。もちろん、西洋の文化がインドにもたらしている影響も無視できません。こうした思想と文化の交流により、いっそう大きなスピリチュアルな理解への道が開き、展開しつつあるのです。

〈光界の教え〉

すでに述べたように、この本でお伝えする形而上学的知識は、〈光界の教え〉として知られている伝統の一部です。この伝統は四千年の歴史をたどり、そのルーツはヘブライの最初の神秘主義者に見出せます。キリスト教神秘主義の発生に伴ってより完全に開花した〈光界の教え〉は、すべての形而上学的芸術のなかでも最も古代のものであるヘルメス科学を補うものです。私の師アイネズ・ハードは、これらの教えが普遍的なキリストの教えの形而上学的解釈であるため、「クリストスの英知」と呼びました。その英知は、ただひとつの民族や文化集団のために設計されてはおらず、向上心をもって形而上学的な道を歩む気持ちがある人であれば誰でも受け入れるため、特定の宗派には属しません。人間の意識における開花に対処し、あらゆる本物の神秘な伝統を守るために構築されています。この伝統は、何世紀にもわたり静かに活動してきましたが、グノーシス派や薔薇十字団のような多くの集団に影響を与えてきました。形而上学的研究が文字通り地球規模で進んでいるため、これらの教えは今日、力強く復活しつつあります。

この伝統の独特の特徴として、〈神の光〉との交流を重視している点があげられます。〈光界の教え〉は、スピリチュアル・エネルギーとの交流について非常に包括的な研究を行っています。私はこれまでオーラを見てきた経験から、スピリチュアル・エネルギーは人生に永続する変化をもたらすための鍵であると言えます。本書ではこの点に焦点を当ててお話しします。すなわち、生活のなかで聖なる存在と交流する方法、スピリチュアルな力とオーラの領域を強化し、それによって自分という存在のあらゆる側面を向上させる方法を中心に取り上げていきます。

神秘学派の修練所の伝統

古代世界では至るところに、特にギリシャやエジプトのような場所には、神秘学派の修練所として知られていた秘教的な訓練施設がありました。これらの修練所は中世の初めに栄え、意欲のあるものに命の神秘について教える隔離された学習センターとして機能していました。入れるのは招待を受けた人だけです。そうした修練所にいったん入ったら、生涯ではないにしても、何年間も形而上学の多様な側面を学びながらそこで過ごしました。神秘学派の修練所が目指していたことは、入会者が覚醒して、神なる存在との直接のつながりを構築するのを支援することでした。

こういった修練所は、聖なる存在やスピリチュアル・ヒエラルキーに関して広範囲な理解を有していました。昔は、ヒエラルキーに関する正確な情報を得られる唯一の方法は、こういったグループに属することでした。東の遁世僧院《アシュラム》とともに、神秘学派の修練所は私たちが今日有する形而上学的理解の基礎を築きました。私が初めて形而上学について受けた教育も、修練所の伝統を受け継ぐものでした。今日では、こうした施設の一員にならなくても、その伝統を汲む秘教的な知識を得ることができますが、これは素晴らしいことです。良質なスピリチュアル教育を求める人がとても多いので、長いあいだ入会者以外には閉じられていた扉を神なる存在が開けているのです。

私たちが今日直面している課題は、神なる存在に関する情報は多くの人に与えられているものの、スピリチュアルな頂点に到達するための道は昔と変わっていないということです。つまり、神秘学派の修練所や遁世僧院で隔離生活を送りながら神なる存在とのつながりを確立する代わりに、私たちは仕事のキャリアを積んだり、家族をもったり、二十一世紀のさまざまな娯楽に心を奪われたりしながら、実生活のなかでこの課題を達成しなければならないということです。これは、より大きな挑戦になりますが、より大きな報いにつながる課題でもあります。

世界の他の伝統

中国や日本から、インカ、アステカ、アフリカの部族や、アメリカ先住民に至るまで、あらゆる文化における本物の神秘主義の伝統は、スピリチュアル・ヒエラルキーの理解に役立っています。メソポタミアやエジプトでの初期の考古学的な発見を見れば、人類の暮らしにスピリチュアリティが関与していたことがわかりますし、聖なる存在が知られていたことも明らかです。インダス川流域の古代都市で見つかった彫刻は、蓮華座を組んで瞑想する神秘主義者を表しており、形而上学的実践が三千年まで遡れることを示しています。さらに、おそらくこれまでに発見された最も古い考古学的遺跡、現在のトルコに位置するギョベクリ・テペでは、スピリチュアルな実践が一万二千年前から行われていたことを示す証拠が出土しています。今後、どのような考古学的な発見が進むのかは想像に難くありません。

仏教にさえ、聖なる存在の伝統があります。仏陀ははなはだしい改革者で、出生地インドで多くの誤解を訂正しようとしました。彼は、無数の人々に奴隷として生きる運命を負わせるカースト制を終わらせようとしました。彼の主眼は、悟りを開いた行動を取り、個人としての責任を果たすことにありました。仏陀が説いた八正道は、本来の人生を生き、悟りを開く、すなわち覚醒するという究極的な目標を達成する方法についての手引です。仏陀が聖なる存在の役割を重視しなかったというのは本当です。これは、多くの人々が迷信や偶像崇拝に囚われており、彼はそうした無知を打破しようとしていたからでした。しかし、仏陀は聖なる存在を否定したわけではありません。仏教には、デーヴァやブラフマーを取り込んだ宇宙論があり、その教えのひとつは、サッター・デーヴァマヌッサーナム（神々と人間の師）として知られています。デーヴァたちは仏陀を称えて、支え、仏陀から学ぶという教えです。

仏教はまた、阿羅漢の存在も強調しました。阿羅漢は悟りに達した人々の魂で、他の人が同じ目標を遂げるのを助けます。ここでもまた、他者が覚醒やスピリチュアルな気づきを得られるように助ける覚醒した人々の存在が重要視されているのです。

名前に意味はない

スピリチュアル・ヒエラルキーの歴史的な背景をまとめるにあたり、重要な補足をしたいと思います。聖なる存在の名前についてです。天使や大天使といった用語を使うとすぐに、これらの名前を最初に使った西洋の伝統が思い浮かびます。デーヴァや化身《アヴァターラ》といった用語を使うとすぐに、東洋の伝統が心に浮かびます。特定の語や言語を使用すると、好みや偏愛の感覚が生まれる可能性があるのです。この感覚はある程度は避けられませんが、私は言語が生み出すこの仮面を透かして本質を見られたらと思っています。文化によって違う名前がつけられていても、取り上げているのは全人類のためのまったく同じヒエラルキーです。地域によっては特定の聖なる存在が活動することもあるかもしれませんが、階層秩序はひとつです。

このように共同的なアプローチをすることで、私はスピリチュアル・ヒエラルキーの表面上は相反する信念体系を調和させたいと思っています。調和しきれないときもありますが、そういった場合でも、根底にあるスピリチュアルな統一原理を示すつもりです。この本で主に用いる用語は〈光界の教え〉の命名法にならっており、〈光界の教え〉はその起源であるユダヤ／キリスト教的な背景の特色をまとっていますが、そうした用語は形而上学的に使っているものであり、特定の宗派とは関係ありません。

最も重要なことは、この物質的な地球で私たちが天界の聖なる存在に対して用いるあらゆる名前は、「神」

という名前も含めて、人間が作ったものだということです。こうした名前は、神なる存在が聖別し、神聖化したものではありますが、天の領域では聖なる存在はこうした名前では通っていません。天の領域では天の言葉が話されており、聖なる存在はそうした神聖な言語にふさわしい名前を使っています。私たちには通常知らされることのない名前です。

本書では当然のことながら、ヒエラルキーの総称として、高次、聖なる存在、あるいは天の存在といった用語を同義的に用います。高次の特定の側面に言及するときは、他のさまざまな文化ではどう呼ばれているのかと合わせて説明します。私は比較宗教研究の専門家ではありませんし、多様な信念体系を大げさに単純化したり、矮小化したりしているわけでもありません。私の目標は、あらゆる信仰をもつ人たちが、もっと密接に聖なる存在とかかわり、私たちが同じ神の子どもで、同じスピリチュアル・ヒエラルキーの兄弟姉妹であることを理解するように働きかけることです。

第2部　スピリチュアルな領域にある存在たち

第5章　天使界の栄光

三十代になるころには、私はスピリチュアル・ヒエラルキーとの強い結びつきを獲得していました。彼らとの交流の一端として、私は精神世界へ連れていかれて指導を受けていました。あるとき、聖なる存在は、神秘主義者がスピリチュアルなエーテル界と呼ぶ驚異的な場所に私を連れていくつもりだと合図を送ってきました。言葉ではこの領域を記述することができません。そこは、並外れた力と光に満ちた場所でした。私は興奮していましたが、どうしてそこに連れていかれたのか知りたいと思いました。聖なる存在は目的なしでは物事を行わないということを知っていたからです。こうして天の領域に入り、連れていかれた先では、人々が丘の上に集まっていました。木や花のある、穏やかな田園風景が広がっています。眼下には、美しい青紫色の湖が見えました。すべてが非常に平和に満ちていて、たくさんの白色光が至るところで輝いていました。

丘の頂上には、私がそれまで見たなかでもきわめてまばゆく光り輝く三人の天使がいました。私は、そこにいることにワクワクしましたが、何が起きているかはわかりませんでした。この天使たちは誰で、集まっている人たちは何をしているのでしょう。五十人ほどの人がいるその場所の近くへと、私は歩いていきました。彼らはスピリチュアルなエーテル界の住民のようで、私が到着するまで去らないように言われていました。人々が熱心に耳を傾けるなか、天使たちは何か教えを説いています。式典がちょうど行われたばかりで、人々は天使たちから天の恵みを受け取ったところでした。

私が近づくと、天使は進み出るようにと考えを送ってきました。私は集団のなかを通り、頂上まで歩きました。天使たちの周囲にはロープが張られていました。私はいったん足を止めましたが、前に出るように促されたので、ロープの囲いを越えました。

天使たちからは非常にたくさんの愛が送られてきました。彼らは背が高く、おそらく三メートル六十センチほどで、白いローブを着ています。オーラは光り輝き、祝福している人々を取り囲んでしまいそうなほど広がっていました。中心にいる天使がリーダーでしたが、三人すべてが序列の最高位にある天使でした。

リーダーが近づいてきたので、何か教訓を授けてくれるのだろうかと思いましたが、リーダーはそうはせず、ただ私を褒めて言いました。

「私たちは、あなたの取り組みにとても満足しています。私たちはあなたとともにいて、あなたを支えています」

それから天使たちは、私が以前助けた人のことで私に感謝しました。天使たちがいろいろなことに気づいていて、私は驚きました。集まった人々には私たちのやりとりが聞こえており、天使たちは何らかの理由で、私がしていることを彼らに知らせたがっていました。

この出来事は長くは続きませんでしたが、強い印象を残しました。聖なる存在に奉仕することによって自分は彼らの活動に参加できるのだということが、より深く理解できる出来事でした。聖なる存在によって認められたことで、私は自信を得ました。人々がこの世でなす行為を彼らはしっかりと認識していること、たとえ他人に褒められることがなくても、良い行いは必ず正当な評価を受けているのだということを、よりはっきりと感じられました。神なる存在にはわかっているのです。

第2部では、聖なる存在の各階層を見ていきます。スピリチュアル・ヒエラルキーには多くの存在がいて、あまりの幅の広さに迷ってしまうことも少なくありません。それゆえ、全体像を眺めるいっぽうで、交流しはじめるべき聖なる存在を具体的に取り上げてお話しすることにします。まず掘り下げるのは「天使」です。

†

天使は驚異的です。スピリチュアル・ヒエラルキーにおいてはどの存在も重要ですが、私たちが日常的に最も頻繁に交流するのは天使です。天使は神の任務を行う代行者で、神の計画を遂行します。第3章で見たように、彼らは〈自然の十二界〉に含まれ、スピリチュアルな進化においては人間の次の段階にあります。その素晴らしさは、生まれながらにして神の存在を意識できていることです。私たちが人間界で行うように目覚めたり、気づきを得たりする必要はありません。人生のどのような局面に取り組んでいる最中かに関係なく、神へのこの認識を維持できます。これにより絶大なるスピリチュアルな力と才能を得て、驚くべき方法で〈神の光〉を利用することができるのです。

英語で天使を意味するエンジェルという単語はギリシャ語のアンゲロスに由来しますが、このアンゲロスは「使者」を意味します。また、ヘブライ語では天使をマルアフと呼びますが、この語と非常に類似したアラビア語のマラークも、同じく「使者」あるいは「配達人」を意味する語です。天使についての知識は、ゾロアスター教という古代宗教まで遡ることができます。その知識を引き継いだヘブライ人は、さらに理解を深めます。バビロン捕囚時代に多くの人がその教えに触れたことで、第二神殿時代のイスラエルでは天使に対する関心が一気に高まったのです。最終的に、キリスト教が天使の序列をさらに固定化し、体系化しました。この序列は、イスラム教においてもそっくり引き継がれます。理性と科学を重んじる現代において、天使は神話へと追いやられてしまいましたが、これは事実とはまったくかけ離れた話です。天使たちはこれまでになく生き生きとしていて、人々の人生において親密で活発な役割を演じているのです。

天使という用語は、天界にいるスピリチュアルな存在を任意に指して使うことも、特定の種類のスピリチュアルな存在に言及することもできる語ですが、後者が本書での用法です。この用語はユダヤ教とキリスト教とイスラム教に特有であるように思えますが、天使はすべての人のもので、一部の人のためだけにいるものではありません。たとえば、ヒンズーの宇宙論には「天使」に正確に対応する用語はないものの、スラとして知られる存在がいます。天使が神の計画の実行者であるのと同様に、スラは三神一体（ブラフマー／ヴィシュヌ／シヴァ）によって定められる領域の保守管理を務める存在です。

天使の進化における七つの過程

天使には七つの進化過程があり、その表現は非常に多様です。天使は私たち人間と同じように進化していて、明確な発達段階を経験します。各段階を経る目的は、さらに神に近づき、神の計画に奉仕することです。

この七つの段階は、1．ケルブ、2．ジョイガイド、3．聖なるエネルギーの天使、4．守護天使、5．教育の天使、6．天軍九隊、7．聖なる偉大な兄弟愛の天使です。

ケルブ

ケルブは天使界の赤ちゃんです。ケルビムとも呼ばれる智天使と混同してはいけません。智天使はずっと発達した種類の天使です。

ケルブは、天使のスピリチュアルな成長の最初の過程です。身長は約六十センチで、人間の赤ちゃんにかなり似ていますが、人間の赤ちゃんほど頭が大きくありません。ケルブは自らの神性を完全に認識しており、非常に機敏で、周囲で起きていることによく気づいています。生まれつき神の存在を意識している彼らは純粋な喜びであり、新しく獲得した自らの神性を完全に享受しています。彼らは、まさしくその存在によって人間を元気づけます。落胆している人や、不幸な人のところにやってきます。単独で来ることはなく、他の天使たちと一緒にやってきます。本質的な意味で保護者にあたる、守護天使の段階にある天使が、彼らの世話をし、その才能を育てるのを手伝っています。ケルブとしての進化の過程を終えるまでは、こうした天の保護者が彼らのそばについています。ケルブ同士はお互いに交流できますが、他のもっと成熟した天使が負っているような責任は負っていません。

ケルブは美しいオーラをしており、オーラの外殻やエネルギーの上昇といった、すべての天使に共通する重要で本質的なオーラの特徴を備えていますが、言うまでもなく、その可能性を完全には開花させていないため、エネルギーの広がりはより成熟した天使ほどは強くありません。ケルブのそばでは白色光を強いエネルギーとして見てとることができます。

ケルブとつながるための瞑想の祈り

天の父であり神聖な母である神様、私は、喜びに満ちた天使のケルブから、彼らの驚異と希望の祝福を受け取ることができるようにお願いします。新しい始まりの光輝とともに活力を得られるようにお願いします。

ジョイガイド

ジョイガイドは天使界の子どもです。十歳くらいに見えますが、人間の十歳よりもっと背が高く、その名の通り、命と喜びに満ちています。ケルブよりももっと自由に表現することができ、神の計画に対して独自の奉仕を始めています。彼らにも保護者にあたる天使がいます。教育の天使という成長段階にある天使です。地上に生きる人間には、ひとりにつき二人のジョイガイドがあてがわれています。彼らの仕事は、その名にふさわしく、人間を元気づけることです。天使は名前を教えてくれないものですが、ジョイガイドは自分たちに呼びかけてほしいため、ニックネームを教えてくれます。これは便宜上使われる名であり、内々に使われる名前ではありません。ジョイガイドは私たちが楽しいことをするのを奨励し、旅行が大好きです。遊びや楽しみのために時間を割くことを思い出させてくれます。

ジョイガイドとつながるための瞑想の祈り
天の父であり神聖な母である神様、私は、天使のジョイガイドの喜びと活力を受け取って、笑顔を保ち、心に歌を保てるように、彼らからの祝福をお願いします。私が喜びと楽しみ、そして愛に満ちた表現を深められるように手伝ってください。

聖なるエネルギーの天使

聖なるエネルギーの天使は、天使界のティーンエイジャーだと言えます。若くて活気に満ちています。この段階の天使は実際に自身の栄光と力の真価を発揮しつつあります。より直接的に神の計画に参加できる見通しにワクワクしています。

天使が〈神の光〉や他のスピリチュアルな力の管理者になることを学ぶのは、この段階です。あらゆる天使が光とエネルギーの経路ですが、この天使は光の具体的な特性を引き受け、その具現としての役目を果たします。あるものは愛の天使、あるものはバランスの天使といった具合です。彼らのなかを流れるスピリチュアルな光の流れは本当に壮麗です。たとえば、平和の天使は、オーラの支配的な色でもあるすみれ色と紫のエネルギーをもっており、白色と金色の光を明るくほとばしらせて、強い平和には欠かせない純粋性と内なる力を表現します。アメリカ先住民がその存在を「輝くもの」と呼ぶのも不思議ではありません。苦しむ人々に再び平和をもたらすため、戦争で引き裂かれた国に赴く平和の天使もいるかもしれません。あるいは、悲嘆に暮れる妻や夫に平和を送るものもいるでしょう。どこで争いが起ころうと、平和の天使はそこへ行きます。人は〈神の光〉や他のスピリチュアルな力を使えるようになるにつれ、この偉大な聖なるエネルギーの天使を引きつけるようになります。この本でご紹介する瞑想では、この段階にある天使と大いに交流します。

聖なるエネルギーの天使とつながるための瞑想の祈り

天の父であり神聖な母である神様、私が意識のあらゆるレベルで必要とする〈神の光〉と力を受け取れるように、聖なるエネルギーの天使からの祝福をお願いします。私のオーラと意識を、私が必要とするスピリチュアルな力で、私が必要とする程度まで満たしてくれるようにお願いします。

守護天使

守護天使についてはたくさんの本があります。聖ヒエロニムスは、「魂の尊厳がいかに偉大なことか。人はみな誕生のときから、その身を守るために任命された天使がいるのだから」と述べています。多くの記念碑に守護をする天使の姿が描かれていることから、守護天使の存在は古代までずっとたどることができます。ゾロアスター教徒は守護天使をフラワシと呼び、この天使が魂を物質的な経験世界に送るのだと思っていました。そして、ある日、物質的な命が尽きたら、その魂はフラワシとともに戻って、物質世界での体験を理解すると考えたのです。

物質的な世界に入る際、私たちはそれぞれ、自分を見守ってくれる二人の守護天使（ダイナミックな天使とマグネティックな天使）をあてがわれます。この二人による守護は、私たちが生きているあいだ、ずっと続きます。彼らは人間を助けるうえで非常に多くのことをしなければなりません。私たちが幼いときは、特に近くにいます。なぜなら意識やオーラが発達途中なので、さらなる支援を必要とするからです。

多くの人が、守護天使を一種のボディガードと解釈してきましたが、守護天使の仕事はずっと多岐にわたります。助けている人間が聖なる存在とつながっていられるようにしているという意味で、彼らは守護者です。魂が物質的な世界に転生すると、多くのスピリチュアルなつながりを通じて支援を受けながら、物質的な経験を積むことになります。守護天使は、そのつながりを確実に維持する責任を負っているのです。

守護天使は、私たちがきちんと光を受け取れるように、聖なるエネルギーの天使と協力します。他のレベルのスピリチュアル・ヒエラルキーへの経路にもなる存在なので、全レベルのヒエラルキーとかかわりをもたねばなりません。インスピレーションと導きが正確に届くようにします。たとえ私たちがその存在を知らなくとも、守護天使は私たちを優しく助け、信じられないほど素晴らしい働きをしてくれています。私が初めて守護天使を見たのは九歳のときでしたが、それはじつに心躍る体験でした。
誰にでも守護天使がいるならなぜ悪いことが起こるのかと、不思議に思う人もいます。守護天使は事故や災難を防いでくれないのでしょうか。多くの場合、彼らはまさにそういったことを行います。私たちが気づかない多岐にわたる方法で、私たちを守っています。しかし、思い出してください。聖なる存在の仕事は、スピリチュアルな旅をする私たちを助けることであって、自由意志にかかわる事柄に干渉することではありません。私たちが間違いを、ときには大きな間違いをするのを、根気よく傍観せざるを得ないことも多々あります。さもなければ、私たちは学んだり成長したりできないでしょう。また、カルマの問題もあります。スピリチュアル・ヒエラルキーはカルマの試練を管理しますが、試練に干渉はできません。干渉してしまったら、私たちは間違いから学ぶことができなくなります。もちろん、聖なる存在は私たちのために多くの恩寵を行ってくれます。誤解しないでください。彼らは大変思いやり深く、心から私たちを愛しています。

守護天使とつながるための瞑想の祈り

天の父であり神聖な母である神様、私は二人の守護天使からの祝福をお願いします。私を守護し、ヒエラルキーと私のスピリチュアルなつながりを維持するために、あなたが行ってくださっているあらゆることに感謝します。私の魂にとって親のようにふるまってくださることに感謝します。私は守護天使とのつながりを強化してくれるようにお願いします。

教育の天使

私たちと交流するすべての聖なる存在のうち、日常ベースでつながっている最も重要な存在が教育の天使であるのは間違いありません。私たちのためにあらゆることを行っているのに、この聖なる存在についてあまり知られていないのは皮肉です。教育の天使は、まさにその名の通りの天使で、聖なる生き方を教えてくれます。素晴らしい外見で、そのオーラは非常に発達していて、非常に遠くまで広がっています。彼らに会う幸運に恵まれたなら、聖なる存在と対面しているのだとすぐにわかるでしょう。

教育の天使は、ひとりひとりに割り当てられています。彼らは、私たちが自分を知るよりもよく、私たちのことを知っています。私たちの長所や短所、人生で達成すべきこと、カルマの残高と負債を知っています。私たちが自分の可能性をできるだけ実現できるように、毎日手伝ってくれています。長いあいだ一緒にいてくれる教育の天使もいます。私たちが経験している内容によって交代する天使もいます。二人以上の教育の天使がついている理由は、専門があるからです。ヒーリングのエキスパートもいれば、スピリチュアルな成長を助ける天使もいます。創造性について助けてくれるもの、ビジネスや金融問題が専門のもの、科学とテクノロジーの専門家もいます。

スピリチュアルな梯子をのぼるにつれ、私たちはさらに多くの教育の天使を引きつけます。ほとんどの人には二人ないし三人の教育の天使が割り当てられるのが通例です。毎日四六時中そばにいるわけではありませんが、どれだけ頻繁にこちらに波長を合わせて支援してくれているかには驚くばかりです。人が地上にいるあいだは、決してひとりではないことがわかります。

こういった天からの支援に対して準備ができていない人には、人間界から教師が割り当てられます。私たちと同じ人間で、地球上で生き、私たちが現在経験しているのと同じ進化のプロセスを経験してきた教師たちです。違いは、彼らがすでに天界のレベルへと進んでいることです。人間界の教師は、天界でしばらく過ごした経験があります。彼らは、〈神の光〉について教える教師になるために、特別の訓練を受けています。人間界の教師は、進化の過程にある人々を助けるのに理想的です。自分自身がすでに経験したことなので、その人が何を今経験しているかを理解できるからです。

教育の天使が見えないからといって彼らと親しくなれないというのは誤解です。彼らは、人とつながりたいと思っています。人に見てほしいと思っています。人を愛していて、人が本当のスピリチュアルな自己へと成長し、自分たち天使と交流する力をつけられるように、最善の努力をしています。教師役の天使とつながる方法については、第14章も参照してください。

教育の天使とつながるための瞑想の祈り

天の父であり神聖な母である神様、私は自分にあてがわれた教育の天使からの祝福をお願いします。スピリチュアルな道で私を案内し、人生のタペストリーを完成させられるようにしてくれているあらゆることに対して感謝します。導きと癒しとインスピレーションで私を鼓舞してください。私をすべてのスピリチュアル・ヒエラルキーにつなげてくださることに感謝します。

天軍九隊（聖歌隊天使）

天軍九隊は天使のなかでおそらく最も有名です。これは、彼らが驚異的な支援をしてくれるためでもあり、この一団が聖書で名指しされているためでもあります。ヘブライの神秘主義者は、この天使の一団にセフィロトの樹（生命の樹）のレベルのひとつの基礎を置きました。カバラではイェツィラー（形成界）と呼ばれるレベルです。ディオニュシオスが、その後千五百年続く天使の理解の雛形となった影響力のある著書『天上位階論』を書いたときも、天軍九隊の階層秩序に基礎を置きました。

今日の多くの教えは、天軍九隊の序列をスピリチュアル・ヒエラルキー全体の序列と解釈します。理由は簡単で、そうした解釈がユダヤ教とキリスト教の両方で認められ、支持されたからです。しかし、天軍九隊は神の計画において欠かせない役割を果たしているものの、もっとずっと幅広い階層秩序の一側面にすぎません。

混乱を招くもうひとつの理由は用語です。天軍九隊では最下位にあたる二階級の名がそれぞれ「天使」「大天使」であるとされていますが、第一歌隊だけでなく、天使界のすべての存在が天使と呼ばれています。また、大天使は第二歌隊の天使とされていますが、第二歌隊は大天使界とは同じではありません。こうした混乱を解く最良の方法は、彼らの名前を職名としてとらえることです。たとえば、会社でも国でもそのトップは英語でプレジデントと呼ばれます。天使も大天使も、同様に職名として用いられていると理解してください。

天軍九隊の主な仕事は、人が本当のスピリチュアルな自己に到達するのを支援することです。スピリチュアルな道で目覚めさせて、低次の性質を克服するのを手伝うことで、ハイヤーセルフとしてよみがえれるようにし、最終的に覚醒へと導きます。

天軍九隊が有名な理由は、多様な宗教と密接にかかわり、そうした宗教におけるスピリチュアルな営みを支援しているからです。天軍九隊は、教会、シナゴーグ、モスク、寺院での礼拝のあいだ、集まった人々を祝福します。私たちが神への信仰を強め、その信仰に従って生きるのを助けています。私たちが犠牲と降伏のときを経て、低次の性質を手放し、高次の性質を輝かせるとき、そばにいてくれる存在です。天軍九隊の天使は教師と生徒の関係に深くかかわり、導師や教師に生徒を助けるために必要な力を授けています。導きや指南を与えるために、私たちを精神世界へと連れていく天使でもあります。天軍九隊の天使は教育の天使のように人に割り当てられる存在ではありませんが、私たちが日々進化していくなかで、奥深い役割を担っています。

天軍九隊には九つの階級があります。天使、大天使、権天使、能天使、力天使、主天使、座天使、智天使、熾天使です。すべてが進化のレベルによって与えられる職名で、人類がより高い意識に完全に目覚めるのを助けるために彼らが行う奉仕の内容を表しています。

天軍九隊とつながるための瞑想の祈り

天の父であり神聖な母である神様、私は、低次の性質のネガティブなエネルギーを手放し、不滅の自己に上昇するためのスピリチュアルな力を得られるように、天軍九隊からの祝福をお願いします。私が人生のあらゆる側面で自分の可能性を最大限に引き出せるように手伝ってください。

聖なる偉大な兄弟愛《グレート・デバイン・ブラザーフッド》の天使

この段階にある天使は、天使界で最も成長し、進化しています。彼らは他の段階にある天使の管理者で、人類の進化の導き手です。「白く偉大な兄弟愛《グレート・ホワイト・ブラザーフッド》の天使」と呼ばれることもあり、その名は彼らがもつ驚異的な純粋性を示しています。神智学は進化した人間の魂のヒエラルキーを「グレート・ホワイト・ブラザーフッド」と呼び、その用語を普及させました。

聖なる偉大な兄弟愛の天使は、天使界のエリートです。天使界で行けるところまで到達しています。このレベルの天使たちは、大天使界へと進化していきます。彼らの仕事は、私たちが覚醒して神をしっかりと意識できるよう支援することです。いったん人が覚醒したら、さらに高い認識レベルへと到達すると同時に、自分自身が努力して獲得した聖なる力をさらにしっかりと表現する手助けをします。
聖なる偉大な兄弟愛の天使とつながるための瞑想の祈り
天の父であり神聖な母である神様、私は聖なる偉大な兄弟愛の天使からの祝福をお願いします。光のなかで成長するための力を受け取り、あなたの聖なる意識のなかで目覚めて覚醒できるよう、私を導いてください。

仕事をしたり、遊んだりする天使たち

天使はどのように私たちに働きかけるのでしょう。天使には自由意志がなく、神の意志に従うことを強要されていると思っている人たちもいます。しかし、これは真実ではありません。天使はもちろん、聖なる存在はみな、確実に自由意志をもち、自分の喜びと願望から神の計画に参加しています。さもなければ、ヒエラルキーはロボットのネットワーク以外の何者でもなくなり、創造的な精神がなくなってしまいます。聖なる存在はまさに独創性と創造力が具現化した存在です。

天使が私たちに働きかける三つの基本的な方法があります。第一に、彼らは私たちがどこにいようとも、そこに自分を具象化することができます。この種の体験は訪問と呼ばれていて、確実に最も劇的で興奮しますが、最も一般的な方法ではありません。第二の方法は、私たちの高次の性質に働きかける方法です。私たちは自分で気づいているかどうかにかかわらず、全員ハイヤーセルフをもっています。聖なる存在にとって、

私たちのその部分とつながり、私たちが必要としているかもしれない〈神の光〉やインスピレーションを送ることは、何も難しくありません。もちろんその支援の手を受け入れるかどうかは私たち次第で、受け入れるときも、受け入れないときもあります。

第三の方法としては、天の領域から私たちに波長を合わせ、私たちに必要なエネルギーや力を投射するというものがあります。これは、天使に限らず聖なる存在が私たちとつながる最も一般的な方法です。天からでも、彼らは私たちの意識のあらゆる側面に望み通り触れることができます。聖なる力も、素早く非常に効率的に送れるのです。

私は、以上のすべての方法で聖なる存在と交流したことがありますが、やはり「訪問」がいちばんドラマチックです。務めを果たしている最中の天使や、ただ遊んでいるだけの天使を見かけた例には事欠きません。幼いころのこと、私は日曜礼拝で教会に座っていました。父親がギリシャ正教の聖職者だったので、日曜礼拝には必ず出席していたのです。ある日、私の注意は、敬虔な深い祈りのなかにある女性に引きつけられました。驚いたことに、非常にダイナミックな外見の天使が彼女に近づき、ほぼ向かい合って顔を覗き込むのが見えました。女性には天使が見えていませんでしたが、私には見えました。天使は、彼女の波動に引きつけられているようでした。少し経つと、天使は女性とともに祈り、ひとつになった祈りのエネルギーが彼女の意識を高めていきました。女性のオーラが明るくなっているのを見て、高揚状態にあるのだとわかりました。天使は、多くの力を彼女の祈りに加えていました。そうすることで、彼女の誠実な努力を深めるだけでなく、天使たちとの結びつきも築いていていました。

天使同士が交流しているところも、一度ならず見たことがあります。基調は常に愛です。非常にたくさんの愛を彼らは発します。あるとき、瞑想中に、私がいた部屋に二人の天使が姿を見せました。ダイナミックな天使とマグネティックな天使でした。片方がもう一方に光を送り、相手のオーラをいっそう明るく輝かせ、光を送られた方の天使もお返しにエネルギーを送り、相手の波動を高めます。しばらく続いたこのやりとりは、見ているだけでワクワクしました。メンタル・チャクラを通して考えや意識の交換も頻繁に行われ、さらなる陶酔感を生み出しています。私はまだ見たことがありませんが、天使はお互いの体に溶け込むことによって親密な関係になることもあると、聖なる存在から聞いたことがあります。彼らは実際に少しのあいだ一体化し、スピリチュアルなエクスタシーの感覚を得ることができるのです。

天使のグループが何組か集まって、一緒に何かをしているところを見ることも珍しくありません。光や愛を送るだけでなく、瞑想をしたり、祈ったり、歌を歌ったり（天使は歌うのが大好きで、素晴らしい声をしています）、何かを唱えたり、話したりしているようすを、私は見たことがあります。天使は互いにスピリチュアルな才能を与え合います。また、まったく趣きを変えて、さらに進化した大天使のような聖なる存在と交流することもあります。大天使と交流している天使は驚異的で、大変な畏怖の念と喜びがあります。大天使の面前でいかにワクワクしているか、そして導きと指南を与えてくれる大天使をいかに尊敬しているかが、見ているとわかります。大天使も天使と働くのが大好きで、聖なる指令を実行する際に天使を大いに頼っています。

それぞれのレベルの実力者たちが一堂に会する大きな集会が開かれることもあります。そこには完全に目がくらんでしまうような光と力があります。そうした集会に参加できることは大きな名誉です。そのようなスピリチュアルな壮麗さを目撃したら人は大喜びし、自分は命の壮大な計画の一部なのだと心から感じられます。

天使のイラスト

天使はどのように見えるのでしょう。遠い昔から多数の描写がなされてきましたが、正確なものもあれば、より想像に富んだものもあります。奉仕の特性や内容を表すために象徴的に描かれることもあります。たとえば、表現したい特性が勇気なのか強さなのかによって、ライオンとして描かれたり、雄牛として描かれたりするということです。

天使を表現するうえで難しい点は、人とのかかわり方によって形体や性質が変わる場合があるということです。天使は違った姿で現れることができ、ときには人間のような外見にもなります。しかし、スピリチュアルな特徴は私たち人間とは異なります。図表1（口絵1）は、聖なる偉大な兄弟愛の天使を描写したものです。最も発達した形体をもつ天使です。できるかぎり正確を期していますが、自分が天使になるまですべてを理解できるわけではないということを忘れないでください。

天使を観察する際に考慮すべきことが三つあります。形体、オーラ、そして彼らのなかを流れる放射する力です。力の放射は、透視能力で他の面を観察することが難しくなるほど強力です。オーラと天使の外見は発達段階によって異なります。

形体から見ていきましょう。天使には体があります。しかし「体」が意味するところを理解してください。体とは表現手段です。その体にいる魂の自己表現を可能にさせるものです。進化のレベルに関係なく、意識が自己を表現するには体が必要です。

最も発達した状態の天使は身長三メートル六十センチほどで、縦長です。人間に似ていますが、むしろ人間の体のほうがより高次の界の聖なる存在の形体を反映していると言うべきでしょう。十二界を上昇するほ

図表１　聖なる偉大な兄弟愛の天使

ど、形体は優雅になります。天使は自らの神性を表現できる形体を有しています。顔や手足はありますが、翼はありません。多くの場合、エーテル物質でできた光のローブを着ていますが、ここでもやはり、何をしているかによってその見た目は変化します。非常に明るく輝いているので、輪郭をとらえるのが難しいこともあります。

天使の体は白色光で満ちていて、四方八方に約三十センチの多様な色のオーラを発散しており、体がチラチラ光っているように見えます。美しくはっきりした顔立ちをしていて、非常に表現力豊かですが、体内を流れる大きな力のせいで、険しい表情をしていると間違えられることもあります。天使たちは優しいものの、ばかげたことは通用しません。彼らは真の神性を反映する存在だからです。そのような完璧さの前では、私たちの欠陥は目立ってしまうばかりですが、これが、直接天使に会う能力を身につけるまでに時間がかかる理由のひとつです。精神的にも感情的にも、そうした完璧な存在の前でしっかりとしている用意ができていなければなりません。

オーラに関しては、彼らの体の内と外を流れるエネルギーについて解説することから始めましょう。天使のオーラを見たときに、最も目につく特徴のひとつは、上向きに勢いよく流れるエネルギーです。このエネルギーは体の下で生じ、体のまわりを上昇して、頭上で再び美しく合流します。翼が生えているような印象を与える光景です。翼のある天使が古くから描かれてきたのはこのためでしょう。もちろん、天使は非常に簡単に空中を動くことができますから、これも、翼があるはずだという確信を支える根拠になっています。なお、まれにですが、翼があると私たちの役に立つ場合に、翼をつけて現れることもあります。

この上向きのエネルギーの流れは、地球に近づき、天使の任務を実行しているときに現れます。神からの祝福であり、天使が任務を果たすために必要とする、地球のスピリチュアルな力を与えます。目を見張るような光景ですし、任務によってエネルギーの色も変わります。この力を受け取ると天使は活力がみなぎり、利用できる聖なる力のおびただしい流れが見えるようになります。

頭部から上へと伸びる白色光の波もあります。天使の表現する聖なる精神が高まっていることを表す光です。肩から下は、体自体から出る金色の光がオーラの外殻を越えて四方八方に広がり、天使が自分の体をしっかりと制御していることを示しています。どの形体をとるときも、私たちは自分が居住するその体を利用し、制御することを学びますが、天使の金色の光は、彼らが天に属する自らの体を完全に掌握していることを示しています。

天使のオーラは基本的にわずかに卵形をしていて、腕が届く範囲を超えて広がり、人間のオーラと類似しています。はっきりと分かれた七つの区画が美しい縞模様をなしています。壮麗な外側のオーラは十八メートルほど広がっており、基本的な色は白ですが、携わっている任務の内容に応じたエネルギーの色を帯びます。

天使には七つのチャクラがありますが、そのうち三つは頭よりかなり上にあり、体内にあるのは四つだけです。それぞれ頭《メンタル》のチャクラ、喉のチャクラ、ハート・チャクラ、みぞおちのチャクラに相当し、光の美しい流れを絶え間なく放散します。基本的な色は上から順番に、白、青、ピンク、ピンクで、下地となる色は白です。

最も重要なのは、天使の魂がメンタル・チャクラに座していることです。人間界では、魂はハート・チャクラにあります。人間の魂はハート・チャクラで人生の経験を積みますが、心はその導き手となる精神を必要とします。しかし、天使は神の意識を自覚した状態、永久に神に気づいている状態に到達しています。それゆえ、彼らの成長は今や、神なる存在に対するその意識を通して起こります。

オーラの外殻の上には光輪があります。これは天使が覚醒していることを表します。人間界では、神につながる意識を段階的にひと通り通って、覚醒した状態を構築しますが、天使界では、永久に覚醒した状態で生き、さらに大きく覚醒することを学びます。光輪の色は、その天使の主要な力を示す光線によって異なります。光輪の上には美しい白いピラミッドがありますが、これは天使固有の地位を表しており、スピリチュアルな成果と神の支持のしるしです。

図表1（口絵1）は、偉大な天使が自身の存在に気づいている男性のハイヤーセルフを祝福しているところです。このような祝福は稀ではなく、天使から受け取る驚異的な支援を示しています。絵を描いてくれたアーティストは、この天使の姿を巧みに描写してくれました。形体とスピリチュアルな力のバランスが見事に表現されていますし、天使のオーラの光が重なっている部分も美しくとらえられています。どちらも天使の神聖な崇高さをよく伝えています。

第6章　偉大な大天使

十七歳のとき、私はジャーナリズムを学ぶためにコロンビア大学へ行こうとニューヨークにいました。当初の計画より遅れたこともあり、授業が始まるのをとても楽しみにしていましたが、母が病気になり、私の助けが必要だと言われました。私はロサンゼルスに帰りましたが、勉強を続けるためにニューヨークに戻れるという希望を抱いていました。しかし同時に、ニューヨークに戻るのは無理そうだということも、どういうわけかわかっていました。家に帰った私は家計を助けるために事務職につきましたが、人生をどう生きるべきかについて行き詰まっていました。母は私がいることに感謝してくれましたし、私は喜んで助けていましたが、やはり落胆していました。スピリチュアルな面では静かな時期でした。この時点で私は、形而上学を探求するのではなく「普通の人生」を送ろうとしていました。オーラは見えていましたし、他にもスピリチュアルな体験をしていましたが、のちに訪れる強烈な体験の数々はまだ始まっていませんでした。

ある日の午後、私は悲しみを感じながらリビングで本を読んでいました。才能があるとわかっていても、それをどう使うべきかについてはわかっていませんでした。突然、私はあちらの世界から、それまで会ったことのない聖なる存在の訪問を受けました。以前から光栄にも多くの天使の訪問を受けていましたが、今回は非常に違っていました。天使と同じくらい素晴らしいものの、まったく異なる階層に属する存在だったのです。その存在は、まったく壮麗でした。非常に背が高くて、金色のローブを着て、金の十字を身に着けています。オーラは目がくらむほど輝き、部屋の壁を越えて広がっていて、金と白が基調の光を帯びていました。その波動を感じると、瞬時に天国へ連れていかれたような感じがしました。そのような高次のスピリチュアルな存在に会うことが大きな特権だということはわかっていましたが、私はおびえていました。

彼は力強い表情を浮かべていましたが、険しさはなく、輝くような髪と、たいへんカラフルな目をしていました。英知と強さが感じられ、若くも年寄りでもない、時間を超越した存在でした。驚いた私はその場に座ったまま、すべてを受け入れて、何が起こっているのかを理解しようとしました。

すると、聖なる存在は微笑んで、精神を通じて話しかけてきました。

「私たちが一緒にここにいることを嬉しく思います。私は大天使ミカエルです」

私は何と言ったらいいかわからぬまま、思わず口にしました。

「ああ、あなたがここにいてくれてとても嬉しいです」

そうこうするうちに、私は大天使ミカエルの並外れたハート・チャクラに引きつけられました。そのチャクラは、信じられないくらい光り輝いていました。彼は自分のハート・チャクラから私のハート・チャクラへと、たくさんの光を投射しはじめました。私は、スピリチュアルなエクスタシーを得た状態になり、落胆や悲しみの感情はすっかり消えてなくなりました。本当に気分が上がって、目的意識を感じました。しばらくして、大天使ミカエルは現れたときと同じくらい神秘的に去っていきました。

私はあっけにとられました。起こったことの壮大さも、このような聖なる存在がいる場に居合わせる経験がどのようなものかも、言葉では表現できません。私はそのときまで、ギリシャ正教会で教わったこと以外は大天使のことを知りませんでした。伝統的に表されるような、翼やよろいや剣をもった姿では現れませんでしたが、対面したその相手が命を支えるきわめて重要な一団に属する存在だったことは間違いありません。大天使ミカエルに神のしるしがとても強くついていたことから、私は聖なる存在が天使だけではないことを知り、想像をはるかに超えるスピリチュアル・ヒエラルキーが紛れもなく存在するのだということをはっきりと悟ることができました。そして、そういった聖なる存在と同調することが私の役目でした。

　そのときの体験は、それまでの人生における最高の体験でしたし、今日でも大天使ミカエルと交流する機会に恵まれたときは畏敬の念を感じます。体験の意味するところはわかりませんでしたが、強い目的意識を得たように感じましたし、自分の才能をより深く理解できました。個人的な関心事よりも大きなことが人生には起こっているのだということを、いっそうはっきりと実感した出来事でした。

　そのときを皮切りに、想像を絶するほど美しく輝きに満ちた他の大天使や聖なる存在による一連の訪問が始まり、数日後には、人生のうちでも非常に素晴らしい日々が始まりました。聖なる存在、特に大天使ミカエルとの訓練です。皮肉にも、個人的な問題を数多く抱えていた時期と重なってしまったのですが、事態が暗闇に思えたときさえヒエラルキーは常にそばにいてくれましたし、それは今日でも変わりません。

　大天使界の聖なる存在は、〈神の光〉を帯びた途方もなく素晴らしい存在です。同じく大天使と呼ばれる、天軍九隊の階級のひとつと混同しないでください。今お話ししている大天使は、彼らだけでひとつの界を成しています。計り知れないほどの長い期間、神の道を歩んできた彼らは、巨大で包括的なオーラを有していて、神はそんな彼らに、天界の全区分を導く任務を与えました。大天使は大変な役目を担っているのです。

　英語で「大天使」を意味するアーキエンジェルという語は、「主要な天使」または「最初の天使」を意味するギリシャ語に由来します。大天使はキリスト教信仰において顕著な役割を担っていますが、その用語自体は、『新約聖書』で二度使われているだけです。それでも、こうした存在による神聖な支援があるという考え方は、多くのスピリチュアルな伝統に共通しています。「光の主」を意味するディヤーニ・チョーハンは、神智論者が大天使の階層に属する聖なる存在を指して用いたサンスクリット語の用語です。ディヤーニ・チョーハンは創造活動を監督する役目を果たします。インドでは「神々の王」を意味するデーヴァ・ラジャという言葉が大天使を指す語として用いられてきました。カバラ信奉者は創造の大天使界を、セフィロトの生命の樹におけるブリアーと呼ばれる位相全体で表現しています。ゾロアスターの伝統において、最高神アフラ・マズダーの最初の創造的な行為はアムシャ・スプンタ、すなわち「慈悲深い不死者」と呼ばれる六つの聖なる存在を生み出すことでしたが、この六つは大天使として人格化され、自らが具現化した概念に対してそれぞれ責任を負っています。

大天使は天使と同じく、スピリチュアルな成長段階に関係なく、神聖な存在感に満ち、神を直接認識しています。しかし、大天使がもつ力は天使よりはるかに大きく、神に対する認識もより深くなります。そうした力と認識を使って集合レベルで働けるからこそ、スピリチュアルな領域のリーダーを務められるのです。

大天使は進化した状態にあるため、〈自然の十二界〉を通じて行われるスピリチュアルな進化において新しい段階に入っています。それは全知の始まりです。全知は「すべての知識をもつこと」を意味する言葉です。スピリチュアルな意味での全知とは、集団全体に注意を向けると同時に最も小さな部分にも気を配れる意識の状態を指します。すべてを全体として把握しつつ、ひとつひとつの被造物にも注意を向けられる神の能力を表す用語です。もちろん大天使は神と同じだけの全知はもってはいませんが、自分たちの活動の範囲についてはこうした意識を確立しつつあり、だからこそ非常に壮観なのです。

大天使には名前があります。天使たちは召喚してもらいたいと思っていても自分の名前は伝えませんが、大天使たちは具体的な名前を教えてくれます。これは、大天使は単にスピリチュアルな存在であるだけでなく、スピリチュアルな役職でもあるからです。州や行政区の知事の名前をあげるのに少し似ています。知事の名は人の名ですが、同時に役職を指して使われるでしょう。同様に、人が支援を求めて大天使に呼びかけるときは、スピリチュアルな進化とヒエラルキーによる支援をひとつの流れとして求めていることになります。心から謙虚に願うなら、そのエネルギーの流れに触れ、恩恵を受け取れるでしょう。大天使はとても高いところにいるので関係をもつのは難しいと思うかもしれませんが、独自の方法で人に対して密接に働きかけていますし、人からも働きかけてもらいたいと望んでいます。

ここで、聖なる存在への呼びかけに関する重要な問題が浮かび上がります。敬意をもって呼ぶ場合、聖なる名前には力が宿ります。この本では、大天使に支援を求めるための瞑想の祈りをいくつかご紹介しますが、祈りを通じて呼びかければ自動的に大天使がやってくるというわけではありません。呼びかけによって、呼びかけたその大天使が受けもつ職務と神聖な力を呼び起こしているのです。

大天使の助けを請う呼びかけは、スピリチュアル・エネルギーを得るプロセスと特に深くかかわっています。なぜなら、〈神の光〉が確実にすべての人類に投射されることに関して、最終的な責任を担っているのは大天使だからです。多数の天使が手伝ってはいますが、〈神の光〉の途方もない貯蔵所の管理人を務めているのは大天使です。この光が降り注ぐことなしには、人類が機能したり成長したりすることはできません。

数多く存在する大天使は進化の程度もさまざまですが、そのなかでも、人類の導き手となっている十二人の主要な大天使がいます。この十二大天使は、神の計画において特別な役目を果たしています。名前で呼ばれてきた大天使は他にも多くいますし、正確な名前もあれば、そうでないものもあり、複数の名前が同じ大天使だと思われる存在につけられていることもあります。残念なことに、これらの大天使について古くから伝わる描写や彼らの責務には、混乱や矛盾を招く内容のものが少なからずあるのです。本書では相容れない諸説について調整を試みますが、まずは私自身が長年経験し、交流してきた大天使を紹介することから始めましょう。

十二大天使のうちでも、特に四人の大天使がヒエラルキーにおいて特別な場所を占めているため、この四大天使に力点を置きます。きわめて有名なのは正当な理由からです。彼らは召喚されることを望んでいて、私たちがヒエラルキーと交流する際に重要な役目を果たします。四大天使とは、大天使ミカエル、大天使ガブリエル、大天使ラファエル、大天使ウリエルです。

これらの有名な四大天使に加えて、大天使と天使のリーダーとなる八人の大天使がいます。彼らは先の四大天使のように、神の計画のなかでもより具体的な領域で働いています。第7章でより詳しく取り上げますが、この八大天使は、大天使ザドキエル、大天使サミュエル、大天使サリエル、（天の）大天使ルシファー、大天使ハニエル、大天使ラジエル、大天使ジョフィエル、大天使サンダルフォンです。

以上の十二大天使は素晴らしい形で協力して働きながら神に不断の奉仕をしています。彼らがいなければ私たち人間はどうなることでしょう。彼らは慈愛と知性を体現する存在です。思いつくかぎりのあらゆるポジティブな特質に加えて、さらに多くのものをもっています。創造活動を続ける先駆者です。長期にわたる努力と不断の奉仕によって、十二大天使は今いる場所にいる資格を得ました。つまり、ひとつひとつの段階で進化による上昇を遂げたということです。私たちの成長に終わりはありません。

大天使ミカエル

大天使ミカエルは上位の大天使です。ほぼすべての伝統で大天使の最高位と評され、『タナク』（『旧約聖書』）と『新約聖書』の両方で名前があがっています。ヘブライ人の守護天使だと考えられています。「ヨハネの黙示録」で悪魔の軍隊と戦って勝つのは大天使ミカエルとその天使軍です。

ミカエルという名は「誰が神の如くあろうか」を表すヘブライ語です。ヘブライ語の名前の起源はカルデア語です。天使たちの名前に関しては若干の混乱があるので、ここで少し整理しておきます。大天使に用いられる名前の多くは、バビロン捕囚の後、第二神殿時代のイスラエルで確立されたヘブライ語の単語に由来します。天使に関する基礎的な教えはアブラハムの時代からユダヤ人の宗教の一部でしたが、バビロン捕囚時代にカルデア人神秘主義者との意見交換がありました。カルデア人神秘主義者はゾロアスターの神秘の伝統に通じていて、天使はその秘教学派において重要な存在でした。聖なる存在のヘブライ語の名前の多くは、このカルデア人の影響を受けたものです。その影響は「エゼキエル書」や「ダニエル書」に確認できますし、「ダニエル書」には大天使ミカエルへの言及もあります。また、天使の階級を詳述した偽典がこの時期に急増したのも、こうした書物の影響が原因のひとつになっています。

いっぽうで、他の大天使の名前に見られるように、カルデア語をヘブライ語に翻訳して取り入れる際に、一貫性が損なわれる事態も端々で起こりました。矛盾の一部は伝統を守るために永続的に受け継がれており、天使や大天使が担う役目や仕事について完全に正確とは言えない内容が残っています。もっと言えば、大天使たちの名前は尊敬の念に満ちた名称であるにせよ、人間がつけたものにすぎません。私たちが呼べるように大天使たちは名前を使わせてくれましたが、彼らがふだん過ごしている領域では、私たちには伝えていない別の名前を使っています。

大天使ミカエルは、神のダイナミックな側面のもとで働きます。他の大天使が彼を尊敬しているという意味で、彼は上位の大天使です。大天使のなかのリーダーのひとりであり、政治、宗教、教育をはじめとする生活のあらゆる分野で、人間界のリーダーを奮起させます。ビジネス、科学、経済の分野では、大天使ラファエルとともに働きます。大天使ガブリエルが医学と芸術的な世界のリーダーを奮起させるときは、その手伝いをします。家族のなかで親にあたる人を奮起させるときは、大天使ウリエルとともに働きます。個人レベルでは、浄化、保護、英知のための力をもっているので、自信や自尊心を構築する手伝いをします。大天使ミカエルは、神の意志と啓蒙を体現する存在です。

大天使ミカエルは、守護の大天使でもあります。軍隊を率い、低次のネガティブなエネルギーや力に対処する大天使です。負の影響を断ち切るために、ミカエルはスピリチュアルな戦いに赴きます。剣と甲冑で武装した姿で描かれる伝統があるのは、おそらくそのためでしょう。実際にはそのような格好はしていないのですが。ミカエルは形而上学を教える上位の大天使で、世界のさまざまな秘教学派を指導しています。私が長年にわたって受けた多くの重要なレッスンも、大天使ミカエルによるものでした。

大天使ミカエルのもとでは、大勢の素晴らしいスピリチュアルな存在が働いており、そのなかにはあらゆる成長段階の天使たちが含まれます。人のオーラを保護し、スピリチュアルなつながりが傷つかないように守ってくれるのは保護の天使です。保護の天使は有害な力や他人が発するネガティブなエネルギーから人を保護するのを手伝います。スピリチュアルなボディガードも大天使ミカエルのもとにいます。ボディガードは訪れるかもしれない危険を警告したり、事故などの災難から身を守れるようにしてくれたりする聖なる存在です。特に、人が旅行をするときに一緒にいます。

浄化の天使も同じく、大天使ミカエルのもとで働きます。浄化の天使の仕事は、オーラにある黒や灰色の原子、ネガティブなエネルギーや、阻害物を溶かして消すことです。英知の光の偉大な天使も大天使ミカエルのもとにいて、金色の光がもつあらゆるダイナミックな特質をもたらしてくれますし、エネルギーの天使も同様にミカエルのもとにいます。他には、信仰の天使、ダイナミックな力の天使、忍耐の天使、寛容さの天使、神の力の天使、理解の天使などが大天使ミカエルに仕えています。

大天使ミカエルとつながるための瞑想の祈り

天の父であり神聖な母である神様、私は大天使ミカエルからの祝福をお願いします。精神的な強さとダイナミックな力をもたらすミカエルの光線を受け取ることで、英知と理解をもたらす〈神の光〉に照らされますようにお願いします。

大天使ガブリエル

どこまでも壮麗な大天使ガブリエルとの交流が始まったころのことです。私は南カリフォルニアのトゥエンティナイン・パームズという町の近くにある砂漠にいました。親友のキャシーと一緒で、友人のレアから砂漠にある彼女の家の鍵を借り、一週間滞在する予定でいました。荒涼とした場所でしたが、休息し、祈り、瞑想できるのを、私は楽しみにしていました。キャシーは当時重病を患っていたので、私たちは一緒に集中的なヒーリング・ワークをする予定でした。

借りている家に向かう途中、砂漠のとりわけ辺鄙な場所で私の車が故障し、私とキャシーは人里離れたところに足止めされてしまいました。暑い日で、周囲には誰もいません。誰かに助けてもらえそうな気配もなく、携帯電話もない時代で、どうしたらいいかわかりませんでした。仕方なくしばらく道端に座っていたのですが、ふと空を見上げると、素晴らしい存在が目に入りました。あまりにも明るかったため、最初は形が識別できませんでした。その存在は巨大で、三十メートルにも及ぶオーラは青と白のエネルギーを基調としています。これは偉大な大天使ガブリエルだと私は気づきました。以前にもガブリエルと交流したことはありましたが、そのときのように完全な力を発揮している状態を目にしたのは初めてでした。ガブリエルはすぐに消えてしまい、話しかけてくることはありませんでしたが、彼が現れたという事実だけで、今の苦境を抜け出せることがわかりました。私は心眼で、ガブリエルがトラックを運転している男性に影を落としているところをとらえました。するとまもなく、かなり当惑した様子の男性がトラックでやってきて、私たちを助けてくれました。男性はどういうわけか道に迷い、立ち往生している私たちを見つけたと言いました。彼は有能な整備士で、私たちの車を修理してくれました。

その夜、私たちは砂漠の家に落ちつき、キャシーの健康のために瞑想をしていました。彼女は脳腫瘍と診断されていて、予後はよくありませんでした。瞑想をしてしばらくすると、驚いたことに部屋が金色の光で明るくなり、大天使ガブリエルが再び現れました。このときのガブリエルは部屋に入ってしばらく滞在し、治癒について多くの考えを伝えてくれました。それほど大きな大天使が部屋にどうやって入れるのかと疑問に思うかもしれませんが、聖なる存在は状況によって形を変えることができるのです。昼間私たちを助けてくれたときは、自分がもつ最大の力と強さを示すという目的もありました。しかし今度は、私たちがガブリエルという存在に耐えられるように、より近づきやすい形で来たのです。もちろん近づきやすい形であっても、彼は非常に背が高くて印象的でした。

大天使ガブリエルがとても近くにいたため、詳細にオーラを見ることができました。ハート・チャクラからは金の光がほとばしり、みぞおちのチャクラからは目の覚めるようなピンクの光が出ています。頭上には、金色に光る見事な輪がありました。さらに驚いたのは、キャシーも実際に彼を見たことでした。オーラは見えなかったものの、キャシーはガブリエルの神聖な体を見ていました。これは誰なのと彼女が尋ねてきたので、私は大天使ガブリエルだと伝えました。私たちは二人とも畏敬の念にうたれていました。幸いにもキャシーは安らぎを得て、言うまでもなく、大きな助けを得ることができました。私もその後、何日も高揚した状態が続きました。ただ、しばらくのあいだはそうして希望があるように思えたのですが、キャシーは結局、癌のために四十歳で亡くなりました。ガブリエルと遭遇した経験が、困難に立ち向かううえでとても役立ったと話してくれました。

大天使ガブリエルは、神のダイナミックな原理とマグネティックな原理の両方で作用します。

彼の名前はヘブライ語で「神は、私の支えだ」という意味です。ガブリエルは、『タナク』と『新約聖書』の両方に出てきます。『タナク』の「ダニエル書」ではダニエルに幻の意味を教え、『新約聖書』ではバプテスマのヨハネとナザレのイエスの降誕を告知したものとして有名です。イスラムの伝統では、マホメットに『コーラン』の啓示を授けた大天使でした。

大天使ガブリエルには、広範囲にわたるスピリチュアルな任務がありますが、きわめて重要な役割のひとつは癒しです。癒しの大天使という肩書きは通常大天使ラファエルに与えられるものですし、そもそも大天使はみな癒す力をもっているのですが、治療の名手はガブリエルです。前述したように、カルデア語からヘブライ語に借用される際に内容的な食い違いが起こったので、それが異なる解釈の原因かもしれません。それでも私は個人的な経験から、癒しのエネルギーを管理している大天使は大天使ガブリエルであると言うことができます。病気で助けを必要とするなら、大天使ガブリエルに頼むべきです。大天使ガブリエルには共感できる部分がたくさんあります。陽気で冒険好きなところもあります。楽天的で、人々を愛し、人間と交流することが好きで、もちろん癒すのが大好きです。

治療する技術を備えていることに加えて、大天使ガブリエルは熟練のアーティストでもあります。創造性を生むエネルギー光線を司っているのはガブリエルです。つまり、大天使ガブリエルと彼のスピリチュアルな部隊は、画家や彫刻家、音楽家、作家などのアーティストにインスピレーションを与えるということです。スピリチュアルな世界では芸術活動が非常に盛んです。地上とは少し形式が違いますが、絵画や演劇はもちろん、映画だってあります。天使や大天使は素晴らしい歌声をしていて、並外れた美しさと力をもつ天使の聖歌隊があります。芸術は創造力の表現であり、創造力は命自体の源です。芸術は、神の美しさ、リズムと調和に私たちをいざないます。私たちに霊感を与え、向上させます。私たちを教育し、命の神秘へと導くのも芸術です。神秘は命のあらゆるレベルに存在します。そしてもちろん、芸術は面白く、楽しいものです。娯楽と喜びをもたらします。こうした創造性は、人がスピリチュアルな人格を形成するのを助けるなど、他の形で現れることもあります。あるとき大天使ガブリエルは、私があまりに短気だと言い、もっと忍耐強くあるようにというアドバイスをくれました。創造力はまた、人類に有効な新しい発明を生み出すのにも不可欠です。

大天使ガブリエルは、治療と創造力に加えて、繁栄の大天使でもあります。人間は神が有する無限の富の一部であることを、ガブリエルは教えてくれます。人が貧しさの意識と独占欲から抜け出せるようにしてくれますし、物質的な富や豊富な考え、友情、健康、活力などといった、富のあらゆる表現のなかに、神聖な豊かさを具現化することができます。また、地球上のすべてが分かち合うべき神の富について、その流れを滞らせてしまう貪欲さや利己心を人が克服できるよう手伝います。富の管理に関して、大天使ガブリエルは大天使ラファエルと大いに協力して働きます。

大天使ガブリエルのもとには、ともに働く聖なる存在の一団がいます。癒しをもたらす素晴らしい天使たちです。この天使はさまざまな病気や苦悩を癒すのを手伝います。治療法がない状況なら、死後の世界へ移行できるように人の魂が準備を整えるのを手伝います。身体的苦痛を和らげる特殊技術をもった天使もいます。生体化学者として知られ、癒しの天使と協力して働く彼らは、人の物質的な体に働きかけることを得意とします。私はこの特殊な技術をもった天使が手術中の外科医の上に現れ、手術が成功するように影を落としているところを見たことがあります。
大天使ガブリエルに仕える繁栄の天使は、人が貧しさの意識と思考の限界を逃れ、自らの富を増やす方向へと向かうのを助けます。インスピレーションの天使やスピリチュアルな芸術家・音楽家たちは、すべてガブリエルの指揮下にいます。バランスと調和の天使、スピリチュアルな成長の天使、決心の天使も同様です。

大天使ガブリエルとつながるための瞑想の祈り
天の父であり神聖な母である神様、私は大天使ガブリエルからの祝福をお願いします。癒しと新しい生命力をもたらす彼の力光線を受け取れるようにお願いします。神の恩恵と創造力によって活力を得られますように。

大天使ラファエル

私が初めて大天使ラファエルに接したのはずいぶん昔のことです。当時、私は自宅で生活していましたが、たくさん人がいたので静かに過ごせる時間はあまりなく、瞑想するためにクローゼットに入ることもありました。ある夜、自分の部屋で眠ろうとしていると、大天使ラファエルが突然現れました。部屋は白色光で明るくなりました。ラファエルはじっと私を見て、私が周囲の慌ただしさにもかかわらず、スピリチュアルな面で頑張っていることは知っていると伝えてきました。真面目でしたが、ユーモアのセンスがある天使で、私がリラックスできるように、機転を利かせて話します。非常にハンサムで、比較的若い顔立ちでした。オーラは驚異的で、稲妻のような力がきらめいていました。神への忠誠と献身を表す濃い紺青色《ロイヤルブルー》のエネルギーが印象的なオーラです。長い年月をかけてわかったことですが、ラファエルはたいへん博識です。適切な言葉かわかりませんが、非常に誠実で親しみやすいとも感じました。友達のように感じられる、どこか人間っぽいところがあり、雄弁でおおらかな話し方をします。

ラファエルという名前は、「癒す神」を意味するヘブライ語の言葉に由来します。ラファエルは「エノク書」のような古代の書物に登場しますが、聖書で言及されているのは一度だけで、「トビト記」という外典のなかです。彼はその名前のせいで癒しの大天使として伝統的に描写されますが、他の大天使に関する節でも述べたように、ヘブライ人はカルデア人から多くの大天使の名を採用し、大天使の名前と実際の責務が完全には一致していないことがあります。大天使ラファエルの場合、たしかに癒す力はもっていますが、実際に体現する主要な任務は神の知性です。

大天使ラファエルには独自の輝きがあります。状況の鋭い理解と認識をもって取り組まなければならない仕事を多く担っています。大天使ミカエルと同じく非常にダイナミックなラファエルは、実際的な大天使です。大天使ラファエルは大きな役目を負っています。人類が正しい方向へと進みつづけられるように、神の知性と認識をもたらす役目です。言い換えると、人間が人生のあらゆる側面でより多くの気づきを得られるように覚醒を促しているのは、大天使ラファエルと彼に仕える天使の軍団だということです。ラファエルの助力がなければ、私たちはスピリチュアルな意味で眠ったままの状態になり、神からの励ましに対してきちんと反応することができないでしょう。ラファエルは銀行業や金融業に加えて、ビジネスや商取引の流れを支え、科学者や発明者にインスピレーションを与えます。教育全般とも関係がある大天使で、コミュニケーションの専門家でもあります。

大天使ラファエルのもとには、多くの素晴らしいスピリチュアルな存在がいます。正しい方向性や神の導きを司る天使たちもそうです。これらの天使たちは知性の天使と一緒に、人が決定をしたり、視野を広げたり、物事にはっきりとしたビジョンをもったりできるよう助けます。疑問があったり、困惑した状態にあったりするなら、大天使ラファエルとその素晴らしい天使に支援を求めるとよいでしょう。第1章で述べたような仕事の天使も、ラファエルのもとにいます。また、大天使ラファエルは、他の聖なる存在とともに、科学の領域でも大きな役割を果たします。現代の科学者は、科学は精神性とは別物であると思うかもしれませんが、これは真実からはほど遠い考えです。人類に恩恵を与えた偉大な発想や発明のうちで、神なる存在からインスピレーションを受けずに生まれたものはひとつもありません。大天使ラファエルのもとにいる聖なる存在は、この分野で大きな影響を及ぼしてきたのです。

ラファエルは大天使ガブリエルと一緒に、金融界の人々が世界の富をうまく管理できるよう霊感を与えてきました。つまり、銀行家や投資ブローカーはみな、大天使ラファエルと彼に仕える天使の軍団から支援を受け取っているということです。金銭のもつ神聖な可能性に人類がさらに気づくにつれて、世界の富はずっと多様で公平な方法で流れるようになるでしょう。

大天使ラファエルとつながるための瞑想の祈り

天の父であり神聖な母である神様、私は大天使ラファエルからの祝福をお願いします。ラファエルがもたらす知性の力光線を受け取ることで、神の永遠なる精神の輝きによって活力を得られますように。

大天使ウリエル

私が大天使ウリエルに最初に出会ったのは瞑想をしているときでした。他の大天使が自分の存在を知らせてくれるようになっていたのと同じ時期のことです。大天使ウリエルについて真っ先に目についたことは、そのマグネティックな姿でした。それまでに遭遇した大天使は全員非常にダイナミックで、男性的に見えました。大天使ウリエルは力に満ちてはいましたが、女性的で、際立つ美しさでした。彼女には女性の天使の特徴がありました。

大天使ウリエルが現れたとき、私には最初、相手が誰なのかわからなかったのですが、ウリエルはすぐに名前を名乗ってくれました。私は彼女の力に少し圧倒されましたが、彼女が発するアクアブルーの光を浴びると、すっかり心が落ち着き、交流することができました。ウリエルのオーラにはたくさんのピンクがあり、彼女が行使できる愛の力を示していました。

大天使ウリエルは非常に美しく、その晴れやかな美しさには希望を与える力があります。その日私が目にしたときも、充実感にあふれ、年寄りでも若くもなく、非常に生き生きとしていました。光り輝く髪をゆらめかせ、柔らかで丸みを帯びた顔をしていて、瞳はきらめいています。真剣になるべきときは真剣になれる天使ですが、このときは淡青色《パウダーブルー》のローブを着て、楽しそうな表情を浮かべていました。その日のウリエルはあまり語らず、ただ自分の存在を知って、自分の波動に同調することを求めてきただけでしたが、その後の訪問では愛について、そして神とひとつであることについて、たくさん教えてくれることになります。彼女はまた、勇敢であることと自分の欠点を受け入れることを私に教えてくれました。

ウリエルという名前は、「神の火」を意味するヘブライ語に由来します。名前は男性名でも、ウリエルは間違いなくマグネティックな大天使です。古代には、男性名詞が男性を指すだけでなく総称語としても使われたことを思い出さなければなりません。ウリエルは聖書に名前は登場しませんが、外伝では重要な役目を果たし、一般的に四大天使のひとりとみなされています。

大天使ウリエルは、天の神聖な母である神から湧き出るマグネティックな流れのもとにいます。魂は中性的であるにしても、体をもって進化のサイクルを過ごすあいだは、ダイナミックとマグネティックという生得の両極性が常にあることを忘れないでください。その両極性は、命の性質の一部です。地上ではその両極性を男性／女性と認識します。天界では、男性／女性という両極性がさらに美しく霊妙な形で続き、聖なる存在はすべての界においてダイナミック／マグネティックという両極性を示します。

大天使ウリエルは、神の愛と思いやりをもたらします。彼女は壮麗で、その輝きは言葉では言い表せません。愛の具現です。私たちの愛の流れを保ち、頑なな心を開く役目をウリエルが担っているのも当然のことでしょう。地球に思いやりをもたらすために、ウリエルは神聖な母である神とともに働きます。ウリエルは真実の愛を教えてくれる偉大な先生です。非常に美しく、私たちすべてのうちにある美を引き出すのを助けています。私たちがスピリチュアルな存在としての真の自分に気づき、自らの魂の神聖さを認識できるよう助けてくれます。

大天使ウリエルは、自分の管轄下にある多くの素晴らしい聖なる存在を指揮します。愛の天使、平和の天使、思いやりの天使はすべて大天使ウリエルの管轄下にあります。〈光の姉妹〉と呼ばれる素晴らしい天使の一団もウリエルのもとで働いています。〈光の姉妹〉は、〇歳から十歳くらいまでの子どもたちに働きかけます。子どもの成長に欠くことができない存在である〈光の姉妹〉は、初期の発育期にあるすべての子どもたち、特に病気や事故を経験している子どもたちを助けています。虐待された子どもや孤児も助けますし、妊娠中絶や病気によってアストラル界へと旅立った小さな子どもたちのニーズにも応えています。

大天使ウリエルとつながるための瞑想の祈り

天の父であり神聖な母である神様、私は大天使ウリエルからの祝福をお願いします。愛と平和をもたらすウリエルの力光線を受け取ることで、神のマグネティックな栄光に包まれますように。

大天使のイラスト

図表2（口絵2）は、進化した状態にある大天使の一例としての大天使ミカエルです。大天使の進化は天使界から継続しているため、オーラの構造に天使との類似点がありますが、大天使のオーラのほうがより大きく明瞭です。大きな違いのひとつは、天使が人間と接するときに見られる上向きに勢いよく流れるエネルギーが、大天使の場合は見られないことですが、その理由は大天使にはそうしたエネルギーの上昇が必要ないことにあります。

大天使はじつに見事な体をしています。身長は優に五メートル五十センチはありますが、人間並みの大きさで現れたいときは人間に大きさを合わせて現れます。オーラの外殻は金色の光で完全に満ちていて、天使のオーラのような区画はありません。体から出るエネルギーは白銀色で、体自体が信じられないような力をもっていることを示しています。また、頭部から上へとのぼる光は、神の精神と完全につながっていること

図表２　大天使ミカエル

の証です。頭、喉、心臓、みぞおちに相当する体の内部にそれぞれチャクラがあります。大天使ミカエルの場合はこの四つのチャクラに美しいピンクのエネルギーがあり、ミカエルがダイナミックな存在であると同時に、愛をその動機としていることを示しています。頭上にある尖った銀の星は、ミカエルの熟達の度合いを表すものです。この図のように、ミカエルは金と青のローブをまとった姿でよく現れます。

大天使の外側のオーラは三十メートルにも及び、その眺めは壮観です。大天使ミカエルの外側のオーラは光り輝く金色です。進化した大天使の頭上には炎のようなひし形のエネルギーが七つ並んでいて、その大天使が責任をもって管理する分野を表しています。大天使には、そのもとで働く聖なる存在の軍団がいます。また、オーラの外殻の上に差している後光は、神との意識のつながりを示しています。

大天使のオーラの最大の特徴は、自身のハイヤーセルフとつながっていることです。大天使のハイヤーセルフは集合レベルの力が宿る場所です。大天使ミカエルの頭上には大きな球体をしたチャクラが五つあり、驚くべき光を放っています。信じられないほど発達したこのハイヤーセルフは、意識の深いところで神の全能に気づいている証でもあります。大天使たちはこれらのチャクラから、複数の場所に同時に光を送ることができます。チャクラはまた、大天使界よりもさらに上の界からの祝福を受け取る受信局としても機能します。私たちはみな、高次の性質をもっていますが、大天使は、こうした高次のチャクラを意識的にコントロールし、そこから集合レベルで働くエネルギーを送ることができます。下のチャクラからも光を送ることができますが、この送り方は誰かと一対一で交流する際に使われるのが通例で、統率をとる必要がある場合は通常、高次のチャクラから光を送ります。図表2（口絵2）のイラストは、ミカエルの体の大きさをわかりやすくするために、ハイヤーセルフのほうは少し小さく描きましたが、大天使ミカエルのハイヤーセルフは実際にはもっと高いところにあり、大きさもずっと大きいものになります。

大天使は、眼前に姿を現してくれたときですら、全体像が見えていないような感じがします。地上では知覚できない、スピリチュアルな領域の色があるからです。また、ここで描き出されているものよりもさらに大きく輝く天の体も、大天使はもっています。人間界にいる私たちが理解できる範囲には限界があるため、聖なる存在には常に神秘性があります。調和の流れが常に保たれているのはおそらく、大天使が大きな愛を与えてくれるからであり、私たちも彼らに愛を表現し返すなかで、愛に満ちた交流が続くからです。

大天使とつながる

以上の大天使たちはどのようにして、多くの人々とつながりつつ、個人にも注意を向けられるのでしょう。繰り返しになりますが、光をもたらしてくれるこうした大天使には、私たち人間の理解を超えた能力があります。前述したように、彼らは全知を有しています。さらに覚えておくべきことは、大天使は単独で動いているのではないということです。導きと支援に関して、光の大天使は自分よりも進化した聖なる存在を師と仰いでいます。これまで見てきたように、大天使は集合レベルで働きかけられる驚くべき能力をもっています。また、並外れた力を有してはいますが、たいていは配下の天使の軍団を通して主に活動し、必要性が生じた場合のみ、特別に自らやってきます。名前のある大天使たちに協力する無名の大天使たちもいるので、大天使全般について話すときは、天に属する大天使界全体に言及していることになります。

大天使についてよく尋ねられる質問は、一度に複数の場所にいられるのかというものです。配下で働く聖なる存在は言うまでもなく、気を配るべき人間も非常にたくさんいるなかで、時間的にどうやってすべてこなせるのでしょう。大天使はその本質となる魂がひとりひとりに内在しているという点で、人間と同じです。

この魂は個として区別されるので、大天使は一度に一か所にしかいられません。しかし、意識は発達した状態にあるため、生きた体を同時に多くの場所に投影し、その体に力と知性を与えることができます。この意味において、大天使は同時に複数の場所にいることができると言えます。ただしここでもやはり、彼らは単独では活動しません。本書で取り上げる大天使はスピリチュアルな役職であるため、その職務を担う大天使のリーダーと調和しながら特定の分野で働く無名の大天使が数多くいるのです。

リーダーとなる大天使は力と光を一度に複数の場所に投影でき、驚くべき方法で同時に複数の仕事を行うことができます。大天使の職務を果たす組織の構造も、まったく複雑です。そうした大天使たちとつながりを築きたい場合は、神聖な支援を得られる素晴らしい世界へと心を開きつつ、彼らの名を使って祈り、瞑想することから始めましょう。

第7章　天界の八大天使

前章で取り上げた四大天使に加えて、天界では八人の大天使のリーダーたちがそれぞれ命にかかわる専門分野で働いています。この八人は四大天使にならってはいますが、彼ら自身がしっかりと自立したリーダーです。四大天使と八大天使はともに、人類を導く十二大天使を構成しています。十二大天使の他にも多くの大天使がいて、名前が知られているものもありますが、多くは無名です。『ユダヤ百科事典』によると、ユダヤの宗教的・神秘的資料には天使や大天使の名前が千以上あがっているそうです。その名前の多くは実在する聖なる存在を表しますが、私たちが頻繁に交流する存在ではありません。

大天使とつながる際には、何よりも先に、第6章と第15章で詳しく説明している四大天使をよく理解することを強く推奨します。壮麗な四大天使の波動に同調し、交流することにひと通り慣れたうえで、輝かしい八大天使に働きかける瞑想に移るとよいでしょう。

八大天使に働きかける方法を理解していただくには、スピリチュアルな命に関するある側面を知っていただく必要があります。大天使を含め、すべての聖なる存在は〈神の光〉のヒエラルキーに属していて、聖なる存在はそれぞれ〈神の光〉の光線のひとつを体現し、それによって力を得ています。しかしこの〈神の光〉に加えて、命の創造のプロセスの一部を成す神聖な力があります。十二大天使はみな、このもうひとつの神聖な力を使いますが、その力の管理については八大天使が受けもっているのです。そのため、本章では八大天使が体現するこの神秘の力に焦点を当ててお話ししたいと思います。

大天使ザドキエル

ザドキエルは「神の正義」を意味します。多くの神秘な任務をもつ壮麗な大天使です。威圧的な風采をしており、オーラでは淡青色《パウダーブルー》が目立ちます。カルマを司る大天使であることを考えると、「神の正義」という名はふさわしい名と言えるでしょう。カルマは原因と結果の法則です。つまりザドキエルは、善悪両方のカルマの行為を行う人々を、主任管理者として見守っているということです。ザドキエルは「カルマの主」として知られる大天使たちと協力して働きます。「カルマの主」は、人類のために「生命の書」を管理している素晴らしいチームです。私たちが地上で行うあらゆることは、この天の書に記録されます。人が死と呼ばれる扉を通って死後の世界にわたると、そこには「カルマの主」がいて、この天の書のなかのその人に関するページを開き、人生の審査を行います。

有名な四大天使に次いで私が最も頻繁に交流しているのは、おそらくザドキエルです。新しい生徒を引き受けるとき、聖なる存在はよく私に、その人に関連するカルマの記録の一部を見せてくれます。このようにして私は、その人をスピリチュアルな道でより効果的に導き、カルマの負債と残高を清算できるように助けることができます。これはすべて大天使ザドキエルの導きによります。ザドキエルのもとにはカルマの天使の軍団がいて、人がカルマの試練を乗り越えたり、カルマの残高を管理したりするのを手伝ってくれます。重いカルマの試練を経験しているように感じる場合や、カルマを生み出すかもしれないことをしたとわかっている場合などは、こういった天使が大いに助けてくれるでしょう。

大天使ザドキエルは神の正義を扱うため、法律問題を扱うときに召喚すべき存在です。ザドキエルのもとで働く天使の行政官たちは、裁判官、弁護士、陪審員がひとつひとつの裁判において正しい決定を下せるように、世界のあらゆる法廷で働いています。ザドキエルはこの重要な仕事において、大天使ミカエルたちと大いに協力して働きます。

聖なる存在は、理不尽に見えがちな世界でも常に正義はあると私たちに教えてくれます。自由意志は行使されるべきであり、神なる存在はほとんどの場合、その自由に干渉したがりません。結局はカルマの法則が、私たちのすべての行動の帳尻を合わせることになります。つまり、人が自分の可能性を生かさない場合や、正しくないことをしてしまう場合でも、最後は神の正義が勝つということです。物理法則があるのとまったく同じように、スピリチュアルな法則があります。自然の物理法則を破ると私たちは苦しみます。同様に、スピリチュアルな法則を破ると、正しい道に戻るまで苦しむことになります。

カルマと神の法則を管理できるように、大天使ザドキエルは「原初の光」（第15章参照）として知られる特別な力光線を使います。原初の光はすべての大天使が使うものですが、ザドキエルが使うのは、この光が神の法則にふさわしい光だからです。原初の光は、絶対の神から発散される最初の光線です。この力光線の内部には、命のスピリチュアルな法則と自然の法則に本来備わっている特性がすべて含まれています。創造には秩序があります。そしてこの秩序は、スピリチュアルな法則によってのみ維持されます。スピリチュアル・ヒエラルキーは全体としてこの法則を体現し、この法則に従って生きています。私たち人間も同じで、この聖なる法則とより深く調和する方法を聖なる存在を通じて学んでいる最中なのです。

大天使ザドキエルとつながるための瞑想の祈り
天の父であり神聖な母である神様、私は大天使ザドキエルと原初の光の天使たちのもとで、絶対の神が放つ原初の光を受け取れるようにお願いします。この光の力に意識を隅々まで祝福してもらうことで、原因と結果の法則とより深く調和できますように。

大天使サミュエル

サミュエルは、非常にハンサムで力強い大天使です。彼のオーラははっきりとした紫が印象的です。ダイナミックな大天使ですが、ダイナミックなエネルギーとマグネティックなエネルギーをバランスよく使うことができます。

堕落した大天使サマエルと混同してほしくないのですが、大天使サミュエルは転生の過程を管理する役目を担います。カルマと転生の仕組みを学んでいた初期のころにこの大天使と会えたことは、とても幸運でした。転生は、魂がスピリチュアルな旅を続けるために新しい体に入って物質的形体に戻るプロセスです。形而上学的に言えば、地球は学び舎です。私たちの魂は、命についての多くのレッスンを学ぶためにやってきます。一回一回の生涯は学校の学年のようなものです。魂はより多くの命のレッスンを学び、過去に転生した際の過ちを正すために地球に転生します。過去生の記憶は無くなるかもしれませんが、私たちひとりひとりが何度も経験している奇跡的なプロセスです。

魂が転生に向けて準備するプロセスは込み入っています。多くの段階があり、大天使サミュエルと彼のもとで働く多くの天使たちは、このプロセスを確実に円滑に進めることに責任を負っています。サミュエルは、大天使ウリエルや「光の姉妹」と力を合わせて、新しく転生する魂がスピリチュアルな準備を整えるのを手伝います。このことは、サミュエルがウリエルとともに受胎と妊娠期に強くかかわっていることを意味します。転生にはいろいろなことがかかわってくるため、他にもたくさんのスピリチュアルな存在が関与します。たとえば、大天使ラファエルと彼の天使たちは、魂がこの世からあの世へと移行するプロセスにおいて支援を行います。カルマと転生は密接に結びついているため、大天使サミュエルはザドキエルとも密に連携します。カルマは法則であり、転生はその法則が作用する際に用いられる手段です。
大天使サミュエルは、真実を表す紺青色《ロイヤルブルー》の光を駆使します。正直さや誠実さを探求しているなら、大天使サミュエルと彼の天使たちは大きな助けとなってくれるでしょう。起こっている出来事に真実を見出す必要がある場合や、何らかの理由で自分自身を半分欺いているような場合も、サミュエルがもたらす紺青色の光は非常に役に立ちます。

大天使サミュエルとつながるための瞑想の祈り
天の父であり神聖な母である神様、大天使サミュエルのもとにある私に、真実を示す紺青色《ロイヤルブルー》の光線を投射してください。その光に意識を隅々まで祝福してもらうことで、人生を誠実に生き、周囲の人々や状況のなかに真実を見出せますように。

大天使サリエル

大天使サリエルは、ダイナミックな大天使です。信じられないほど知的で、その意味ではラファエルと類似した特徴を有します。主要なエネルギーはエメラルドグリーンをしていて、ダイナミックなエネルギーとマグネティックなエネルギーの調和をもたらします。

大天使サリエルは、心理学の世界で大いに働きます。精神と感情の安定を維持することに深くかかわっていて、配下の天使たちとともに心理学者や精神科医、さらには心理学的な技術を用いる他の分野の人々を導き、案内する役目を果たしています。

サリエルは、スピリット光として知られる神秘な力を使います。スピリット光は光のヒエラルキーの一部ですが、独自のカテゴリーに属していて、神の願望という特殊な性質をもたらします。形而上学における定義によると、願望とは「神による拡大しつづける創造的活動」を意味します。スピリチュアルな見地から言えば、成長して自分を磨きたいという自然な衝動が願望です。願望は人のなかにある創造的な活力です。この願望は、間違った願望すなわち欲望や欲求とは異なります。欲望や欲求は感覚を満足させるもので、願望とはまったく別の物です。

人は〈神の光〉をもっているように、ある程度のスピリット光ももっています。スピリット光は、スピリチュアルな道を歩みたいという気持ちを煽って、燃えるような願望に変え、何事にも惑わされることなくスピリチュアルな目標に向かって突き進めるようにしてくれます。聖書の教えはこの光の力の本質を、「あなたの宝があるところに、あなたの心もある」とうまく要約しています。

人の願望は、その人がスピリット光をどれだけ効果的に使っているかを反映しています。スピリット光の本来の使用目的は、創造力とスピリチュアルな進化を煽ることです。しかし、どんなスピリチュアルなエネルギーもそうであるように、スピリット光も、いったん人の意識に入るとより生産性の低い努力に向けられてしまう可能性があります。

スピリット光の力は対象によって変わることなく作用するので、使うときには気をつける必要があります。人がもつより高尚で高潔な部分を養う燃料ではありますが、意図せずにより低俗な欲求を煽ってしまう可能性もあるからです。欲望や欲情でいっぱいの人なら、スピリット光はそのような低次の願望に作用してうっかり強めてしまうかもしれません。もちろん、そのようなことが起こったら、不正使用に対する予防措置として、この力を受け取る能力自体が弱まりますが、それでもやはり、この力は慎重に使ってください。実践を行う前に、意識が安定した状態にあることをしっかり確認し、もし調整がずれていると感じるなら、第15章でご紹介する〈神の光〉の瞑想を先に行って古いエネルギーを一掃し、オーラを打ち立てたうえで、スピリット光を使うことをお勧めします。

自分にとって最も重要なものについて、じっくり時間をかけ、深く考えてみましょう。心の奥底にあるものは何ですか。スピリット光の誤用を避けるには、心が求める願望を神の祭壇に置いてしまうのが効果的です。すべてを神の手中に預け、間違った願望を真の願望から切り離せるよう神なる存在にお願いしてください。大天使サリエルは、人がこの素晴らしい力を正しく活用できるように、愛に満ちた素晴らしい支援をしてくれます。低次の願望を好ましいものに変え、天にふさわしい高次の願望を強める手伝いをします。大天使ミカエルや大天使ガブリエルと同様、依存症や嗜癖を克服しようとしているときにも、ぜひ召喚したい大天使です。

大天使サリエルとつながるための瞑想の祈り

天の父であり神聖な母である神様、私はスピリット光を司る大天使サリエルと天使たちのもとで、神の法則と愛に従って、その素晴らしい光を受け取れるようお願いします。その光の力により、自分の心が求める真の願望に気づき、最高善に到達したいというスピリチュアルな願望を高められるようにお願いします。低次の間違った欲望や欲情から解放されますように。

天の大天使ルシファー

大天使ルシファーについては言うべきことがたくさんあります。堕落してサタンになったルシファーと混同しないでください。天から落ちたほうのルシファーについては第11章で取り上げます。天の大天使ルシファーは力強くダイナミックな大天使で、八大天使のなかでも最も進化した存在です。オーラでは、英知を表す金色の光線が目立っています。

天の大天使ルシファーは物質的形体の維持において非常に重要です。大天使ガブリエルや同じ分野で働く聖なる第十一界のメンバーたちと密に協力して働くこのルシファーは、スピリット物質として知られる強力なスピリチュアルな力を管理します。スピリット物質は命の骨組みとなる組織です。宇宙のあらゆるものが、この宇宙物質で作られています。スピリット物質は全原子の基本成分であり、宇宙のあらゆる物理的粒子の構成要素です。アーカーシャやプラーナなど、他の呼び名も多くあります。プラーナは呼吸を通じて体内に取り込むタイプのスピリット物質です。この神聖な物質にかかわる聖なる存在は少なくありませんが、大天使のなかでは、天の大天使ルシファーがこの分野においてとりわけ重要です。

『オーラ・ヒーリングのちから』でも詳しく述べたように、スピリット物質はヒーリングにおいて不可欠な構成要素です。なぜなら、体の原子構造の完全性を保ってくれるからです。この物質は体を癒したり、修復したりする際に、とりわけ重要な役目を果たします。天のルシファーは、回復を促すスピリット物質を人の体が確実に受け取り、健康と幸福を維持できるようにしてくれます。

また、天のルシファーはスピリット物質を使って物質的な体を清めてくれます。これは非常に重要な点です。今この瞬間にも、人の体はその人のスピリチュアルな進化に合わせて変化しています。スピリチュアルな意味でより強くなり、回復力を高めているのです。人がオーラに培ったすべてのスピリチュアルな力は、最終的には物質的な体を通して表現されることを覚えておきましょう。精神と体と魂の調和は不可欠です。天の大天使ルシファーは、人がスピリチュアルな力をより多く内に宿したり、表に出したりできるように、物質的な体を元気にしてくれます。

この大天使を呼ぶ際には、「天の大天使ルシファー」と呼ぶことをお勧めします。堕落した大天使と混同しないようにするためです。「天の」と付けても、ルシファーという言葉を使うのは不快だと感じるのであれば、大天使ガブリエルにお願いすれば大丈夫です。天の大天使ルシファーのスピリチュアルな力は単体で投射されることはなく、〈神の光〉の助けを借りて初めて、必要なところへと送られます。

天の大天使ルシファーとつながるための瞑想の祈り

天の父であり神聖な母である神様、私は天の大天使ルシファーと聖なるエネルギーの天使のもとで、白い光に満ちた聖なるスピリット物質を受け取れるようにお願いします。その光が私にスピリット物質を注ぎ込み、スピリチュアルな力を最大限に宿せるように、この物質的な体を浄化してくれますように。私はこの光と力が、物質的な体の波動を最高レベルまで高めてくれるようにお願いします。私が体により気をつけて、精神と体と魂の調和をもたらす行動を取れるような刺激を与えてもらえますように。

大天使ハニエル

ハニエルは「神の栄光または恩寵」を表すヘブライ語です。彼女はマグネティックな大天使で、美しく、とてもエネルギッシュです。スピリチュアルな愛を表す濃いバラ色の光が印象的なオーラをまとっています。

大天使ハニエルは、宇宙光《コズミック・ライト》として知られる光と密接に連携しています。宇宙光は光のヒエラルキーの一部で（第15章を参照）、デーヴァたちがもつ特殊なエネルギーでもあります。この光の力がもつさまざまな特質は、アセンション光として知られています。宇宙光は進化の光であり、魂があるスピリチュアルな意識の層から次のレベルの層へと上昇する準備をしているときに与えられます。

私たちは全員、スピリチュアルな進化の過程にあります。進化には、スピリチュアルな面でさまざまな次元を通過しながら成長することが含まれます。人が物質的な体に入っているあいだ、その人の魂と意識は一定の意識レベルで振動しています。この振動レベルは、良い言葉、良い思考、良い行動、良い行為によってどれだけ〈神の光〉を獲得したかに応じて決まります。スピリチュアルな力が高まるにつれて、オーラは光を帯び、さまざまな次元を通過しながらスピリチュアルな成長が進んでいきます。宇宙光は、人がどのレベルにいようとも支えとなり、次のレベルにわたる準備ができたときには力を与えます。聖なる存在の案内を受ける初期の時期に特に強く働くエネルギーです。

宇宙光は、人が自由にお願いできる力ではありません。スピリチュアルな成長において次のステップに進む準備ができていると聖なる存在が感じるタイミングは、人が決めるものではないからです。いっぽうで、大天使ハニエルと彼女に仕える天使たちの力を借りてスピリチュアルな上昇に必要な力を強め、そうすることによって次のステップへの準備をさらに整えることはできます。面白いことに大天使ハニエルは、人類史において私たちが生きている今の時代、特に忙しく働いていますが、これはかつてないほど多くの人たちがスピリチュアルな上昇において飛躍する準備を整えつつあるからです。この状況は、今日のスピリチュアル・ルネサンスが活気づいている一因にもなっています。

大天使ハニエルとつながるための瞑想の祈り

天の父であり神聖な母である神様、それが御意志であるなら、私は大天使ハニエルと聖なるエネルギーの天使のもとで、白色光を受け取れるようにお願いします。私のスピリチュアルな上昇と私のうちに流れる宇宙光を安定させてもらえるようにお願いします。天使たちが、私のスピリチュアルな成長を促し、聖なる進化の次の段階に向けて準備するのを手伝ってくれますように。

大天使ラジエル

ラジエルは、「神の秘密」を意味し、スピリチュアルな神秘を司る大天使として伝統的に描写されます。ここには少しアイロニーがあります。なぜなら私の経験から言って、大天使ラジエルは実際に会うと非常に単刀直入で率直な大天使だからです。もちろんあらゆる大天使がそうですが、ラジエルについてはまさにその通りと思わせる何かがあります。彼と交流する際には、そのような率直さに対する準備ができていなければなりません。その意味では少し大天使サミュエルに似ています。ラジエルのオーラは、真珠のような光沢をもつ淡い緑が目を引きます。

大天使ラジエルにまつわる神秘性は、彼に割り当てられたスピリチュアルな力と関係があるかもしれません。ラジエルは、神の聖なる呼吸の管理者という神聖な任務を負っています。天界のリーダーたちはみな、この聖なる呼吸に関与していますが、その呼吸を人間に与える任務に深くかかわっているのはラジエルです。

聖なる呼吸とは何でしょう。ご存じのように、人の体は呼吸しています。私たちは呼吸をするとき、細胞呼吸のプロセスを通して、体細胞が使うための酸素を引き入れます。息を吐き出すときには、この細胞呼吸の廃棄物である二酸化炭素を放ちます。呼吸をしなければ体は生きられません。

同様に、人の魂も呼吸します。人の魂は命そのものであり、この命は活動しています。命は魂による呼吸のプロセスを通じて、永遠の命の本質をさらに取り入れます。命の本質をもたらす聖なる呼吸は白色光を取り入れているように見えますが、これは単に白色光が呼吸と連動しているためです。体の呼吸により息を吸い込むたびに、人は命の本質をいくらか取り入れます。〈神の光〉をお願いするときもまた、この聖なる呼吸をすることになります。聖なる呼吸は、〈神の光〉を受け取る手段なのです。被造物が聖なる呼吸により息を吸い込むたび、〈神の光〉はその被造物へと流れ込んでスピリチュアルな栄養を届け、被造物が息を吐くときには、黒や灰色をしたネガティブな原子が神のもとへと引き戻されて光のなかで再構成されます。

人は日々、この聖なる呼吸にかかわっています。意識を高められるようになると、受け取る聖なる呼吸の量に直結してきます。自分の光線を拡大しつづけることでより多くの光を受け取れるようになり、聖なる呼吸の力もいっそう得られるようになります。また、こうした聖なる本質をもっと受け取れるように聖なる呼吸を直接お願いすることもできます。そうすることで、スピリチュアルな旅路を歩む魂を再生させることができます。

魂が疲れていると感じたときに聖なる呼吸をお願いするのは素晴らしいことです。日々の生活に打ちのめされ、なかなか前に進めないときは、大天使ラジエルと彼に仕える〈神の光〉の天使たちに、力を与えてくれるようにお願いしてください。私はあるとき、多くのことが一度にやってきて手に負えそうもないと感じたときに、大天使ラジエルから素晴らしい祝福を受け取り、聖なる呼吸で魂の疲れを癒せたことがあります。負担感は消え、私は生き返りました。
次の瞑想の祈りを行う前には、二〜三回深呼吸をして、白色光が流れ込むのをイメージしてください。息を吸うたびに、純粋な白色光が肺と心臓に直接流れ込み、肺と心臓からすべての体細胞に広がっていくのを感じてください。ひと呼吸ごとに、「私は『聖なる呼吸』をしています」と考え、白色光が入り込んであらゆる苦悩のエネルギーを解放するのを感じてください。

大天使ラジエルとつながるための瞑想の祈り
天の父であり神聖な母である神様、私は大天使ラジエルと聖なるエネルギーの天使たちのもとで、白色光を受け取り、その光を通じて神の聖なる呼吸をさせてもらえるようにお願いします。私の魂、体、精神で永遠の生命力を吸い込み、意識の隅々まで再生できるようにお願いします。どんな落胆や苦悩からも解き放たれ、命の呼吸のリズムを感じられるようにお願いします。

大天使ジョフィエル

ジョフィエル（またはイオフィエル）は、「神の美」を意味します。彼女は壮麗でマグネティックな大天使です。名前は彼女にぴったりです。なぜなら彼女は驚くほど美しい大天使だからです。赤紫色《フクシヤピンク》の光線を色濃く帯びていて、喜びに満ち、人を元気にする素晴らしい性質をもっています。大天使ウリエルに似ているところもあり、ウリエルと密に連携して働きます。

大天使ジョフィエルは、美という神聖な性質をもたらします。私たちはときとして美が神の特性であることを忘れがちです。あらゆる形式の美は人を感嘆させます。美は、調和、願望、動機、神秘をもたらします。魂は命の一部であるため、私たちは全員、生来美しい存在です。しかしそれでも、スピリチュアルな成長における他の側面と同じく、私たちは自らのうちにあるその美しさを養わなければなりません。その美しさをいかに外に出し、輝かせるかを学ぶ必要があるのです。

美という特性に加えて、大天使ジョフィエルは、真珠の輝きを帯びたピンク色をした、天の愛を表す崇高な光線も司っています。この光線は、濃いバラ色の光線よりも淡いピンク色をしています。その力は、神からの崇高で献身的な愛をもたらします。人やものへの執着を手放そうとしているなら、このエネルギーが大いに助けてくれるでしょう。献身的な愛とは、見返りに受け取れるかもしれないもののためではなく、愛を表現できること自体が楽しいからこそ、その愛を与え、表に出している状態です。私たちは愛に条件をつけがちです。人やものから自分が得ているものを愛してしまっているのです。そうした状態自体は必ずしも間違っているわけではありませんが、それによって神の源とのつながりを築くのは無理です。私たちは、神が私たちを愛するのと同じように、無条件に愛することを学ばなければならないのです。

大天使ジョフィエルとつながるための瞑想の祈り

天の父であり神聖な母である神様、私は大天使ジョフィエルと愛の天使のもとで、献身的な愛を表す、真珠の輝きを帯びたピンクの光線を受け取れるようにお願いします。私が執着を手放し、すべての愛は神から来るのだと実感できるように、力をお貸しください。見返りなど求めず、愛する喜びのために愛することができるように、励ましてください。

大天使サンダルフォン

大天使サンダルフォンは、ユダヤ神秘主義における最古の大天使のひとりと考えられており、メルカバ形而上学の伝統に結びついています。サンダルフォンは珍しいほど背が高く描写されますが、私は実際の交流を通じて、彼は本当に背が高いのだということを知りました。大変な長身で、堂々とした外見をしていて、金色の光線が特徴的な大天使です。

大天使サンダルフォンは、言霊《ことだま》の管理という名誉ある任務を担っています。言霊とは、人が話す言葉に宿る力です。人が話すときには単に言葉だけが表に出るのではなく、言葉の背後にスピリチュアルな力がこもります。人の言葉は、そうした力をもつ音色か単に耳障りな音のどちらかの形で表に出ます。単に耳障りな音にはスピリチュアルな力がないいっぽう、言霊を宿す音色は神聖な活力をもたらします。人が言霊を発すると、その振動がエーテル体に伝わり、実現のプロセスを開始します。人は言葉によって創造するのです。自分の人生で起こってほしいことを口にするようにしましょう。

こうした創造的な音色は、あらゆるレベルの創造において存在します。神は宇宙を動かしたいと望んだとき、創造的な言葉を発しました。〈神の言葉〉は創造の活性剤です。そして同様に活性化する力が、人間のなかにも存在するのです。

自分が使う言葉に無頓着だったり、自分を十分主張できていないように感じたりしているなら、大天使サンダルフォンと彼に仕える天使たちから霊感を受け、より創造的な言語表現を行えるように新しいスピリチュアルな力を得るとよいでしょう。言葉の力はきわめて重要ですが、話す本人がその力を十分意識していないことも少なくありません。言葉は重要です。話すときは慎重に言葉を選び、目的と意図をもって話してください。そうすることで、達成を目指している自身の聖なる目標は実現へと大いに近づくことでしょう。

大天使サンダルフォンとつながるための瞑想の祈り

天の父であり神聖な母である神様、私は大天使サンダルフォンと言霊の天使のもと、喉のチャクラで紺青色《ロイヤルブルー》の光線を受け取り、声に宿るスピリチュアルな力を高められるようにお願いします。ふさわしいタイミングで、ふさわしい言葉を口にできるように、力をお貸しください。言霊がエーテルへと伝わって顕現できるように、より勇気をもって慎重に話せますように。

第8章　スピリチュアル・ヒエラルキーのリーダーたち

スピリチュアル・ヒエラルキーのリーダーたちに関する話を始めると、彼らの進化の度合いがあまりにも高いせいで、あたかも神について話しているかのような特徴の数々を見ていくことになります。言うまでもなく、スピリチュアル・ヒエラルキーのリーダーたちの力は大変強力で、神に満たされているので、実際に面する際は神の面前にいるかのように感じられることもあります。しかし、この章で取り上げるそうしたリーダーたちはまだ〈自然の十二界〉の一部であることを忘れてはいけません。彼らは私たち人間と同じ進化の梯子をのぼっている最中ですが、人間よりもはるか先を歩んでおり、私たちにとっては光の兄であり姉にあたります。

そもそもなぜヒエラルキーがいるのかを思い出してください。スピリチュアル・ヒエラルキーは神への接続リンクです。私たちが自力で直接つながれる地点に到達するまで、神は聖なる存在の神性を通して私たちに語りかけます。私たちは聖なる存在を通してさまざまなレベルの創造を体験し、上昇しながら、神のいる天界に戻っていくのです。

ここまで見てきた天使や大天使たちは、神の存在で満ちています。彼らはそのおかげで力を得ています。しかし大天使界より上の界へとのぼるときには、スピリチュアルな橋をひとつわたって、神なる存在の新しい理解を得ることになります。〈自然の十二界〉の上位二つの界に属するメンバーは、ヒエラルキーの他の全存在と、人類のスピリチュアルな進化全体を管理しています。彼らは十二界にわたる進化の最高到達点を示す存在です。その到達点では、命のあらゆる側面が壮大な総体としてひとつになります。彼らは、この本で説明しているすべてのスピリチュアルな力の具現者であり、スピリチュアルな成長の頂点にいます。

無名の聖なる第十一界に属する聖なる存在

第十一界に属する聖なる存在は、展開していく創造活動においてもはや直接参加できるところまで進化しています。前述したように、この界は非常に神聖なため、橋をわたって界の内部に入るまでは界の名前を教えてもらえません。そのため今のところは、敬意を込めて「無名の聖なる第十一界」と呼ぶことにします。

創造的な意識がこの界の基調です。私たちはみな、潜在的にはともに創造する存在です。天使と大天使は非常に巧みに創造力を駆使しますが、無名の聖なる第十一界に属する聖なる存在は神の創造的衝動をまさに体現する存在です。神は天のかなりの領域を彼らに与えてその管理を任せただけでなく、さまざまな分野に直接関与して創造的活動を行う任務もゆだねました。有機的形体の形成に関与したり、神の計画を遂行するうえでの調整を行ったり、旅上にある人々に指導や指南を与えたり、魂たちが神の可能性を十分発揮できるように助けたりするのが、彼らの役目です。

この界の聖なる存在は、天使や大天使をしのぐほど深い、神に対する内なる気づきと理解を有しています。大天使と同様に彼らも高いレベルの全知を有していますが、彼らの全知には真に奇跡的な任務を果たせるくらいの力があります。天使と大天使は、第十一界のメンバーから指導を受けます。第十一界は創造的衝動が管理されている場所です。

第十一界の聖なる存在は、大天使と密接に連携しつつさまざまな管理業務を行い、人間を導いています。国や宗教の成立や、大規模な社会運動の確立に力を貸してきましたし、科学的発見につながるインスピレーションを与えたり、芸術や思想に影響を与えたりしてきました。スピリチュアルな可能性を開花させながら覚醒していく魂たちに、彼らは深くかかわっています。

第十一界の聖なる存在は、天に属する他の聖なる存在と協力して、魂の住処となるオーラの枠組を作ります。オーラには肉体と同じように解剖学的構造があります。チャクラ、オーラの外殻、オーラの層など、彼らはオーラの領域がもつ多様な側面をまとめています。また、こうした仕事の一環として、人の精神のチャクラと感情のチャクラをまとめ、人を〈神の精神〉につなげています。神智論者はこの存在を「精神の主」と呼んでいます。じつは、この次元ではあまりに多くのことが起こっているため、聖なる存在が行う仕事の多くは明かされていないのですが、私たちは彼らの驚異的な愛と献身から多大な恩恵を受けています。

神の聖霊《ホーリー・スピリット》

第十一界には多くの聖なる存在がいます。しかし、神の計画においては、あるスピリチュアルな存在がとりわけ重要な位置を占めています。ここからはこの特別な存在、すなわち聖霊《ホーリー・スピリット》に焦点を当ててお話ししましょう。スピリチュアル・ヒエラルキーをより完全に理解するうえで必須の鍵だからです。

最初に聖霊という用語を使いはじめたのは、ユダヤの人々でした。この用語自体は『タナク』では二、三回しか出てきませんが、神の霊や聖霊への言及はこの聖典全体に見られます。聖霊に関する理解は、『タルムード』や聖書解釈《ミドラシュ》を通じてさらに進みました。

ヘブライの神秘主義者は、この神の霊またはヤハウェの霊を、根源的で創造的な、生気を吹き込む力とみなしました。この霊は、息あるいは風のような存在としてしばしば描写されます。息は、被造物に生命を与える霊的存在について、古代の人が用いた解釈です。秘教的には、『タナク』の基本理念のひとつが神の創造的な聖霊に関するより深い理解を示しています。「創世記」の初めから、聖霊は虚空を漂い、原初のアダムとイブに生命の息吹を与えています。

聖霊は人間に分別と理解を授け、そうすることで、神の啓示を受けた行動を引き起こします。そのため、英知と預言という側面にもかかわってきます。ユダヤ人の理解によると、聖書の着想を与えたのは聖霊でした。預言者たちに権威と声を与えたのも聖霊です。神の聖霊は「人に宿る」という表現や、「衣服のように人を包む」といった言及も多く見られます。

カバラ信奉者は聖霊に大きな重要性を与えました。セフィロトの樹のアツィルト界において言及される十の神の名前は、神のさまざまな側面を表しますが、同時に聖霊や無名の聖なる第十一界に属する存在とも関係しています。アリエ・カプランは著書『瞑想とカバラ』において、聖霊は覚醒を指すもうひとつの表現であると説いています。


瞑想は、主にスピリチュアルな解放を達成する手段だ。肉体の束縛を解き、深遠な霊的領域へとのぼれるように、多様な方法が編み出されている。深遠な霊的領域へと到達できた人は、ルアハ・ハコデシュ（聖霊）を獲得したものとされる。ルアハ・ハコデシュは覚醒を表す一般的なヘブライ語の用語である。

聖霊は、キリスト教神学の基本原理になりました。キリスト教神秘主義者は、聖霊はヤハウェという不可解で発音しにくい名前で古代のイスラエル人に伝わったと説きました。聖霊は、神の三位一体の第三位を占める存在となりました。

イエスの母マリアを受胎させたのは聖霊の生殖力であり、それによってイエスの使命が生まれました。イエスの洗礼のとき、鳩のようにイエスのところへと降ってきたのは聖霊です。聖霊は、イエスが自らの使命を権威をもって実行できるよう、神の力を与えたのです。また、イエスの死と復活の直後、当惑した弟子たちを慰めるために訪れたのも聖霊です。聖霊は彼らに使徒としての務めを果たす力を与え、これがキリスト教の運動の始まりとなりました。「使徒行伝」には、聖霊による使徒の祝福が次のように記されています。


突然、激しい風が吹き寄せるような音が空から聞こえ、彼らがいた家のなかに響きわたった。それから、炎のような舌が現れ、分かれ分かれになって、各自の上で停止した。すると、一同はみな、聖霊で満たされて、聖霊が語らせるままに、他の国々の言語で話しはじめた。（「使徒行伝」二：二―四）

聖霊について言うべきことはあまりにたくさんあります。形而上学的な観点から見ると、神がスピリチュアル・ヒエラルキーを通して私たち人間に働きかけているとするなら、聖霊に帰する神の性質は、そういった創造的な性質を運んでいるはずの聖なる存在そのものということになります。そこで形而上学は、聖霊がもつ性質と、天に実在する聖霊という存在を、分けて考えることにしました。

秘教的には、聖霊《ホーリー・スピリット》とは天の国に住んでいる、他とは一線を画したスピリチュアルな存在です。この聖なる存在は、無名の聖なる第十一界に住む多くの「聖霊たち」のリーダーを務めます。彼らはみな、お互いに素晴らしく協力し合って働いています。形而上学が説くように、天に住むこの聖霊は、ひとつの宗教的あるいは形而上学的学派に限って存在するものではありません。特定の宗教には属さない、全人類にとって普遍的な存在なのです。

聖霊というこの聖なる存在に独特の性質は、マグネティックな存在感です。大天使ウリエルがマグネティックな大天使であるのと同じ意味で、聖霊はマグネティックです。霊《スピリット》は女性的な性質をもっているという説は、新しいものではありません。霊を表すセム語は実際の話、文法上の性において男性だけでなく女性にもなります。聖書外典の一書で、ほとんどが失われてしまった「ヘブル人福音書」でも、聖霊は女性として語られています。

聖霊の体は、非常に霊妙な美しさを湛えています。とても背が高く、七メートルほどあります。光栄なことに私は彼女と交流したことがあります。彼女についてまず驚かされる点は、間違いなく、スピリチュアルな能力の高さと愛にあふれた存在感です。聖霊の愛は明るく陽気な愛で、まさに喜びそのものです。あまりにもエネルギーに満ちあふれているので、最初に会ったときは特に、彼女の力と創造性の奥行きがなかなか把握できないでしょう。目は素晴らしく輝いています。神がもつマグネティックな特質をしっかりと体現しています。キリスト教における聖母マリアの品のある佇まいは、聖霊の美しさと威厳を幾分反映したものです。実際、イエスを生んだ初期のマリアは、聖霊の強い影響下にありました。

聖霊のオーラに関して言えば、非常に広範囲に広がり、四十五メートル以上に達します（図表3［口絵3］参照）。聖霊は非常に発達したハイヤーセルフをもっていて、その高次の性質から多くの仕事をこなします。大天使と同様に、ハイヤーセルフに五つの球体をもっていますが、これらの球体はさらにパワフルで包括的です。聖霊独特の特徴は、ダイナミックで創造的な力を表す外側のオーラが、同心円状に広がる色とりどりの光の帯になっていることです。図表３（口絵３）は、聖霊の壮大さがよくわかる絵になっています。いくらかギリシャの女神的な外見になっていますが、実際のところ、私が出会ったときの見た目に近い絵です。外見の美しさと威厳が非常によく伝わってきます。ここでもまた、体のほうが目立つようにオーラの描写には部分的に手が加えられていますが、全体的なオーラの効果はとてもうまく表現されています。

聖霊は、人の人生に密接に関係しています。彼女はしっかりとした導き手であり、天使や大天使と協力して、人のスピリチュアルな成長を支えています。人類についての神の計画を実行するのは聖霊の役目です。そうした意味で、「神なる命の具体的表現」として知られる聖霊は、神の指令を実行できることをはっきり表明しています。言い換えると、神の計画がいったん設定されたら、その計画は聖霊と無名の聖なる第十一界のメンバーの指揮のもとで実行されるということです。

聖霊は、人が正しい道を歩んでいるか、進化が正しい方向に進んでいるかを確認します。聖霊がスピリチュアル・エネルギーを送るときは、鳩に見えることがよくあります。私は透視能力で見たことがありますが、聖霊による祝福は胸が躍るひとときです。いつ起こるかは決してわかりませんが、私たち人間はみな、人生のある時点でこの祝福を受け取ります。覚醒への道を歩む私たちひとりひとりがスピリチュアルな力を発揮して自らの高次の意識とつながり、神を体験できるように導いてくれるのは、この聖霊なのです。

この世に生まれた命を導くという途方もない仕事の一環として、聖霊は私たちが低次の性質を克服するのを助けています。本能的で、非理性的な自分を克服できるよう、私たちに力を貸す役目を負っています。もちろん、私たちが自我を和らげて徐々に脱ぎ捨てる作業には天使や大天使も深くかかわっていますが、天使や大天使は聖霊からその指示を受けています。

聖霊は、人間の体の導き手でもあります。神が物質的な人体を設計したとき、その素晴らしい設計図通り

図表３　聖霊（ホーリー・スピリット）

の体を実際に作ることが聖霊の仕事になりました。つまり、人体の発達を促す力は、生物科学が説くような、単に目的も計画もなく働く力や偶然によって生じるものではありません。地球上のあらゆる生物について、物質的な進化はもちろん、スピリチュアルな成長も助けている命の領域があるのです。

聖霊が生物を作り出すこの力は、インドのマヌに関する理解によりはっきりと見てとれます。マヌという語は、「人」を表すサンスクリット語に由来します。マヌは人類の祖先かつ統治者とされており、じつのところ、無名の聖なる第十一界に属する天の存在です。マヌは時とともに変わります。ひとりのマヌが生きる期間はマンバンタラすなわち「命の創造的周期」と呼ばれます。マヌたちは順番に、プラジャパティすなわち「創造神」と呼ばれる存在とつながります。「リグ・ヴェーダ」では、インドラやサーヴィトリーなどの神々がプラジャパティであるとされています。ヴァイヴァスヴァタとして知られている現在のマヌは『マヌの法典』の発想の源になっています。『マヌの法典』は、ひどく歪んだ伝え方をされることもありますが、インドの文化的基礎を形作った書です。

大変な任務を達成するうえで、聖霊《ホーリー・スピリット》は単独では動きません。前述したように、第十一界に属する多くの天の存在が彼女とともに働いています。そのなかでも、聖霊と同等の存在で、彼女の神聖な職務にかかわる任務の多くをともに果たす存在がいます。聖霊《ホーリー・ゴースト》（訳注　日本語の聖書ではどちらも聖霊と訳されているため、このような表記とします）として知られる存在です。聖霊《ホーリー・スピリット》と聖霊《ホーリー・ゴースト》は単に語法的に違うだけだとしばしば考えられますが、実際には大きく異なっています。聖霊《ホーリー・ゴースト》はダイナミックな天の存在であり、聖霊《ホーリー・スピリット》とは別の存在として、マグネティックな力をもつ聖霊《ホーリー・スピリット》を補う働きをします。ヘブライの教えで言うところのエロヒムにあたり、神の正義の手でもある彼は、聖霊《ホーリー・スピリット》のダイナミックな面の現れです。聖霊《ホーリー・ゴースト》はスピリチュアル・ヒエラルキーのなかでもきわめて神秘的な存在です。聖霊《ホーリー・ゴースト》は私たちの生活にかかわるものの、私たちは覚醒に到達するまで、聖霊《ホーリー・スピリット》と交流するように聖霊《ホーリー・ゴースト》と交流することはできないからです。聖霊《ホーリー・スピリット》が優美さをもたらし、聖霊《ホーリー・ゴースト》が神の法則をもたらすと言われています。聖霊《ホーリー・スピリット》と聖霊《ホーリー・ゴースト》は力を合わせて、無名の聖なる第十一界に属する多くの聖なる存在を導いています。

個人的体験

二十代前半に大天使との交流を経験した後、私は光栄にも他に類を見ない形の訪問を受けました。当時の私は高次の存在と交流できるよう力を尽くしてはいましたが、進むべき道についてはまだ決めかねていました。人生における転換期にあったのです。ロサンゼルスでバラエティーショーを企画・制作して成功させていた私は、そのショーをラスベガスで上演する機会を得ました。有利な契約で、まだ若かったにもかかわらず、三百人の部下がいました。私はその申し出を受けるつもりでした。しかし、聖なる存在がやってきて、それは私の運命ではないと告げるのです。私はスピリチュアルな教師になる定めにあると彼らは言いました。関係者全員を狼狽させることになりましたが、私はラスベガスでのショーの上演依頼を断りました。

聖なる存在が与えてくれた助言を直感的に理解したものの、申し出を断ったことで、私は個人的にも経済的にも苦境に陥ってしまいました。すぐに、自分の決断は間違っていたのではないかと不安を感じはじめました。間違いをおかしたかもしれないと思いました。ショーを再開しようと思ってしばらく頑張りましたが、今度はうまくいかず、企画は失敗に終わりました。気づくと私は少し落ち込んでいました。

ある日の午後、リビングでひとりで本を読んでいたとき、並外れた輝きを放つ存在が現れました。その存在の光は、姿を見分けることができないほど強烈でした。とても背が高く、美しい姿をしています。丸みがかった陽気な顔をしていて、歓喜に満ち、青いローブを着ていました。

最初は、大天使かもしれないと思いましたが、同じくらい壮麗ではあったものの、私がそれまでに会ったことがある大天使とは違っていました。オーラはさまざまな色の光が同心円の帯状に広がり、強烈にきらめいていています。大天使ではない他のスピリチュアルな存在でしたが、現れた相手は自分が誰であるかを明らかにしませんでした。

ひと呼吸おいて私が相手の波動に波長を合わせると、その相手は話しかけてきました。いえ、考えを送ってきたと言うべきでしょうか。

「あなたを啓発するために来ました」

私は精神を通じて答えました。

「来てくださってとても嬉しいです」

「あなたの進化を助けたいと思います」

「どういう意味ですか？」

「あなたが上昇できるように力になるということです」

その考えを受け取ると同時に、私はエネルギーの急激な上昇を感じました。絶頂へとのぼりつめるような感覚です。気づいたときはもう、私は自分の体にはいませんでした。天の体にいたのです。この天の体は、あの世に行くときに私たちが通常宿るアストラル体とは異なるものです。以前にも精神世界に連れていかれたことはありましたが、このときは様子が違いました。

あのような神聖な経験を言葉で伝えることは不可能です。私は、その聖なる存在とともに天界にいました。空中を飛び、言語に絶するほど美しく雄大な景色を通りすぎます。何かに心をかきたてられ、すぐに私は、このスピリチュアルな存在が私に天の「家」を体験させてくれているのだと理解しました。涙があふれ、喜びに圧倒されました。この気づきを得て、自分が本当は誰なのかに気がつきました。真の自分に目覚めたのです。地上で肉体に収まっているペルソナの自分ではなく、永遠の神聖な自分を実感していました。

素晴らしい光景を通過しながら、神の恵みであるこの存在は、力と〈神の光〉が一段と輝く場所へと私を連れていきました。意識内において私が到達できる場所を教えているのだという考えが、彼から伝わってきました。その瞬間、私は彼が言っていた「進化」の意味を理解しました。彼は私のスピリチュアルな可能性について話していたのです。すべてが夢のようでにわかには信じられませんでしたが、同時に、この一回の出来事を通じて、私は自分の人生の全体像を得られたような気がしました。

永遠にそこにいたいと思いましたが、気がつくと私は元の肉体に戻っていました。この物質界にはいたくないと感じました。聖なる存在はまだそばにいて、今一度光の祝福を与えてくれましたが、それが終わると消えてしまいました。

のちに私は再びこの存在に会い、彼が聖霊《ホーリー・ゴースト》だったことを知ります。このような経験ができたのは、本当に幸運なことです。この経験についてお話しするのは今回が初めてですが、伝えることで、そうした神の英知と愛が存在することを知ってもらいなさいと、高次の存在から熱心に勧められたのでそうしているだけです。人は最も高次な存在から、愛と配慮を受けているのです。言うまでもなく、この経験は私が自らの運命を受け入れるのを助け、スピリチュアル・ヒエラルキーとの関係における新しい扉を開いてくれました。

聖霊《ホーリー・ゴースト》／聖霊《ホーリー・スピリット》とつながるための瞑想の祈り

天の父であり神聖な母である神様、私はダイナミックな聖霊《ホーリー・ゴースト》とマグネティックな聖霊《ホーリー・スピリット》からの祝福をお願いします。最も高い目的を成し遂げ、神の聖なる計画に奉仕するための導きと指南を求めます。私がスピリットの実を結べるように、聖霊《ホーリー・ゴースト》と聖霊《ホーリー・スピリット》が私の肉体を強くし、私のスピリチュアルな命の具体的な表現をよりたしかなものにしてくれますように。最大限の敬意をもって、心より謹んでお願いします。

無名の聖なる第十二界

ここからは、〈自然の十二界〉という進化の計画全体から見た、スピリチュアルな梯子の頂点へ移ります。この界に到達した魂は、構造界からささやかに始まった長い進化の最高点に達しています。この界内でも進化はしますが、魂の可能性はこの時点ですでに完全に花開いています。オーラの力は最大限まで高まり、魂が宿っている天の体も表現の極みにあります。自らのうちにある神の意識を十分に発達させ、神の目的を申し分なく果たせている状態です。

第十二界の基調は、神の意識です。進化の過程で培ったすべての認識は、この界で表現される、神の意識を通って濾過されます。この意識はキリスト意識として知られるようになっています。包括的な意識であり、クリシュナ意識などの異なる名前で呼ばれることもあります。インドの神秘主義者パラマハンサ・ヨガナンダは、サンスクリット語のクタスタ・チャイタニヤ（不変の意識のままであるもの）という言葉を用いました。キリスト意識を通じて人は光のなかで目覚め、最終的に神に対する気づきを得ます。十二段階にわたる界のひとつひとつは本質的に、神に対するこの気づきの程度によって分けられています。

第十一界同様に、第十二界はあまりに素晴らしいため、多くの伝統において最上級の言葉で表現されてきました。しかしそれは、もし表現されることがあれば、の話です。昔は、ごく一部の有名な例を除き、この界の聖なる存在については大っぴらには語られないことが多く、高度な知識を得たものに対してのみ伝えられていました。現在は、じつに多くの秘教的な知識が世界的に開示されるようになったことで、こうした風潮は急速に変化しつつあります。変化は新たなチャンスを生み出すいっぽう、古いしきたりを打開しなければならないという課題も生じています。

私は自分の経験から、この界の存在との交流は人生を変える出来事だと断言できます。秘教の伝統においては、この界の完全性、すべてを包括する性質を、「原初の人間」あるいは「宇宙的人間《コズミック・マン》」として表します。カバラ信奉者は「原初の人間」の原理を詳しく述べたうえで、それをアダム・カドモンと呼びました。アダム・カドモンは神が最初に創造したものであり、そこから、光と神聖な価値・特質を帯びた原初のヒエラルキーが現れました。そしてこの創造から、カバラ信奉者が「器の破壊」と呼ぶ出来事が起こります。宇宙的人間がばらばらに壊れ、創造のさまざまな側面を形成するようになったのです。ここには、多様な界のひとつひとつが、すべてを包括する無名の聖なる第十二界の「部分」を成しているということが暗に示されています。

サーンキヤとして知られるヒンズー教の形而上学的体系も、「原初の人間」をしっかり取り上げ、プルシャと呼んでいます。プルシャは物質的生命の根本物質であるプラクリティに動きを与える永遠なる意識です。カバラにおける解釈と同様に、プルシャはさまざまな面に分かれており、十二界のひとつひとつがどのように頂点の第十二界の「部分」を成しているのかをやはり反映しています。「リグ・ヴェーダ」によると、プルシャという生き生きとした命に対する称賛からヴェーダ讃歌は生まれました。そして、その讃歌はヒンズー教の信仰全体の基盤になっています。

第十二界のメンバーは、ラーマやクリシュナなど、ヴィシュヌの化身《アヴァターラ》として知られてきました。アメリカ先住民は第十二界のスピリットを「偉大な白いスピリット」と呼び、自分たちを見守ってくれる存在としてとらえています。

いったん第十二界に進化したら、魂は求めている「神の意識」そのものになります。神に関する最高レベルの認識と理解を体現するそうした神聖なスピリットは、非常に深い悟りを開いた状態にあるため、他のヒエラルキーのメンバーには入ることができない、神の内部の聖域に入ることができます。

この界の聖なる存在は、あらゆる意味においてスピリチュアル・ヒエラルキーのリーダーです。並外れた力と任務を与えられており、前述したように、他の全界のために神の意識を活気づけます。驚異的なレベルの全知を有していて、神とともに神の計画を構想し、そのうえで、他のヒエラルキーの面々と協力してその計画の実現に携わります。

人間の暮らしをさまざまな面で導くスピリットも、第十二界にはいます。こうしたスピリットは、ひとつの国や文化をまとめて導きます。文明全体が抱える諸問題を管理する、王のような惑星スピリットさえいます。この高貴な存在は「世界の主」という名誉ある肩書きを与えられており、サンスクリット語のサナト・クマラなど、他の名前でも呼ばれます。ゾロアスター教のアフラ・マズダーも、神のこの神聖な代理人を指す言葉です。「世界の主」は天界ではヘルメス・トリスメギストス（三倍偉大なヘルメス）という名前で通っています。

ヘルメスはさらに、第十二界の別の聖なる存在に従っています。この聖なる存在は、「支配者のなかの支配者」、「国々の主」、「万物の主」といった最高の称号を与えられた、スピリチュアル・ヒエラルキーの本部にあたる天界のリーダーです。このスピリットは神との出会いへの扉であり、神の意識を得られるこの場所へと人類の意識を高める最終的な責任を担っています。

いずれ人類が変化に対する準備を整えたら、この聖なる存在が管理者としての任務を引き受け、「世界の主」になります。この出来事が起こるときには、何世紀ものあいだ、形而上学の諸学派を通じて約束がなされ、繰り返し言及されてきた、栄光に満ちた「新しい時代」が訪れます。この聖なる存在は、精神世界では主に〈英知の光の主〉として知られています。地上では、それ以上に天の主キリストとして知られる存在です。

〈英知の光の主〉

主キリストまたは〈英知の光の主〉というテーマについて、先入観なしに話すことは難しいものです。大部分の人々はキリストを、彼の名前を冠した宗教にのみ結びついた存在だと考えます。敬虔な信者にとっては、一般的なキリスト理解から逸脱した解釈は、それがどんなものであれ、神聖なキリストに対する冒瀆になります。また、スピリチュアルな真実の真の探求者の多くは、この話題を避けるか、秘教的な学びには不適当なテーマであるとみなしています。それでも、天の主キリストが世界の意識に与えてきた影響に、反論できる余地はありません。つまり、いかに不正確な説明や誤解があろうと、そこには形而上学にとって欠くことのできない、永続する原理があるということです。

まずは、この神聖な存在につけられた二つの名前の意味を押さえ、どうして二つの呼び名があるのかを理解するところから始めましょう。〈英知の光の主〉という名前は、この聖なる存在が体現し、管理している、天の力を示す光線にもとづいた名です。光のヒエラルキーというものが存在し、その偉大な力光線のひとつひとつに聖なる存在が配備されていることを思い出してください。こうした配備は、彼らがスピリチュアルな計画において果たす役割を表します。英知の光は、すべての人にかかわる力光線で、白色光のように見えますが、実際は人間に知覚できる範囲を超えた色をしています（大天使ミカエルが司る、英知をもたらす金色の光線とは別の光です）。つまり、〈英知の光の主〉という名前は、この聖なる存在が全人類のためのスピリチュアルな光線を司っていることを意味しているのです。

さて、主キリストという語は、〈英知の光の主〉と同じ存在を指しますが、これは聖なる存在の別の側面を浮き彫りにする名です。この別の側面というのが、これから詳しく掘り下げていくポイント、すなわちキリスト意識になります。キリストという語は、ギリシャ語のクリストスから来ていて、「塗油により聖別されている」ことを意味し、ヘブライ語のハ・メシアに由来しています。ハ・メシアは、神聖な油で伝統に従い聖別された聖職者や王を言い表すために、ヘブライ語の聖書で使われた用語です。第二神殿時代のイスラエルで、将来訪れる救世主的な人物に言及するために用いられるようになったその語を、キリスト教徒が救世主願望の成就を表すために使うようになりました。

スピリチュアル・ヒエラルキーは組織と同じであることを思い出しましょう。梯子の最上段には、すべての業務を監督する責任者がいなければなりません。たとえば、軍においては総司令官です。君主国なら君主、会社なら取締役会の会長といった具合です。スピリチュアルな世界に置き換えて考えると、他の存在よりも進化していて、神の指揮下で人類の全進化過程を管理する聖なる存在がいるはずだということになります。私たちが属する進化の鎖においては、この特権的な地位は、天にいる〈英知の光の主〉のものです。それぞれに天のリーダーをもっている他のヒエラルキーも存在します。しかし、人類の進化に関して責任を負っているのは、〈英知の光の主〉です。だからと言って彼が神であるという話にはならないのですが、天使や大天使よりは神に近い存在だと言えます。スピリチュアル・ヒエラルキーは彼のもとで優しく調和し、他では見られない形で協力し合いながら、動いています。

主キリストは、人と神をつなぐリンクです。折りを見て人を神に差し出すのは、天のリーダーであるこの主キリストです。主キリストがよく、私たち人間の兄と呼ばれるのはこのためです。彼は、栄光のうちにある神と、スピリチュアルな巡礼の旅の途中で進化しつつある魂としての人を、仲介する役目を果たします。神の存在をこのうえなく認識しているのが主キリストです。スピリチュアル・ヒエラルキーを通して人間に働きかけることも、直接働きかけることもあります。人が迷ったとき、〈英知の光の主〉でもある彼は道を照らし、あきらめたときには希望を、頑固になったときには忍耐を、孤独には愛を、混乱したときには理解力を与え、意識を落ち着かせるために平穏をもたらしてくれます。

人がスピリチュアルな意味で眠っているか目覚めているかにかかわらず、主キリストはその人を神と同じように愛しています。人がスピリットとしての自己に目覚めたら、この聖なる存在はその人の人生においてさらに大きな役割を果たします。主キリストは、神の真実を教えてくれる偉大な教師なのです。さまざまなレベルの意識やスピリチュアルな次元に人を導くのも彼です。また、スピリチュアル・ヒエラルキーはこの〈英知の光の主〉を通して人の前に姿を現します。

天の主キリストは、特定の宗教や信条に限定された存在ではありません。そうしたものにとどまらない存在です。イスラム教徒、ユダヤ教徒、ヒンズー教徒、キリスト教徒、仏教徒、道教信者、神道家、無神論者や不可知論者を含む私たち全員の主です。彼の存在に気づいているか否かに関係なく、人はみな、彼から愛情のこもった心遣いや配慮を受けています。

ナザレのイエスとキリスト

〈英知の光の主〉であるところの主キリストを、人間としてのイエスや形式化したキリスト教と結びつけるのは混乱のもとです。そうした考えは、キリストをひとつの宗教に限定するようなものです。混乱を避けるためには、人間イエスと天の主キリストを区別して考える必要があります。

二千年前に地球にやってきた人間イエスは、たしかに神話などではありませんでした。彼はまさに現実の生身の人間で、スピリチュアルな真実について非常に深い理解を有していました。高度な知識を得ていたことから、イエスはスピリチュアル・ヒエラルキーによってキリストの代弁者になるよう選ばれましたが、イエス自身は天の主キリストではありませんでした。ここが非常に重要なポイントです。イエスは主キリストではないのです。〈英知の光の主〉は、物質的な身体に宿るには包括的すぎる存在です。人間イエスが主キリストの任務に着手すると、主キリストはイエスに影を落とし、そこから伝道活動が始まりました。この「影を落とす」というのは、降霊的な意味ではなく、聖なる存在を仲介する輝かしい存在として光を投げかけたという意味です。イエスは影を落とされた時点で、授かった力ゆえにイエス・キリストとなりました。それ以来、イエスは本物の権威をもって教えを説くことができるようになったのです。

イエスと主キリストを分けて考えるという発想は、新しいものではありません。薔薇十字団員はこの区別をします。キリスト教神秘主義者マックス・ハインデルは、イエスとキリストの違いについて説いていました。グノーシス派も、イエスとキリストをはっきり区別しました。イエスは洗礼の際にキリストが影を落とした聖人であり、キリストはイエスが磔にされる前に彼のもとを去ったと彼らは考えました。グノーシス派にとってのキリストは、人類が自分自身のうちにある神性に気づけるようにするために、プレロマまたは天界と呼ばれるところから地球に降りてきた聖なる存在、すなわち霊体《アイオーン》でした。イエスは、キリストが選んだ特使だったのです。

イエスと主キリストの関係を解く手掛かりは、『新約聖書』にいくつか見つけることができます。イエスが人として経験した出来事は、彼の人間性をまさしく反映するものです。試練は、主キリストではなくイエスを試す試練でした。荒野の誘惑は、イエスが主キリストの伝道活動を開始する準備ができているかどうかを確かめるテストであり、ゲッセマネの園における苦悶も同じく、一身を犠牲にする覚悟ができているかどうかを確かめる試練でした。実際、神秘主義者たちは、イエスの人生は命の冠を授かるために誰もが経験しなければならない一連の通過儀礼を示す例であると認識しています。このことは、十字架にかけられたイエスが「神様、どうしてあなたは私を見捨てたのですか」と叫ぶ瞬間に非常に痛烈に表現されています。究極の通過儀礼を目の前にしたとき、人が感じるこのうえない空しさを示した例であり、イエスはこの通過儀礼を見事に乗り越えたのです。

いっぽうで、「私は復活であり、命である」のように、「私は〇〇である」という形で重要な断言をするときの超越者イエス、すなわち神の言葉としてのイエスについては、どれも明らかに、イエスを媒介にして現れたキリスト、または〈英知の光の主〉を描写しています。イエスが起こした数々の奇跡は、聖なる存在、特に主キリストの助けがあって初めてなされたものでした。それでも〈英知の光の主〉は、「私自身は何者でもない。私のうちにおられる父が、その業を行っておられるのである」という不朽の言葉によって、神の面前においては自分など取るに足りない存在であるとはっきり示すのです。崇高な存在ではあっても、主キリストは神ではないことをあらためて思い出させてくれる言葉です。スピリチュアルな面で達成しなくてはならない、より困難な目標は常にあり、主キリストでさえ上を目指しているのです。

イエスによる伝道活動が唯一無二だった理由、そしてイエスとキリストがしっかりとつながっているように思える理由のひとつは、キリストの教えが一般の人々に直接的にもたらされたのはこのときが初めてだったからです。〈英知の光の主〉が特使のひとりを通して公然と自分自身について語りはじめたのは、このころからでした。しかし、イエスや彼に同調した多くの人たちによる伝道は、ひとつの集団のために意図されたものではありません。スピリチュアル・ヒエラルキーがもたらしてくれた秘教的な知識や啓示は、世界全体に向けたものでした。これは非常に重要な点です。イエスの伝道のそもそもの目的も、人類の発展とヒエラルキーによるその管理において、新しい段階に進む道を準備することにあったのです。

つまり、神を理解したければ主キリストを理解しなさいということです。私が透視能力で得た最も喜ばしい体験のひとつは、この主キリストとの邂逅です。〈英知の光の主〉へとつながるルートを築くことにより、人は神へとつながるルートを築けます。

主キリストとの邂逅

主キリストに最初に接したのは二十代後半のころです。私はロサンゼルスに家族と住んでいて、夜遅くのことでした。家族は外出していたか、眠っていました。私の人生において、比較的穏やかな時期でした。仕事は単純な販売の仕事をしていましたが、幸せでした。形而上学的なキャリアにはまだ取り組んでいなかったものの、スピリチュアルな力を再び呼び覚まし、良い手応えを得ていました。さまざまな聖なる存在から継続的に着実な指導を受け、のちに教える立場になったときに用いることになる素晴らしいインスピレーションを受け取っていました。

私は、自由な時間があると当時よくそうしていたように、自分の部屋で本を読んでいました。すると、信じがたいスピリチュアルな存在が現れました。その純然たるスピリチュアルな力は驚異的でした。彼はいい意味で、まさに王にふさわしい、真の気高さを湛えていました。人間の君主が漂わす華やかさや物々しさなど、色あせた風刺画に思えてしまいます。彼は背が高く、とてもきれいではっきりした顔立ちをしていました。あたたかく、魅惑的で、熱心な表情を浮かべています。誰なのかはわかりませんでしたが、それまで出会ったなかで最も驚異的なスピリチュアルな存在であることは間違いありません。オーラはとても大きく広がっていて明るかったため、一部しか識別できませんでしたが、それまで見たなかで最もまぶしいオーラでした。

彼は私を観察しているように見えました。そして静かに伝えてきました。

「あなたの様子を見にきました。私たちが向こう側であなたを助けているということを知らせるためにやってきたのです」

少し経つと彼は素早く去りました。私は心から嬉しく思いましたが、当惑もしていました。この体験は何かに対する準備のようだと感じました。

のちに精神世界を探究していると、〈英知の光の主〉に会わせると言われました。私は、精神世界にある〈英知の光の主〉の神聖な神殿に連れていかれました。〈英知の光の主〉は多くの天使や聖なる存在と一緒にそこにいました。自らの栄光のなかにある〈英知の光の主〉はじつに巨大でした。身長は九メートルほどあり、オーラは数十メートルにわたって広がっています。その顔を見た私は、家に現れたのと同じ存在だということに気づきましたが、神殿で見る彼はさらに輝かしく、偉大でした。〈英知の光の主〉は私と他の人たちを祝福しました。彼がわざわざ私の様子を見にきてくれるのだと考えると、とても謙虚な気持ちになりました。

主キリストのオーラには多くの独特の性質があります。第一に、彼自身の大きさと荘厳さです（図表4［口絵4」を参照)。言葉にできないほど美しいその体は、背丈が九メートルはあります。たいてい白と青のローブを着ている彼の頭上には、神から与えられた、色とりどりの光を放つ素晴らしい王冠があり、彼の神聖な職位を示しています。主キリストはヒエラルキーがマスターと呼ぶ唯一の存在です。頭上にはまた、七つの燃え立つような金の星も並んでいて、彼が第十二界において高い地位にあることを表しています。星のすぐ下にある明るい緑色をした光の球が、主キリストのハイヤーセルフ・ポイントです。彼はこのハイヤーセルフ・ポイントを使って、自分よりもさらに上の存在と個人的につながります。しかし、他の聖なる存在のように光を送るためにこのハイヤーセルフを使うことはありません。主キリストのハイヤーセルフはそもそも、複雑な作りにはなっていないのです。〈神の光〉と知恵を送ることに関しては、他の手段をもっています。また、オーラの外殻もありませんが、これは体がとても強く外殻を必要としないためです。神聖な体のなかにある四つのチャクラには、エネルギーを送受信する非常に高い能力が備わっています。

外側のオーラは、中心となる色は紺青色《ロイヤルブルー》で、金とピンクのエネルギーが混じった状態でキラキラ輝き、数十メートル先まで広がっています。その筋状の光はまばゆく輝きながら、優美に重なり合っています。このように印象的な外側のオーラに加え、一筋の垂直の光が体の中心を通るようにしてオーラの領域全体に伸びています。そして、もう一筋の光が神聖な体を水平に通ってオーラの幅全体に広がり、上下左右の長さが均等な十字形を作り出しています。十字架と混同しないでほしいのですが、十字は天界において非常に深遠とされる形状であり、スピリットが物質に入り込むことを表します。〈英知の光の主〉は、この神秘な結合を具現しているのです。十字形のエネルギーは白っぽく見えますが、実際には、物理的なスペクトルには存在しない色をしています。最も驚異的なのは、〈英知の光の主〉はこの十字形の上であればどこからでも、自分が望むあらゆる場所に光や力を送れるということです。

図表４　英知の光の主（主キリスト）

このように非常に大きくて高尚な存在であるため、〈英知の光の主〉は明らかに、絵に描くにはきわめて難しいテーマです。しかしここでもアーティストは、〈英知の光の主〉の雰囲気や荘厳さを見事に表現してくれました。

〈英知の光の主〉に接した経験については、あまりに神聖なのでこれ以上言葉にするのは無理です。私たちはみな彼に愛されていますし、遅かれ早かれ、彼に会うことになります。自分なりのやり方で、誰もが〈英知の光の主〉に親しんでいます。私が自分のもっているスピリチュアルな才能を完全に呼び覚まし、今の仕事を行う才能を得られたのは、この存在のおかげです。そうして能力を授かることがなければ、この本の執筆もできませんでした。

キリストを疑問視する人、その正体や存在を疑う人には、彼のような存在は他にはいないとお伝えします。彼は人間の想像以上にリアルで、力強く、愛に満ち、人と密接につながっています。どうかキリストに対するよくある誤解によって、彼と個人的につながることをあきらめたり、彼の真価を見くびったりしないでください。彼は人類の過ちなどはるかに超える存在であり、常にそばにいて、神の栄光のために働く準備を整えています。他の聖なる偉大な存在と同様に、キリストは私の人生を通じて、進化やさまざまな形而上学的体験の導き手でした。

キリスト意識を呼び覚ます

この章を締めくくるにあたり、実際に存在する主キリストに加えて、キリスト意識というものがあることをお話ししたいと思います。この意識は、人が命の神聖なプロセスを理解できるように与えられる意識です。

天の各界はキリスト意識の段階と対応しています。この意識は人が自らの神性を理解するのを助けます。神の計画を鮮明に示し、人がより高いレベルの意識とつながるのを助け、聖なる存在とより良い関係を築けるようにします。最終的に人はこのキリスト意識の力を借りて、直接神を知覚できるように天の家へと帰るのです。

聖なるキリスト意識は、私たちひとりひとりの内部で小さく閃いています。〈内在するキリストのスピリット〉とも呼ばれるこの閃きは、人の頭のチャクラすなわちメンタル・チャクラに位置します。〈内在するキリストのスピリット〉は高次の存在からの贈り物であり、実際には人のスピリチュアルな構成要素ではありません。意識が強ければ、内在するスピリットは輝き、活発で、精力的になります。しかし残念なことに、この閃光はとても小さくしか見えないことがほとんどです。光が弱いということですが、これはつまり、その人が自分のうちにある神聖な力をうまく発揮できていないということです。〈内在するキリストのスピリット〉の意識を呼び覚ますことに無頓着な人が少なくないのは悲しむべき事実です。その気になって取り組めば、人生はずっとよくなるからです。

〈内在するキリストのスピリット〉は、人が有している意識のなかでもきわめて重要なレベルの意識です。人は徐々に神に対するこうした気づきを高めます。日々瞑想して祈り、無条件に愛することを学ぶにつれて、つまり〈神の光〉の原則を生きるにつれて、〈内在するキリストのスピリット〉の力は徐々に強さを増します。人はスピリチュアルな上昇において、このスピリットの意識を通じ、自らに明かされる神の神秘を手にします。スピリットの力は少しずつ活性化されて、より多くのスピリチュアルな気づきを与えてくれます。

〈英知の光の主〉とキリスト意識につながるための瞑想の祈り

天の父であり神聖な母である神様、私は〈英知の光の主〉からの祝福をお願いします。あなたが私の兄であること、そしてスピリチュアル・ヒエラルキーを導いてくださっていることに感謝いたします。進化の過程にある私を上へと導くためにしてくださっているすべてのことに感謝いたします。それが御意志であるならば、あなたの力光線を私に投射して、私自身のキリスト意識、すなわち〈内在するキリストのスピリット〉を呼び覚まし、神の栄光を垣間見られるようにしてください。

第9章　スピリチュアルな教師

生徒の準備ができたとき、教師は現れる。

――作者不明

十一歳のとき、私は多くのスピリチュアルなビジョンを見たり、聖なる存在の訪問を受けたりしていましたが、それが一体何を意味するのか理解していませんでした。そのころ、形而上学は一般的な話題ではありませんでしたし、資料を手に入れたり、疑問の数々に答えてくれる人を見つけたりするのは、私にとって難しいことでした。そうした状況が一変したのは、私にとって最初のスピリチュアルな先生となってくれたドロシー・ラ・モスに出会ったときです。

当時、私はミズーリ州のカンザスシティーに住んでいました。父が新しい教会を開き、信徒を集められるように、家族でカンザスシティーへ引っ越したのです。私には六人のきょうだいがいましたが、私が授かったスピリチュアルな才能については誰にも理解してもらえなかったので、話さないことにしていました。透視体験について話すと、必ずトラブルに巻き込まれていました。

私は演劇が好きで、十一歳のとき、ドロシー・ラ・モスが主宰する地元の劇団に加わりました。ドロシーは中西部でも屈指の劇場専属劇団を率いる人物として有名で、私は彼女と一緒に過ごす時間を楽しんでいました。ドロシーは、非常に外向的で知識のある人でした。私が会ったとき、彼女は五十代で、大きな体格をしていました。夫はすでに亡くなっていて、こじんまりした家でひとりで暮らしていました。そのときの私はまだ、オーラの色や構成が何を意味するかについて理解していませんでしたが、ドロシーのオーラには特に感銘を受けました。厳しい指導を受けることはあっても、ドロシーと一緒にいると楽しいことだけはたしかでした。

ある日のこと、取り組んでいた劇のリハーサルが終わると、話したいことがあるので土曜日にひとりで家に来るようにとドロシーに言われました。私の演技に不満があるので劇団を辞めるよう言われるのではないかと、少し不安でした。しかし、家を訪れてもドロシーは演劇についてはまったく話しません。彼女は私に、どのように物が見えるか尋ねました。私は、他のみんなと同じようによく見えると言いました。するとあらためて、どのように見えるかと聞かれたので、ようやく彼女が何を言っているかを理解しました。

「あなたはオーラが見えるのね」と、彼女はやっとのことで言いました。

「オーラと呼ばれているの?」と、私は思わず聞き返しました。自分が見ているものを指す言葉すら、当時は知らなかったのです。

ドロシーにもオーラが見えることがわかりました。彼女はヘルメス科学者で、三世代にわたって続く家系の出身だったため、形而上学の技法に熟達していました。ドロシーは毎週土曜日に私を家に呼び、私のスピリチュアルな才能について個人的に教えてくれるようになりました。こうして、私にとって最初の形而上学の訓練が始まったのです。

不思議な時間でした。ドロシーは私に〈神の光〉を使った瞑想を教えました。ドロシーと瞑想状態に入ると、美しい光線が見えました。一緒に取り組むうちに、オーラもよりはっきりと見えはじめました。こうした訓練を何週間か続けた後、ドロシーはヘルメス科学の原則を教えてくれるようになりました。古い手書きの本を使い、そこに記されている神聖な英知について教えてくれたのです。しばらくすると、彼女は私にそうした書物を読ませてくれるようになりました。素晴らしい内容でした。オーラの多様な面を描いたイラストやスケッチもあります。オーラの構造や、さまざまな色のエネルギーがもつ意味について学ぶことで、私はオーラを解釈できるようになりました。

ドロシーはオーラや透視に関する知識を私に与え、スピリチュアル・ヒエラルキーに関する初歩的な理解を含む形而上学的な事柄についてたくさんのことを教えてくれました。当時、私はスピリチュアルな道を歩むことや、のちに自分がそれを教えることになるかもしれないなどとは考えていませんでした。それでもこの経験を通して、自分の才能にずっと自信をもてるようになりました。こうした才能をもっているのは自分だけではないと知ったのです。ドロシーはスピリチュアルな母親のようでした。私はまだ劇団に所属し、その活動に参加していたので、私の家族を含めて他の誰も何が起こっているかをまったく知りませんでした。

訓練は何か月も続きました。私の家族がカリフォルニアへ引っ越すことになり、ドロシーとの訓練を打ち切らなければならないことを知った日は、悲しい日でした。私たちはお互いが好きで、学ぶことはまだまだたくさんありました。私は、ドロシーがしてくれたすべてのことにとても感謝していました。彼女は私の人生を変えてくれましたし、私はもっと学べたら良かったのにと思いました。ドロシーは、瞑想を続けて光との交流を続けるようにと強く勧めてくれました。

残念なことに、カリフォルニアに引っ越した当初の私は少し怠けてしまい、するべき瞑想をしませんでした。何となく、ドロシーの助けなしにうまくできるとは思えなかったのです。体験したことを話す相手が誰もいない状況に、私は再び陥っていました。このころの私は形而上学的な事柄を追求しないことに決め、周りに「合わせ」、他のみんなと同じような普通の人になろうとしていました。もちろん、神なる存在は別の計画を立てていて、しばらくすると聖なる存在がよりはっきりと姿を見せはじめる時期に入ります。そしてその後、私は自分のスピリチュアルな力を完全に開花させて神なる存在とつながるのを手伝ってくれる別の先生に出会いました。その先生が、私が教師になれるように力を貸してくれたのです。

スピリチュアルな教師に師事する重要性を示すために、ひとつ話をします。教師は人が聖なる存在との関係を築くうえで欠くことのできないパートナーです。肉体をもつスピリチュアルな教師が必要かどうかについては、さまざまな議論があります。今日の世界では、権威に対する不信がありますが、これは権威というものが自立した精神に反しているように思えるからです。その結果、多くの人が自分だけでスピリチュアルな梯子をよじのぼろうとしています。多くの異なる情報源から知識を集めて、独自のスピリチュアルな道を創り出そうとします。知識を集めることは素晴らしいことですが、教師の代わりにはなりません。実際のところ、人にはスピリチュアルな教師が必要なのです。神に不可能はないので、人が独力で目標を果たすのが不可能だとは言えませんが、よりゆっくりで難しいプロセスになるとは言えるでしょう。

スピリチュアルな教師とは正確には何なのでしょう。スピリチュアルな知識や透視体験を分かち合える人はたくさんいますが、だからと言ってその人たちが本当の意味でのスピリチュアルな教師であるということにはなりません。〈神の光〉の教師とは、人が自分のスピリチュアルな可能性を最大限に開花させられるように力を貸せる人です。力を貸せるのは、教師である自分自身がそのような域に到達しているだけでなく、教師になるための訓練を長年にわたり受けているためです。本物の教師は、聖なる存在と直接つながるパイプになるための橋をすでに確立していて、生徒が自力で直接知を得られるまで、スピリチュアル・ヒエラルキーの特使として働くことができます。だからこそ、生徒がスピリチュアルな可能性を最大限に発揮できるよう助けることができるのです。スピリチュアルな教師は、生徒が直接スピリチュアル・ヒエラルキーとつながるためのリンクの役割を務めます。教師と生徒のこうした関係は、最も神聖な関係のひとつです。教師は生徒の代わりに成長することはできませんが、生徒を導き、スピリチュアルな梯子をのぼる力を与えることができます。

スピリチュアルな面での教育は、偉大な形而上学的訓練所においては古くから続く伝統としていつの時代も行われてきたものです。西洋の伝統において、形而上学的訓練所のリーダーは、秘儀の司祭として知られていました。秘儀の司祭は、高次との直接のつながりがあり、神秘な方法で他の人を教えることができる進んだ魂であると理解されていました。東洋では、インドの形而上学に導師と呼ばれる存在がいました。導師は、弟子を覚醒に導くことができる進んだ魂であると認識されていました。

特に東洋の一部の学派では、教師を崇拝するほどにまでこの伝統を取り入れました。教師を通して、実際には神を崇拝していたという意味です。私はこの方針には同調しません。どんなに進んでいようと、教師はまだ人間だからです。もちろん、教師には敬意を表してください。教師が生徒のためにしていることに感謝しましょう。教師を通して働きかけている聖なる存在も無視してはいけません。しかし、本当の意味で教師に敬意を表したいならば、その教えに敬意を表すことです。自分に与えられた修練に励むのです。

教師でいることは報いもありますが、大変です。やらなければいけないことがとてもたくさんあります。私自身、最初はこの仕事を続けることをためらいました。仕事としての価値を認めていなかったり、自分には資格がないと感じたりしたからではなく、教えることに伴う責任を知っていたからです。教師は、どんな形であれ生徒を誤って導いたなら、カルマに縛られます。このため、私は自分が教えることは何でも注意深く実践し、本当に効果があることを確かめてきました。教える内容について、自分で何らかの判断を下したり、個人的に評価したりはしません。教えは私の意識を通っているかもしれませんが、あくまでも聖なる存在の教えです。私は教えるというこの仕事のあらゆる面において、彼らを完全に信頼しています。

物質界に拠点を置く教師たちのヒエラルキー

人間の進化にはさまざまな度合いがありますが、これはつまり、教師についてもさまざまなレベルの教師がいるということを意味します。聖なる存在にヒエラルキーがあるように、人間界内部にもヒエラルキーがあるということです。一八〇〇年代後半にスピリチュアル・ヒエラルキーの存在が人類にあらためて紹介された当初、それは進化した人間の魂による階層秩序だと思われていました。ヘレナ・ブラヴァツキーは自らが教えを受けた教師たちを「大聖」と呼び、「古代の知恵のマスター」と言い表しました。これらのマスターたちには、肉体をもつものもいれば、スピリットとして存在するものもいました。アリス・ベイリーは人類を導いている進化した人間たちのネットワークに関して、「地球のスピリチュアル・ヒエラルキー」という用語を用いました。形而上学派はほぼもれなく、その秘教的修練において人間のヒエラルキーについて教えます。一九三〇年代には、高みにのぼった人々への名誉の称号としてアセンデッド・マスターという用語が創られました。アリス・ベイリーは、人間のヒエラルキーについて見事な説明をしています。

> 地球のスピリチュアル・ヒエラルキーは物質に打ち克った人々の集まりだ。彼らは他の人々が今日歩いている道と同じ道を歩み、自制という目標を達成した。こういったスピリチュアルな人々は、物質的な領域上で自己に打ち克つために格闘し、邪気や疑念にあらがい、日々の生活において遭遇する危険や困難や悲しみと戦ってきた。さまざまな苦しみを経て、あらゆる経験を積み、あらゆる困難を乗り越えて、

成功したのだ。ここに、彼らがもつ権限の正当さ、まだもがいている人々との関係における強みと現実がある。スピリチュアルな人々は痛みの真髄を知っていて、他人の必要性を満たす手段を絶妙に判断することができる。揺るぎない愛が彼らの特徴であり、その特徴は常に全体の善のために機能する。彼らは生きるなかで得た知識をもち、時間の経過によって裏づけられた経験を有し、その経験の結果としての勇気を備えている。惑星ロゴスの目的と調和する知的で明瞭な目標をもち、神の目的の最終的な実現に対するいかなる妨害も許さない力強い意志をもつのだ。


こうした人間のヒエラルキーは、あらゆる分野の取り組みにかかわりつつ働いています。宗教や秘教の領域はもちろん、教育、ビジネス、医術、科学、創造的芸術、市政、政治の分野などに、彼らは携わっています。すべての形而上学学派が同じ言語を使用しているわけではないため、このヒエラルキーと彼らの任務の程度を表す用語には違いがあり、わかりにくいこともあります。また、教え自体にも若干の混乱があり、一般の人々に公開された初期の資料には不正確な部分もありました。さらに、この聖なる人々について事実を歪めて伝える諸派がのちに現れて、混乱を増したという事実もあります。以下に紹介する階層秩序は、精神世界で使われるものですが、異なる用語も使われていることもお伝えしておきます。

このヒエラルキーは、1．弟子《チェラ》、2．初心者《ネオファイト》、3．入門者《イニシエート》、4．使徒《デサイプル》、5．精通者《アデプト》、6．聖人《セイント》、7．化身《アヴァターラ》、8．仏陀《ブッダ》、9．神秘能力者《ミスティック》、10．天のスピリチュアルな教師、という順で序列化されています。

弟子から見ていきましょう。弟子《チェラ》は、「生徒」を意味するサンスクリット語のチェタから来ています。弟子は、自分のスピリチュアルな力を高めて、最終的に悟りを得るための訓練を受ける準備ができている魂です。本物のスピリチュアルな教師の指導のもとにあり、本格的に神秘の道を歩みはじめています。

次の段階は、初心者です。初心者《ネオファイト》は、スピリチュアルな奥義の候補者を示すために西洋の神秘主義の伝統において使われる用語です。よく弟子と同義に使われますが、秘教的には、初心者はより高い発達レベルに達しており、入門の試練を経る準備ができています。初心者は、弟子がまだ得ていない高次とのつながりを確立しています。

その次に、入門者がきます。入門者《イニシエート》はさらに高次の性質に達しています。低次の性質から抜け出して復活し、不滅の自己を獲得しています。これは覚醒の第一段階です。入門者はここから、長いあいだ潜在的だったスピリチュアルな力がゆっくりと優雅に目覚めるにつれ、素晴らしい成長を遂げていきます。透視のようなスピリチュアルな才能を徐々に呼び覚まし、最終的に覚醒するのです。高次から任命を受けて本物のスピリチュアルな教師になれるのは、この段階です。

非常に発達した入門者の有名な例はパラマハンサ・ヨガナンダです。私は光栄にも彼のビジョンを見たことがあります。そのとき彼は、すでに死後の世界にわたっていました。カリフォルニア州エンシニータスにあるヨガナンダの家を見学にいった私は、彼の寝室にいたのですが、突然、部屋の隅に彼の姿が見えたのです。ヨガナンダは瞑想をしていて、深いトランス状態に入りかけていました。高次のエネルギーに満ち満ちていて、美しく明るいオーラを帯びていました。死後の世界から来た他の人たちも、その場で彼と瞑想をしていいます。ヨガナンダは特に話しかけてくることはありませんでしたが、自分の姿が私に見えていることには気づいていました。ヨガナンダの波動に同調すると、私は皮肉にも悲しみを感知しました。理由はよくわかりません。おそらく彼は人生の全盛期に地球を去ったことに不満を抱いていたか、何かが望み通りに進んでいなかったのでしょう。

入門者の段階に到達したら、驚異的に高いレベルに到達していることになりますが、進化はここでは止まりません。自分のスピリチュアルな力をすでに開花させているので、今度はそういった力をより完全に拡大し、使うときです。入門者の次は、使徒になります。使徒《デサイプル》という身分に関する一般的な解釈は、見習いであることと類似しています。これは、使徒が到達しているスピリチュアルな高みに反するように聞こえるかもしれません。しかし、スピリチュアルな進化が永遠のプロセスであることを思い出してください。ヘレナ・ブラヴァツキーが言ったように、「あなたは、完全から完全に成長します」。つまり、これは天の使徒としての身分なのです。まだ地上に転生している最中ではありますが、人はこの段階で天界と天の神秘の使徒となります。アセンデッド・マスターという最近の用語は、天の領域にわたった人に与えられる名誉の称号です。

　天の使徒としてのこの身分からは、精通者と聖人という、驚異的なレベルの進化段階へと進みます。精通者《アデプト》と聖人《セイント》という二つの段階を通じ、人は新しいレベルの認識とスピリチュアルな力を手にします。そしてさらに、化身のレベルへと上がります。化身《アヴァターラ》または神の化身には、他者を助けるという目的がある場合を除き、人として地球に来る必要はないという誤った考えがありますが、これは真実でありません。化身はスピリチュアル・ヒエラルキーの特使であるだけでなく、〈神の光〉のなかでなお学び、成長している途中です。この段階では、驚異的なスピリチュアルな力と能力への扉が開かれます。

　それから、仏陀の段階がきます。仏陀《ブッダ》になった釈迦の人生と教えが、この段階を見事に表しています。そしてその次の段階で、人は完全なる神秘能力者になります。神秘能力者《ミスティック》の段階では、物質的な世界での経験を総括し、極致へと至らしめます。スピリチュアルな進化の過程において行けるところまで行けているものの、まだ物質的な体に住んでいる状態です。

　以上の段階を通して、人はまさに超人的にも思える能力や認識レベルを獲得していきます。遠い昔から、偉大な預言者や賢人、スピリチュアルな指導者の多くは、進化におけるこういった段階にありました。さらに、このレベルにある多くの魂は目立たぬところで活動し、自分の存在を知らせません。彼らは先駆者です。何より素晴らしいのは、こうした段階的進化が選ばれた少数の人々のためだけにあるものではないということです。私たちはみな、神へと戻る旅においてこういった高みに到達する運命にあるのです。

いったん神秘能力者のレベルに達したら、物質的な体をもった状態で可能なかぎり進化しています。地球が教えるすべてのレッスンを実際に学び、物質的な体でできる最大限までスピリチュアルな力を開花させ、物質的な世界をしっかりと掌握しています。

天のスピリチュアルな教師

神秘能力者の段階を終えたら、地上での物質的な生活は終わりです。スピリチュアル・ヒエラルキーの特使となり、人類に対して色あせることのない貢献を成し遂げています。ここからスピリチュアルな旅における最も素晴らしい過程が始まります。訓練を受けてスピリチュアル・ヒエラルキーの一部となり、天の家へのスピリチュアルな巡礼を完了するのです。

この発達レベルにある魂には、多くの性質や特徴があります。天使や大天使をはじめとする聖なる存在と協力して働きながら、自身のスピリチュアルな旅も続け、はるばる天の家へと至りますが、そこが人間界での長い巡礼の旅の最高到達点です。このレベルの魂には、地上の事柄にはもはや関与しないものもいます。しかし、人間と密に接する特殊な魂もいて、聖なる人間の教師として知られています。

天使の進化の過程に教育の天使という段階があったのを覚えているでしょうか。教育の天使は人に直接割り当てられて、その人の進化を導きます。いっぽう、この教師役の天使とは別に、聖なる人間の教師もいます。この教師は、教育の天使と交流する準備がまだできていない人に割り当てられます。自分のスピリチュアルな可能性に気づいていないせいで、秘教的な教えに取り組む準備ができていない人を、特に助けます。

聖なる人間の教師は素晴らしい存在です。オーラは非常に発達していて、かなり遠くまで広がっています。もし会える幸運に恵まれたら、神聖な存在を前にしていることがすぐにわかるでしょう。ひとりの人に数名の先生がつく場合もあります。一度に全員つくわけではなく、必要に応じてついたり離れたりします。教師には専門分野があります。ヒーリングの専門家もいれば、スピリチュアルな成長を助ける専門家や、創造性を伸ばしてくれる専門家もいます。ここからわかるのは、地上で過ごすあいだ人は決してひとりではないということです。

スピリットガイド

人間のスピリチュアル・ヒエラルキーのなかでも、大変よく知られているのがスピリットガイドです。ニュー・エイジ系の多くの流派では、助力と支援を得るためにスピリットガイドを呼び出すのが一般的です。スピリットガイドという言葉は、一八〇〇年代に始まった心霊主義《スピリチュアリズム》の諸派によって広まりました。大部分のサイキックや霊媒師は、スピリットガイドとの交流について話します。それは通常、この世に転生して生きている人間を導いたり守ったりする、肉体をもたない霊を指しています。心霊主義の教会は、物質世界を超えたところにある命を証明することに重点を置き、自分たちが立てた仮説を実証するために心霊現象を研究しました。霊媒師が死後の世界にいる誰かと交信するときには、スピリットガイドを通じて、交信したい相手を呼び出していました。

スピリットガイドという言葉がより一般的に使われるようになると、家族や親せきから、天使や自然のスピリットに至るまで、死後の世界とのつながりをもっているスピリチュアルな存在をほとんど含んでしまう言葉になりました。しかし、こうした一般化は正確でありません。スピリットガイドは、誰かの助けになりたくて精神世界からやってきた存在なら何でもいいわけではありません。たしかに、大好きだったけれど亡くなってしまった叔父さんや叔母さんが愛や支援を届けにやってくることはありますが、だからと言ってその霊が甥なり姪なりのスピリットガイドだという話にはならないのです。私はかつて交通量の多い通りを横切ろうとしていたとき、すでに亡くなっていた私の名づけ親が「下がって！」とギリシャ語で言う声が突然聞こえたのを覚えています。言われた通りに後ずさりしたとたん、一台の車が曲がり角を高速で回り込んできました。私にはその車が見えていなかったので、注意する声が聞こえていなかったら、間違いなく轢かれていたはずです。私の名づけ親は、その日、私の命を救ってくれました。私は心から彼女を愛していました。しかし、だからと言って彼女がスピリットガイドだとは言えないのです。

スピリチュアル・ヒエラルキーという観点から見ると、スピリットガイドはその階層において一定の地位にあります。スピリットガイドは入門者のレベルにある魂で、精神世界に住んでいます。スピリットガイドは肉体をもつ本物の教師をまだ見つけていない人たちにとって、特に大きな助けとなります。地球に拠点を置く教師をもたないまま、天界にいる教師と直接つながるのは大変です。向上心をもつ人が本物の教師を見つけられるまで、スピリットガイドは聖なる人間の教師や教育の天使とのつながりを作るリンクの役目を果たします。

スピリットガイドは、この道をまだ歩みはじめていない人々にとってもとりわけ重要です。スピリットガイドが霊媒師や霊能力者にとても人気がある理由は、他の高次よりも波動の面で私たちにより近く、サイキックな経路を通してコミュニケーションをとることができるからです。天界にいる教師や天使とはサイキックでは効果的に交信できません。

スピリットガイドは人生の多くの領域で支えとなってくれます。彼ら自身が覚醒しているため、教えを授け、知識をもたらすことができます。スピリットガイドは、教師の仕事を手伝います。教師よりも私たちに近いため、より簡単に心を通わせられることも少なくありません。しかし、人のスピリチュアルな進化について責任を負っているのはその人の先生ですから、スピリットガイドはその教師の指揮下にあることを忘れないでください。こうした背景があるため、形而上学ではスピリットガイドの助けに敬意を払い、感謝するように教えますが、本当につながるべきはスピリチュアルな先生ということです。先生と強いつながりを作ることに関しては、第14章であらためてお話しします。

私は、何年も前にスピリットガイドと素晴らしい交流をしたことがあります。上の子のヴァシリ（当時はビリーという英語の名前で呼んでいました）は十歳くらいのとき、つらい日々を送っていました。とても良い子で、絵を描くことと自転車に乗ることが好きで、勉強も得意でした。父親は数年前に他界し、私は母と一緒に暮らしながら彼を育てていました。家庭内でさまざまな変化があり、私はあまり家にいませんでした。のちに彼は非常に外交的になりましたが、当時は少し恥ずかしがりやでした。友人はいたものの、内面では孤独で、傷ついているのがわかりました。彼のためにどうしたらいいか、私にはわかりませんでした。

そのころ、私は師のアイネズとの厳しい訓練を終えたばかりで、聖なる存在をより計画的に呼ぶ方法を学んでいました。私は、ヴァシリのためにスピリットガイドを呼ぶのはどうだろうと考えました。通常、スピリットガイドは大人の周辺にきます。子どもと相性が良いのは守護天使ですが、私はヴァシリをしっかり理解してくれる存在も欲しいと思いました。私がお願いをしてから一両日のうちに、一風変わったスピリチュアルな存在が私の部屋に現れました。彼はアメリカ先住民のように見え、伝統的な衣装を着ていました。背が高くて、非常に力強く、ダイナミックな外見でした。光を帯びて輝いています。私はすぐに、お願いしたスピリットガイドだと理解しました。彼の周囲を取り巻く淡青色《パウダーブルー》の光は、創造力とインスピレーションを表していました。私はこの光を見て喜びました。ヴァシリも同じく非常に創造的な子だったからです。このスピリットガイドがヴァシリの創造性を伸ばす力になってくれるかもしれないと思いました。スピリットガイドは最初は話しませんでしたが、やがて、自分はトール・パインという名前で、ヴァシリの力になろうという考えを送ってきました。

トール・パインは、ヴァシリが他の子たちと遊んでいるときによく姿を見せるようになりました。私には、彼がエネルギーを送り、ヴァシリを元気づけているのが見えました。ヴァシリに気づかれることなく支援し、エネルギーを通して励ましていました。こうしたことが数か月間続いたあと、私はヴァシリのふるまいの変化に気がつきました。ヴァシリは以前より自信に満ち、外向的になっていました。たくさんのスピリチュアルな可能性をもっていて直感力が強い子でしたが、何が起きているかはわかっていなかったと思います。私は、トール・パインの助けに深く感謝しました。

ある日、トール・パインがやってきて、役目は果たしたので帰ると告げました。ヴァシリは心配ない、すべてが順調にいくと、彼は言いました。ヴァシリが得た自信は消えることなく残り、そのまま深まっていきました。もちろん、これは彼自身の人格形成が進んでいったということですが、私はトール・パインが与えてくれたポジティブな影響に感謝しました。のちに私は娘のリアのためにも似たようなことをしました。彼女のスピリットガイドはレッド・フェザーという名前で、大いに彼女を助けてくれました。

スピリットガイドとつながるための瞑想の祈り
天の父であり神聖な母である神様、私はスピリットガイドからの祝福を求めます。その輝く魂が、私がスピリチュアル・ヒエラルキーとつながるのを助けてくれていることに感謝し、今必要な導きと指南をすべて受け入れます。

個人的体験

本物のスピリチュアルな教師による指導がいかに重要かをお伝えするために、私の人生において助けとなってくれたスピリチュアルな教師に関する話をしましょう。それはアイネズ・ハードという先生でした。すでに軽く触れましたが、ここではより詳しくお伝えします。二十代のときに私はアイネズに出会いました。私はカリフォルニア州ロサンゼルスに住んでいて、個人的に大変な時期でした。二人の子どもを（母と姉の助けを借りつつ）ひとりで育てていて、カフェテリアで日々単調な仕事をしながら生計を立てようとしていました。

スピリチュアルな面では、スピリチュアル・ヒエラルキーの力を借りて驚くべき内なる進化の過程をひとつ終えたばかりでしたが、どこか物足りなさを感じていました。スピリチュアルな体験も内なる知識も増やせているのに、増やすことでどこに向かっているのかはっきりしないのです。何らかの形で他の人に話すことになっているということだけはわかっていましたが、教える仕事へとつながる扉はまだ開いていませんでした。

ある日、私の働いているカフェテリアにひとりの男性が来て、自分が教えを受けているスピリチュアルな先生について話しはじめました。アイネズ・ハードという名前でした。男性がアイネズについて話すと、私は彼女を取り巻くたくさんの光と力をすぐに感じ、彼女がとても特別な人であることを理解しました。私は、彼女のクラスに参加できないだろうかと男性に尋ねました。男性は、クラスは非公開で行われているのでアイネズに尋ねてみると言ってくれました。驚いたことに、翌日にはアイネズ自身が電話をかけてきて、参加してもよいと言ってくれました。

アイネズはカリフォルニア州グレンデールに住んでいて、自宅でクラスを開いていました。道の角を曲がり、彼女が住んでいる区画に入ると、大きな力を感じたため、番地の表示を見なくてもどの家が彼女の家かすぐにわかりました。アイネズに会うとすぐにつながりを感じました。素晴らしいオーラをしていて、私はすぐに彼女が気に入りました。アイネズはおよそ二十人の生徒がいる上級者グループを教えようとしているところだったのですが、私には自分の隣に座るように言いました。講義が始まると、アイネズは莫大な量の知識と深い認識の持ち主であることがわかりました。彼女は非常にダイナミックでしたが、とても面白くもなれました。輝きに満ちあふれ、その部屋にいる誰もが彼女とその教えに深く傾倒しているのは明らかでした。

アイネズは、ブラザーAというシンプルな名を名乗る聖なる存在を通して教えをもたらしはじめました。アイネズは霊媒師ではありませんでしたが、スピリチュアル・ヒエラルキーとは非常に親密な関係を築いていました。彼女は訪れた重要な教えに対し、ブラザーAの力を借りて取り組みました。生徒たちはその教示に強い刺激を受けています。しかし教えているアイネズはしょっちゅう私のほうを向き、まるで私が彼女の話している内容に精通しているかのように、「そうですよね、バーバラ」と繰り返し言うのです。他の人たちは、アイネズとやけに親しげなこの見知らぬ女性は誰だろうと不思議そうにしていました。アイネズはあたかも私が彼女と同等の立場にあるかのように話しました。私は、ブラザーAがアイネズを通して私にアピールしているのも感じました。

レッスンの後、アイネズは私に、二人だけで話したいからまた来るようにと言いました。私は言われた通りに彼女のもとを再び訪れ、あらためて彼女と個人的に意気投合しました。私たちはお互いがとても気に入りました。アイネズは、私のスピリチュアルな才能に気づき、私は非常に特別な存在だと言いました。また、私の魂は進化しているけれど才能を引き出すには助けが必要だから自分のもとで学ぶようにと言いました。数年前に聖なる存在が私に告げたこと、つまり、私はスピリチュアルな教師になる定めにあるということを、アイネズはあらためて私に告げました。

そういうわけで、私はアイネズのもとで訓練を始めました。アイネズは私の師となり、スピリチュアルな先生となり、友人となり、〈神の光〉の同胞となりました。私はついに、スピリチュアルな体験や個人的な思いを自由に話し合える人に出会ったのです。

ドロシーが数年前に私にしてくれたように、アイネズも私を瞑想させるところから始めました。ドロシーとは流派が違ったので、瞑想のやり方も少し違いました。アイネズが教える訓練は、彼女が〈クリストスの英知〉と呼ぶ伝統にならったものでした。〈クリストスの英知〉は〈光界の教え〉として知られる形而上学的伝統の一部です。

アイネズは私にさまざまな原理を教え、私がすでに得ていた多くの体験をまとめあげるのを助けてくれました。知識が足りない部分を埋め、透視の技術も伸ばしてくれました。アイネズは私が出会ったなかで最も優れた透視能力者であり、驚くほど詳細にオーラを見ることができました。

しばらくすると、特別な訓練を通じて新たな高みに到達すべきタイミングがやってきました。覚醒という高みです。覚醒は説明するのが難しい概念ですが、度合いがいろいろあり、アイネズに会う前にも聖なる存在から直接大きな力を借りて達成していました。しかし、このとき経験しようとしていたプロセスは、そういったあらゆる経験を最高点まで高めるものでした。

それまで取り組んだなかで最も難しい課題でした。その課題に取り組むために、私はアイネズの家に移り住みました。家族や子どもたちから離れて過ごすということですから、簡単なことではありません。子どもたちの面倒は母が見てくれ、もちろん私も行ったり来たりしました。ただ、何が起こっているのか、私がなぜそんなことをするのかということについて、家族はまったく理解してくれませんでした。アイネズには会ったことがあり、彼女のことを好きになってくれましたが、それでも彼らにはわからなかったのです。起こっていることについて詳しく話すことはできなかったため、多くの混乱と不和が生じました。こうして書きながらあの試練の日々を思い出すと、今でも胸が痛みます。関係するすべての人にとって大変な時期でしたが、他に方法はありませんでした。この仕事でときに必要とされる犠牲について理解してもらえるように、私はこの話をしています。

この期間は生活に必要な金銭的な援助を受けていなかったことも、状況を厳しくした要因のひとつでした。経済的に苦しかったのです。可能な範囲で支えてくれる人はいましたが、それでも大変でした。アイネズ自身もひとりの裕福な生徒からの援助で暮らしていて、余裕はありませんでした。

それでも私は前に進み、三年間アイネズと一緒に暮らしました。この間に、スピリチュアル・ヒエラルキーとのつながりはさらに親密なものになりました。アイネズと訓練をする前の私は、聖なる存在に関して受動的なことがほとんどでした。聖なる存在が自分から現れ、私はただ、彼らの望む通りに従うだけです。しかし、アイネズが聖なる存在と計画的につながることを教えてくれたことで、彼らに対する理解や彼らとの関係を大いに深めることができました。そして訓練を経た後は、ずっと多くのやりとりができるようになっていました。

犠牲を払い、懸命に努力を重ねたかいあって、私はスピリチュアルな成熟を遂げることができました。その喜びと歓喜は言葉で説明することができません。あらゆる面で素晴らしく、犠牲に見合った価値があるものでした。抱いていた懸念の多くは次第になくなりました。物理的な問題は消えませんでしたが、状況の見通しはまったく違ったものになりました。

この後、私は自宅へ戻りましたが、そこまできつい内容ではないものの、関連する訓練はまだまだ残っていたので、アイネズのもとで学びつづけました。こうしてアイネズの指導のおかげで教える技術と確信を得た私は、やがて実際に機会を得て、形而上学を教える仕事につくことになります。

第10章　デーヴァ界

〈自然の十二界〉の内部には複数のヒエラルキーがいて、命のすべての面を支えています。微生物がいる界や鉱物界、植物界、動物界など、界ごとにひとつのヒエラルキーがあるということです。地球上で進化しつつある命のひとつひとつの側面に対し、その界を導くスピリチュアル・ヒエラルキーがあります。スピリチュアルな領域にある存在たちを見てきた第二部を締めくくるにあたって、全十二界のさらに上にある界で活動するヒエラルキーを見ていこうと思います。この素晴らしい界は、デーヴァ界として知られています。

デーヴァという単語は「輝く存在」を表すサンスクリット語から来ていて、通常「神」と訳されます。デーヴァはヒンズー教と形而上学の思想において中心的な位置を占め、「ヴェーダ」や「プラーナ」をはじめとするインドの聖典の至るところで、さまざまな聖なる存在を指して広く使われる語です。西洋文化では、デーヴァという語は天使や大天使と交換可能な言葉として使われてきました。デーヴァは、地球の要素を司る自然神としても描かれています。しかし、このようにうまく使い分けられてきた語ではありますが、デーヴァたちの階層秩序に関する話は、実際のところ、まったく別の話になります。

デーヴァ界は、私たちが詳しく見てきた全十二界を通るスピリチュアルな進化において、そのすぐ上に位置する界です（図表5を参照）。十二界を通る旅を終えたら、あらゆる面で本当に輝かしいレベルの存在に

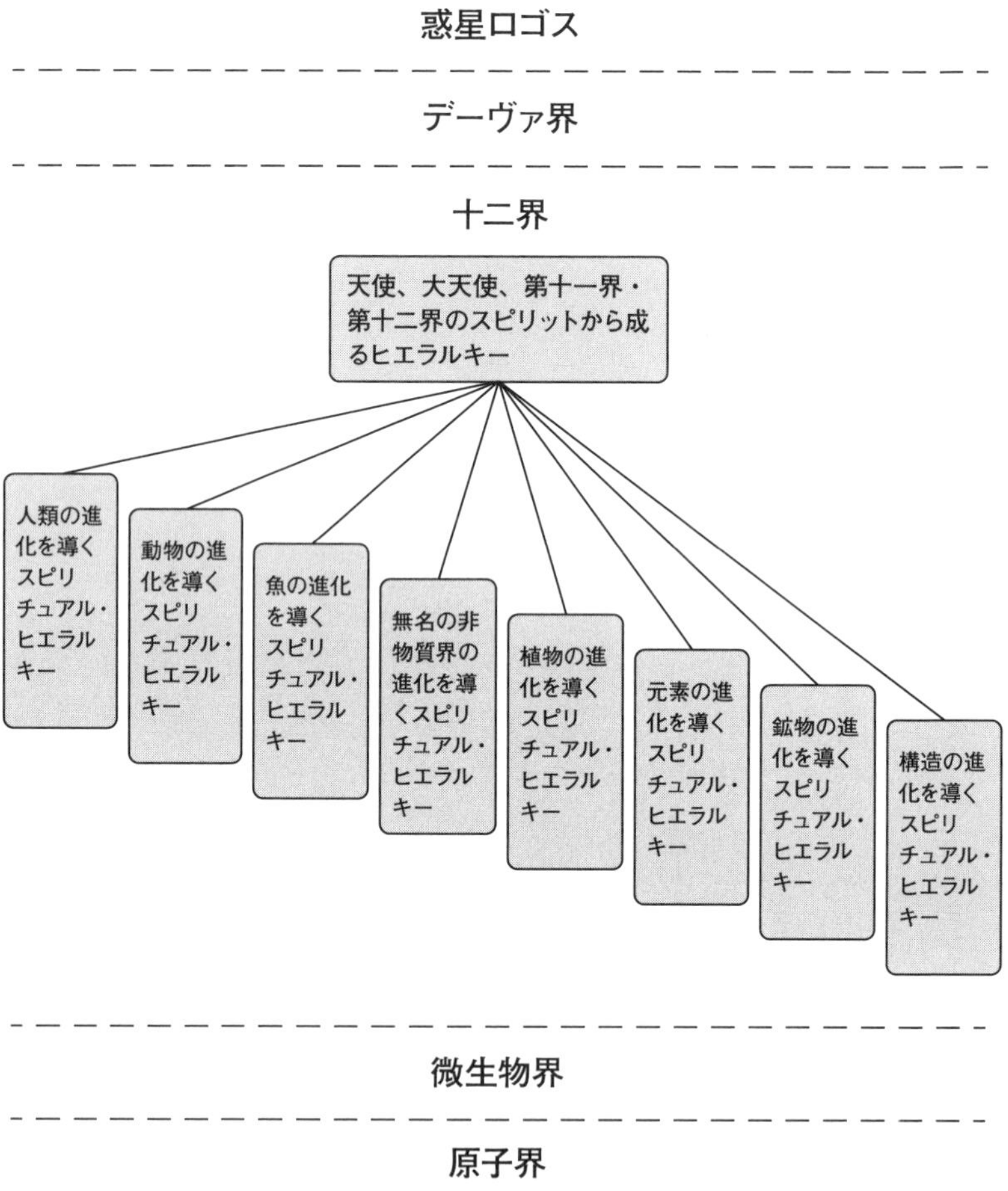

図表５　地球のヒエラルキー

達し、十二界のあらゆる可能性を開花させています。それでも進化は止まりません。デーヴァ界を通して新しいスピリチュアルな旅が始まるのです。この界は多くのことをします。地球という神の壮大な計画においてすべてが協調して動くように、他のすべてのヒエラルキーの働きを調整します。十二界のさまざまなヒエラルキーが国における州だとしたら、デーヴァ界のヒエラルキーは連邦もしくは国際的統治組織にあたります。デーヴァは私たち人間と交流する聖なる存在を導いています。

デーヴァたちは、途方もなく大きな外観をしています。私が見た最高のイラストは、神智学者で作家のジェフリー・ホドソンが描いたものです。ホドソンの『神界』は驚くべき著作で、長年にわたる透視による研究にもとづく、細部まで配慮の行き届いた内容になっています。ホドソンは、見ることができた多様なデーヴァを描写し、その大きさを見事に表現しています。

デーヴァは本当に神のようで、この地球の素晴らしい惑星ロゴスへとつながる階層秩序をもっています。惑星ロゴスは、地上のあらゆる進化する命を司っている、天の存在です。この聖なる存在は、オーラのなかに地球全体を含んでいます。地上のあらゆるヒエラルキーとすべての命は、惑星ロゴスから力と光を受け取ります。惑星ロゴスは神ではありませんが、神と非常に似ています。

デーヴァは、プレートテクトニクスや火山活動などの地質的活動や気象パターンといった、惑星規模の活動を導きます。地球が溶岩の塊から今日の美しく青い惑星になるまでの過程において、デーヴァは大事な役目を果たしました。すべての生物が進化しているように、地球自体も進化のプロセスの途上にあるということを思い出してください。聖なるデーヴァたちは惑星ロゴスの導きのもと、こうした力のすべてを管理しています。

デーヴァ、デーヴァ・ラジャ、王のデーヴァ、女王のデーヴァから成るデーヴァのヒエラルキーは、地球における占星術の影響と強く結びついています。太陽自体も含めて、私たちが暮らす太陽系内のさまざまな惑星からはスピリチュアルなエネルギーが流れ込んでいます。太陽系全体がスピリチュアルに息づいているのです。古代の人々は星や惑星と結びついた息づく力を秘教的に認識していました。スピリチュアルな力が惑星系から地球へと流れてくると、デーヴァはその力をスピリチュアル・ヒエラルキーや私たちのほうへ向けてくれます。信じられないほど素晴らしいプロセスです。

こうした偉大なデーヴァたちは地球の全地域を支配しています。たとえば、私たちは古代ギリシャの海の神であるポセイドンのような神話上の神を、自然現象を擬人化したものと考えます。しかし、ポセイドン自身は神話上の存在かもしれませんが、この神話を作った神秘能力者たちは、実際には海のデーヴァたちが進化の途上にある命を管理していることや、このデーヴァたちが世界中の海を司るひとりの惑星王デーヴァの管理下にあることを知っていました。

光栄にも、私はデーヴァ界のメンバーを見たことがあります。ロサンゼルスの近くのエンジェルス・クレストと呼ばれる高山地にいたときのことです。本書の共著者であるディミトリと一緒に、チャールトン・フラットという美しい山頂に来ていました。やってきたのは執筆をするためです。

非常に高く堂々とした松林がありました。樹齢も高そうです。ふと高木限界の向こうを見上げると、デーヴァの家族が空に浮かんでいました。デーヴァは四体いました。王のデーヴァと女王のデーヴァ、そして二体のより若いデーヴァです。みな驚くほどの大きさで、王のデーヴァは身長三十メートルを優に超えていました。頭と胴体があるように見えるという意味では、外見は共通しています。ただ、体から発する光があまりにも強いので、たしかな形があったとしても見分けることはできませんでした。デーヴァのオーラは、山の頂上をはるかに超えて四方八方に何キロも先まで広がっていました。さまざまなエネルギーが彼らの体を出たり入ったりし、オーラの輝きをさらに増幅するような同心円の光の帯が周りを取り囲んでいました。

デーヴァたちは何も伝えてきませんでしたが、自分たちがそこにいることを私に知ってほしいようでした。私は、彼らが南カリフォルニアを治めているデーヴァで、この山林が彼らの本拠地だという考えをとらえました。デーヴァはよく、人口の多い地域からは離れたところで活動しています。彼らはこの山間部の本拠地から、その地域のすべてのスピリチュアル・ヒエラルキーの活動を管理していました。南カリフォルニアには数百万人が暮らし、活発な活動が行われていることを考えれば、いかに大変な仕事であるかがわかるでしょう。この森が彼らの活動拠点であったことは興味深い点でした。美しい山ではありましたが、人が多く訪れる場所ではなかったからです。まるで高い木々がこのデーヴァたちの偉大さを反映しているかのように、森は青々と茂っていました。しかし残念なことに、その地域で大きな山火事が起こってしまいました。山火事自体は森の命にとってよくある自然なことですが、森の大部分は荒廃してしまったので、私の出会ったデーヴァたちは他の場所に活動の拠点を移したということです。

ほとんどの場合、デーヴァは天使や大天使や天のリーダーから成るヒエラルキーを通して私たちを祝福し、インスピレーションを与えます。スピリチュアル・ヒエラルキーとより密接に交流するにつれ、私たちはデーヴァの祝福を受け取ります。聖なる存在と長年交流してきた私の経験では、デーヴァに会うことは稀です。正体を現すのは予想もしていないときです。だからと言って、デーヴァは愛や支援を示さないということではありません。舞台裏では私たちの人生に非常に深くかかわっています。人の人生における重要な瞬間に姿を見せることもあります。

デーヴァとつながるための瞑想の祈り
天の父であり神聖な母である神様、すべての命がもつ宇宙的な流れの一部であることを感じ、天の鼓動に合わせて動けるように、偉大なデーヴァからの祝福をお願いします。

小人たち

妖精やノームのようなスピリットは実在するのか、もし実在するならスピリチュアル・ヒエラルキーが担う仕事のなかで何らかの役割を果たすのかと、聞かれたことがあります。自然界のスピリットに関する形而上学的な文献には非常に多くの話が載っていますし、パラケルススは、地球の四元素（土、空気、水、火）は対となる非物質的な存在をもっていて、そうした存在には生きたスピリットが住んでいると信じていました。マンリー・P・ホールは自著である百科事典『象徴哲学大系』で次のように述べています。

地球を取り巻き、貫いている不可視の要素があり、知性をもった生き物がそこに住んでいるという、かつての人々が抱いていた考えは、今日の平凡な人々には馬鹿げたものに思えるかもしれない。しかし、この見解は、世界でもきわめて優れた知性の持ち主たちに支持されてきたのである。

あらゆる時代の文学において描かれる超自然的な存在の物語を、私たちは楽しんできました。これらの作品の多くはフィクションであるかもしれませんが、人間のような性質をもつ不可視の住人がいるという発想はフィクションではありません。たとえば妖精やノームといったスピリットがいることは、個人的経験からもお伝えできます。この地球には想像よりずっと多くの生き物が住んでいて、多様なのです。これらのスピリットは非物質的な領域で活動する、進化しつつある命の一部であり、多くの側面をもっていますが、ここでは「小人」に焦点を当ててお話しましょう。

小人とは何でしょう。彼らは〈自然の十二界〉の一部である魂です。思い出してください。魂がある界でそのすべての経験を終えると、次の界に進みます。たとえば、動物の魂が動物界で自分にできるあらゆる経験をしたら、最終的に動物界を卒業して人間界に入ります。しかし、動物の魂が卒業して人間界に入るときは、ただ私たちのような存在になるわけではありません。私たちが経験し、享受している人間のレベルになる前に、人間界における進化の初期段階を経験するのです。

つまり、小人というのは、実際のところ、人間の進化における初期の非物質的段階にある存在だということです。初期の非物質的段階にある存在とはすなわち、火の精、水の精、土の精、空気の精、ブラウニー、小妖精《エルフ》、木の精、海の精、こびと《マニキン》、妖精《フェアリー》のことで、小人の多々ある発達段階を形成しています。小人という存在のなかに大きな多様性があり、独自の階層があるということです。私は透視能力によってさまざまな大きさの妖精を見たことがあります。わずか五〜六センチのものも、六十センチくらいまで成長しているものもいました。これらの愛嬌のあるスピリットたちは段階的に経験を積み、肉体をもつ人間として人生を始められるだけの認識を得られるまで、スピリチュアルな力を高めていきます。

小人の性格や気質はさまざまです。地球の構成要素と結びついた小人を見てみましょう。火の精は火の要素とつながっていて、火で遊びます。水の精は水のなかで生きる美しいスピリットです。外観上はたいてい女性に見えますが、もちろん男性の水の精もいます。さらに、空中を軽やかに動きながら雲や雨のなかで遊ぶ空気の精がいて、土の精がいます。土の精は大地のスピリットで、陽気なものもいれば、むっつりしているものやどう見ても意地悪そうなものもいて、非常に興味をそそられる存在です。また、以上の小人たちやその亜種とは別に、妖精たちがいますが、この呼び名は適当とは言えません。なぜなら妖精のなかにもかなり多様性があるからです。J・M・バリーの『ピーター・パン』に登場するティンカー・ベルのような外見をしているものもいますが、もっと発達した手強いものもいます。

ここでは、小人は神の計画においてひとつの役割を果たしていると言えば十分でしょう。エネルギー的には人間界そのものの基礎を形成します。小人がいなければ、私たち人間は今いるスピリチュアルな進化のレベルを享受することができません。小人たちは自然のなかで生きているため、よく自然のスピリットとみなされますが、自然を見守る実際のスピリットとは異なります。青々とした草木がほとんどない都市のような人工的環境で小人を見かけたことはほとんどありません。家の庭に住む傾向はありますが、家のなかに住むことはめったにないでしょう。進化したレベルにある人間を支援する存在ではありますが、通常は人間たちから離れて過ごし、自分たちだけでいることを好みます。

小人は精神世界のなかでもとりわけ表現力豊かで、目を引く存在です。あちらの世界には素晴らしい庭に囲まれた神殿がいくつかあるのですが、私は以前、あちらを訪れた際に、そうした神殿の庭にある水辺に座り、小さな妖精のような存在が三体、草花のまわりを漂っているのを眺めていたことがあります。身長は約十五センチで、ピンクと緑と青が入り混じった美しい色のオーラがあらゆる方向に十センチくらい広がっていました。二体は女性の姿で、一体は男性でした。みな、薄いワンピースを着ています。翼はありませんでしたが、空中を飛び回る力をもっていました。彼らは花から花へと移り、香りをかいでいました。花の香りをかぐたびに興奮していました。お互いに話はしていませんでしたが、明らかに何らかのグループでした。自分たちの存在に気づいてほしいかのように私のほうを見てくる彼らは、上品で美しい顔に穏やかな表情を浮かべています。私が黙って〈神の光〉を送ると、彼らは喜んでくれました。

小人はとても繊細です。誰かの波動が気に入ったら、その人の前に姿を現すかもしれません。とても純粋な心で接しなければならない相手でもあります。子どもたちの前でよく姿を見せるのはこのためです。いらいらしているとか、下心があると感じたら、小人は近づいてきません。小人にはスピリチュアルな力があり、望めば私たちの活動や行動に影響を与えることもできます。

第3部　命がもつ影の側面

第11章　悪の性質

前章までは、私たちのスピリチュアルな成長を導いてくれる聖なる存在のネットワークについて見てきました。しかし、命には、この輝かしいスピリチュアルな枠組みとは切り離されているように思えるひとつの側面があります。邪悪な霊、悪魔、あるいはサタンという概念です。

どの文化にも悪や悪魔についての独自の概念がありました。「創世記」には、エデンの園でアダムとイブを誘惑する、蛇に象徴された悪についてのよく知られたエピソードが載っています。ヘブライ語の聖書では、唯一「ヨブ記」でサタンの名が言及されるにとどまっていますが、悪という概念自体はユダヤの神秘的・宗教的思想に浸透しているものです。「エノク書」のような異端的なユダヤ教の書物では、善と悪がきわめて大きなテーマとして扱われています。その黙示的な物語には、サタンと関連づけられることも多いサマエルという邪悪な存在に導かれた、監視者という堕天使が登場します。堕落した大天使サマエルは、『タルムード』では悪を示す題材となります。

さらに遡ると、現代における善悪に関する理解の基礎がゾロアスター教によって敷かれていることがわかります。ゾロアスター教では、神なるアフラ・マズダーと対極をなす悪の存在をアンラ・マンユと呼びました。ゾロアスター教の説く善悪は、スピリチュアルな思想における重要な進歩となりました。個人の責任という考え方をもたらしたからです。人生において神の力と悪の力のどちらと手を組むかは自分で選べるのだと気づくことは、人々に力を与えました。自らの行いによって結果は変わるのだと学んだのです。善悪に関する教訓を学ぶことで、人は道徳を学びます。人は神の手中で操られる単なる無力な存在ではなくなったのです。

善悪の概念はキリスト教の神学における中心的な概念です。キリスト教神学では、サタンが人の人生という壮大なドラマにおける敵対者を演じます。キリスト教の概念では、天国に行くか地獄に行くかというスピリチュアルな運命は、本人がどちらの勢力に同調するかによって決まります。イスラム教には悪に対する独自の信念があります。一神教であることから、ユダヤ教やキリスト教における悪の概念とかなり似ていますが、イスラム教の教義では、サタンはシャイタン（拒絶されたもの）として知られています。ヒンズー教では、あらゆる悪の源となるひとりの悪魔という概念はないものの、アスラ（阿修羅）として知られる大勢の邪神、悪魔がいます。アスラは天使的なスラと対立する存在です。ヒンズー教の教義では、アスラについて多くの種族や階級が定められていて、ダーナヴァやラクシャス（羅刹）がそうした存在の例になります。

時代がくだると、人は悪魔という概念を疑問視するようになりました。サタンと呼んでいるものは、実際のところ、私たち人間の創作物だと考える人たちもいます。悪魔などというものはなく、あるのは人間自身が作り出した悪だけであり、自分自身の悪い面とよりうまく付き合えるように悪を悪魔として人格化したのだと、彼らは言います。この古くからある議論について、形而上学は例のごとく、非常に明確な見解を有しています。私は、この難しいテーマに関する混乱を少しでも解消していけたらと思います。

悪や悪魔という問題を理解するには、スピリチュアルな概念をいくつか持ち出さなければなりません。ひとつめは単一《ワン》体です。宇宙には神の力がひとつしかないとすれば、その力に対立する力は存在しえないことは明らかです。単一体《ワン》の法則に従うなら、神と悪魔という、創造における二つの究極的な源は存在しえません。存在するのは神だけです。考慮すべき二つめの概念は、自由意志です。私たちはみな、神の被造物ですが、その神性を表現するかどうかは私たちの選択です。そして三つめの概念は、「サタン」と呼ばれる実在するスピリチュアルな存在と凶悪な行動の区別です。

行為としての悪

悪を理解する際に、形而上学はいくつかの異なるアプローチをとります。秘教的な悪の定義のひとつは、「物質が生来的にもつ、神なる衝動に抵抗する性質」というものです。皮肉なことに、この解釈では物質的な体はスピリチュアルな命をもって生まれるものの、それだけでスピリットからの励ましに抵抗してしまうことになります。この理念を受け入れたせいで、多くの敬虔な人たちは、物質自体が悪であり、従って物質的な体は悪なのだから、スピリチュアルな生活を好むことにより否定しなければならないという誤った考えを抱いてきました。基本的な身体的欲求をも自制する禁欲主義者の一部に見られる極端な思想は、この信念を反映するものです。

たしかに、スピリチュアルな道を歩む人はみな、物質的世界について回る試練を認識します。スピリチュアルな生き方を追求したいという願望を抱きながらも、物質的な生活がそうしたスピリチュアルな願望を否定するものであるかのように感じることもあります。しかし、だからと言って、物質的な存在は悪いことであるとか、スピリチュアルではないということにはなりません。心にとどめておくべきは、物質的な体が示す抵抗に向き合うことにより人は強くなれるということです。物質的存在を神なる存在に対立するものとしてではなく、スピリチュアルな存在の一部として見るとき、人は物質的存在をスピリチュアルに克服しはじめます。身体的な欲求は、屈伏したり、恐れたり、避けたりするべきものではありません。向き合い、征服するものです。物質的な体が示す抵抗を克服すると、魂を高められるだけでなく、体を変容させることもできます。

このように考えると、悪やサタンを「敵」とみなす新たな解釈に行き着きます。この解釈によれば、サタンの目的や悪の衝動は人のスピリチュアルな強さと神への献身を試すためのものです。これは「ヨブ記」全体を流れるテーマです。私たちはこの試練に日常的に出会います。私たち人間にとって最大の敵が、最大の機会となることもあります。自分には決してないと思っていた勇気や強さを、そうした試練は否応なく奮い起こさせてくれるからです。もし何もかもが簡単にいくとしたら、人は困難を覚えることもなく、それゆえ成長もしないことでしょう。敵対する力によって試練を受けるときこそ、本来の自分は輝きを放ち、スピリチュアルな炎をくぐり抜けることによって魂は鍛え上げられるのです。神秘の物語には必ず、主人公が征服しなければならない大きな敵が登場します。私たちはみな、自分の人生における主人公なのですから、敵対的な状況が現れたときにひるんではいけません。

以上はどれも、悪に関する重要な解釈です。ここからはさらに、別の解釈を取り上げてお話したいと思います。私たちの進化と密接に結びつき、スピリチュアル・ヒエラルキーともつながりをもつ悪、すなわち行為としての悪についてです。悪質な行為とは何でしょうか。自分の理解を超える何か恐ろしいものを見たとき、私たちはそれを悪と呼びます。殺人は間違いなく恐ろしい行為です。しかしながら私たちは、殺人を殺人の理由によって判断します。正当防衛で殺す場合、計画的な殺人と同じ殺人ではありません。激情に駆られて犯す犯罪は、冷酷な殺人とは異なるものとみなします。そして、とりわけ凶悪な殺人の場合は、悪と呼びます。英語で「悪」を意味するイーヴィルという言葉は、語源的には「上」や「超える」などを意味する語と関連しており、「尺度を超えること」や「適切な尺度を踏み越えること」を意味します。つまり、悪とは過度な破壊的行為と表現することができます。

ここで、罪という言葉が関係してきます。罪には「的外れ」という定義があります。私たちがスピリチュアルな面で成長して、自らのうちにある神なる可能性を開花させることになっているとするなら、そうした目的達成につながる行為は「スピリチュアル」もしくは「建設的」です。逆に、目的から遠ざかるような行為については、「破壊的」もしくは「罪深い」ものとなります。間違いをおかすことは、成長の自然なプロセスです。私たちはみな、いずれかのタイミングで罪をおかす、つまり「的を外す」運命にあります。だから私たちは根本的に罪人であるということはなりませんし、魂が悪いという話にもなりません。ただ単に、正しい道に戻る必要があるというだけのことです。

こういった類の間違いは、悪の行為とは完全に異なります。悪の行為とは利己的な目的のためにスピリチュアルな原則を故意に誤用することです。言い換えれば、悪の行為を働くということは、神や自然の法則に反しているとわかっている行為を意図的に行うということです。悪の行為はスピリチュアルな法則を故意に歪めるものです。魂が心底憎悪する呪いです。意識しながら悪の行為を行うと、自分をスピリチュアルな源から切り離していることになりますが、そこには〈神の光〉がまったく届かないため、行う行為は言わずもがな、非常に破壊的なものになります。

サタンの物語

悪魔がいるかいないかにかかわらず、悪の行為は現実にあります。しかしこれでは、疑問の答えが部分的にしか出ていません。悪が存在するとして、サタンは存在するのでしょうか。そうした邪悪なレベルで作用する力は本当にあるのでしょうか。言うのも悲しいことですし、恐れやパラノイアの感覚を生み出すつもりはありませんが、サタンは存在します。そして、存在するだけでなく、自らのもとで働く軍団も抱えています。

サタンが意味するものをより正しく理解するには、スピリチュアル・ヒエラルキーの複雑な部分を一歩下がっていくらか掘り下げる必要があります。すでに見てきたように、天には十二の大天使のリーダーがいて、人類の向上のために働いています。しかし、天の十二大天使とは別に、彼らと対を成す十二の大天使が地上にいます。対を成すこれらの存在は天の大天使ほど進化していませんが、それでも大変優れた能力をもっていて、天の十二大天使に仕えています。地上の十二大天使は進化の過程においてそれぞれに責任を負い、不可欠な役割を担っています。興味深いことに、地上の大天使は対を成す天の大天使と同じ名前で呼ばれています。たとえば、私たちが光をお願いするときに祈りを捧げる天の大天使ミカエルがいるのと同じように、私たちの進化を陰で支えている地上の大天使ミカエルも存在するのです。

天の十二大天使のリーダーのなかに大天使ルシファー、すなわち「明けの明星」がいます。第7章で見たように、天の大天使ルシファーは本来的に輝かしい大天使です。この天の大天使ルシファーとは別に、地上で彼と対を成す存在がいます。この地上の大天使ルシファーはかつて天のルシファー同様に光り輝き、人類の成長に深く関与していました。いくつかの役目を負っていましたが、そのなかに、下界にいる低次の存在を高みに引き上げるというものがありました。低次の存在を目覚めさせ、〈神の光〉のなかに戻す仕事です。

伝えられているところによると、こうした低次の存在たちは、大天使ルシファーのような存在を説得し、神のもとを去らせ、自分たちの仲間にすることができたらどんなに素晴らしいかという考えを抱きました。低次の存在たちはルシファーを崇拝しはじめました。あなたは神よりも偉大だとルシファーを称え、あなた自身が神になれると言いました。ルシファーを「気前よくもてなした」と言ってもいいでしょう。いくつかの出来事を通じて地上のものたちにそそのかされたルシファーは、自分は神よりも偉大になれると信じはじめました。

スピリチュアル・ヒエラルキーはルシファーに、神の座を奪うことなどできるわけがないと警告しましたが、ルシファーは自分自身の素晴らしさにすっかり有頂天になり、神とのつながりを断ってしまいました。そのときのルシファーは配下のものたちとともに、人類の成熟に関連する困難で重要な任務を背負っていたのですが、自分の素晴らしさに浮かれるあまり、自身に割り当てられたこの神聖な役割の遂行を拒否しました。これは天国からの劇的な転落を意味しました。ちなみに、天の大天使ルシファーが転落したことはありません。彼は天の国にとどまっています。地に落ちてサタンとして知られるようになったのは、地上のルシファーだったのです。最悪だったのは、この大天使は地に落ちただけでなく、配下のスピリチュアルな軍団の三分の一を隙を見て一緒に連れ出してしまったことでした。

宗教書や秘教書には、この破滅的な堕落についての言及が見られます。「ルカによる福音書」には、イエスが口にした「私は、サタンが稲妻のように天から落ちるのを見ていました」という言葉をはじめ、記憶に深く残る記述があります。「イザヤ書」にも堕落したルシファーに対する辛辣な言及があり、思い上がって自らの「王座を神の星よりも高くすえ」ようとしたものの、「墓穴の底に」落とされた「曙の子」として描写されています。

『バビロニア・タルムード』には、人類の創造に参加するのを拒否し、神に破壊された「太古のものたち」についての伝承が載っています。また、サタンの転落の物語は『コーラン』にも見られ、アダムの前で平伏するのを拒み、そのために追放されたイブリスが、あらゆる手を尽くして人類を惑わせてやると神に誓っています。それ以来、イブリスは「シャイタン」（サタン）として知られるようになり、彼に追随したジンや人間たちは「シャイヤティーン」と呼ばれるようになりました。

サタンは光から遠ざかった極端な例です。まだ改心して〈神の光〉に戻ってはいませんが、それでも単一体《ワン》の一部であることに変わりはありません。ただ、スピリチュアルな源から自らを切り離したために、宇宙の生命エネルギーを直接引き出せない状態にあります。サタンの力は、自分のために他者からスピリチュアルな光を盗む能力にあります。光を盗むのはサタンの得意技です。サタンの物語は悪をこのうえない形で示した例です。なぜなら彼はこれらの行為の意味を完全に理解したうえで、意図的に行っているからです。

創造のスピリチュアルな展開において起こったこの悲劇は、神の計画の一部ではありませんでした。神はこの悲劇が起こることを計画していなかったのです。それは自由意志による行為でした。このことは、大天使のレベルにおいてさえ、常に選択の自由があるということを示しています。その選択が、たとえひどいものであってもです。サタンと彼に仕える天使たちの行動はスピリチュアルな計画全体を狂わせてしまいました。起こってしまったことの埋め合わせをしなければならなくなった神とスピリチュアル・ヒエラルキーは、見事にやりとげましたが、それにより新たな試練が生じ、展開のプロセス全体の速度が緩んでしまっています。

人にとってスピリチュアルな守護が重要なのはこのためです。守護されていれば、その種の波動を遠ざけることができます。サタンの勢力は〈神の光〉のなかで強くあるものには立ち向かうことができないからです。サタンと彼の勢力は、相手が許可しないかぎり、相手を操ることはできないということを、常に覚えていてください。〈神の光〉とつながっていれば、サタンたちの影響を受ける恐れはありません。幸いにも、人はサタンと直接かかわらなくてもすみます。神はサタンの勢力を抑えるために、多くの素晴らしい存在をあてがっているからです。サタンたちの相手をするのは人間の仕事ではありません。人間の仕事は、〈神の光〉をきれいに受け取れる状態を保つことです。

悪魔とエンティティ

サタンはひとりで活動しているのではありません。あいにく、彼には多くの仲間がいます。彼は独自に偽のヒエラルキーを作り上げ、その頂点に居座っています。覚えておいてほしいのですが、これらのスピリチュアルな存在は堕落しているかもしれませんが、それでもすでに獲得した知性と知識をもっています。スピリチュアル・ヒエラルキーの目的が神と神の計画に奉仕することだとすれば、サタンのヒエラルキーの目的はサタンと彼ら自身の利己的な野望に奉仕することです。彼らは神とスピリチュアル・ヒエラルキーを、打倒すべき敵として見ています。

カバラは悪魔的なヒエラルキーを、裏返した十のセフィロト（化身）として教えています。ここからは、サタンのヒエラルキー内の二大勢力をしばらく考察していきましょう。二大勢力とは、悪魔とエンティティです。人がサタン自身と接触するのは非常に稀で、何らかの方法で人に交流を求めてくる可能性があるのは悪魔やエンティティです。彼らは、チャンスを見つけては人の人生を邪魔し、混乱させようとします。だから邪魔されても仕方ないという話ではなく、彼らの存在に気をつけなければいけないということです。私は低次の勢力と何度も遭遇したことがありますが、彼らの挑戦はとてもリアルです。私の師であるアイネズはサタンというテーマについて雄弁に話し、低次の勢力たちが成し遂げた功績のひとつは、そうした悪の勢力など存在しないのだと多くの人に信じ込ませたことだと見事に解説していました。

悪魔は堕天使です。かつてはスピリチュアル・ヒエラルキーの輝かしいメンバーでした。堕落する前は地上の大天使ルシファーのもとで働いていました。これらの堕天使には階級があり、有している能力もさまざまです。今ではサタンの計画の執行者となっている彼らは、悪知恵に長けていて、サタン自身に仕えています。

エンティティはかつてスピリチュアルな梯子を高くのぼった魂です。スピリチュアルな領域で天使や大天使たちとともに働いていましたが、善と悪の壮絶な戦いが始まったとき、ルシファーのもとにいた天使たちの多くと同様に、サタン側の勢力につきました。エンティティのなかには罪を贖い、光に戻ったものもいますが、多くが堕落した状態にとどまっています。エンティティは、出会う可能性が最も高いタイプの低次の勢力です。

悪魔やエンティティはネガティブな状態に引きつけられます。人が嘘をついたり、だましたり、盗んだり、傷つけたり、殺したりすると、こうした低次の勢力を引き寄せます。低次の勢力は意地悪で、理屈っぽく、執念深く、頭がよく、有能です。軋轢を生み出すのが大好きで、信用できません。人々を暴力や性的暴行、麻薬、飲酒、喫煙、強欲に駆り立てます。犯罪、不正、悪癖、あらゆる類の逸脱を奨励します。思考と判断を鈍らせ、コントロールできないくらいに感情を乱します。悪魔やエンティティは光のうちにある人たちを嫌っています。家族の結束を軽蔑し、家庭や幸せな生活を壊そうとします。善がどこにあろうと、自分たちの目的を果たすためにそれを壊そうとします。経済、政治、社会、教育、ビジネス、科学、芸術、医学、宗教、形而上学といった生活のあらゆる領域で、悪を誘導します。

悪魔とエンティティは、共通の目的に向かって協力して動く方法を知っています。しかしながら、彼らの結束はスピリチュアル・ヒエラルキーの結束のように愛にもとづいてはいません。それは互いの野望にもとづいています。悪魔やエンティティは、実際の働きに見合う以上のスピリチュアルな力や才能をもらえると約束されています。ある意味で、サタンは配下のものたちに一時的な才能を授けることができるのです。幸運にも、この能力は弱まりつつあり、サタンのヒエラルキーが基盤を失いつつある理由のひとつになっています。簡単に言えば、サタンは以前と同じ約束を守ることができなくなっているということです。多くのものたちが光に戻りつつあるので、彼が影響を及ぼせる範囲はゆっくりと縮小しています。結局のところ、サタンに勝ち目はないのですが、負けを認めるよりは人々を堕落させたいと思っているので、特に危険な存在になっています。

神はなぜ悪を存在させているのか

これは多くの人が時代を超えて考えてきた疑問です。答えるのは簡単ではありませんが、それは単に、すべてに答えがあるわけではないからです。しかしながら、聖なる存在が教えてくれたことがいくつかあります。まず、サタンは地位的には堕落しましたが、それでもまだ大天使界にいるということを忘れないようにしましょう。サタンに仕える悪魔もまだ天使界にいますし、エンティティは人間界にいます。みな進化の計画における階層構造の一部だったので、単純に切り離すことは簡単ではないのです。たとえば、大変な犯罪をおかした家族がいたとしても、その人はまだ家族であるのと同じです。また、悪魔はスピリチュアルな地位と力を剥奪されても、知性はまだ完全に保っていて、自分たちの利益のために使えるということも覚えていなければなりません。金言にあるように「彼らはあなたや私がまだ到達したことがない偉大な高みから落ちた」のです。

低次の勢力が人間に関係する事柄に影響を与えることを神が許可している唯一かつ最大の理由は、おそらく人間にとっての試験場とするためでしょう。低次の存在はより大きな抵抗と危険を生み出しているいっぽう、大きな成長の機会も提供しています。低次の勢力が与える試練を乗り越えられたとしたら、乗り越えられなかった場合よりも、〈神の光〉のなかできわめて強く、逞しくなれることでしょう。低次の勢力は相手が許す範囲でしか影響を与えることができないので、試験としては、光のなかにとどまる決意の強さが試されることになります。

悪と縁を切ることはスピリチュアルな成熟の一部です。これはすべての魂がいずれ合格しなければならない試験です。イエスがこの試験を受けた際は、荒野でサタンに誘惑されました。釈迦の物語においてもこの点は見事に描写されており、悟りを得て仏陀となる直前にマーラの誘惑を受けたとされています。実際のところ、あらゆる魂は完全な覚醒に至る前に、悪によるこの試験に合格しなければなりません。低次の勢力はあらゆる弱みにつけこんで、志のある人を誘惑するでしょう。しかし、すべての弱さを試され、それでも強いままとどまることができれば、弱さはもはや弱さではありません。利己的な目的のために神の祝福を使うことはないと証明したことになり、より高次の人生を送る準備が整っていることを自ら証明したことになります。

個人的邂逅

私がこれまでの人生で経験して最も大変だったサタンの勢力との邂逅は、サタン自身との邂逅でした。私は二十代後半で、聖なる存在による驚くべき訪問をすでに受けていました。スピリチュアル・ヒエラルキーと親しくしていて、彼らにとても愛され、支えられていると感じていました。ある日、ひとりで家で本を読んでいたときのことです。ふと見上げると、目の前にひとりの男性が立っていました。三メートルくらい離れた場所にいます。最初はこれがビジョンなのか訪問なのか、あるいは誰かが実際に家にいるのか、わかりませんでした。なぜならまさに生身の人間のように見えたからです。背が高く、とてもハンサムなその男性は、善良そうな佇まいを見せていました。

男性は微笑み、「私は高次の代理です」と控えめな態度で言いました。

彼が口を開くと、私は彼のオーラにいくらか波長を合わせることができました。オーラには光の強い流れがあり、最初はほぼキリストのようなオーラに見えました。しかし、私がとらえた波動はそれまでに経験したことがないほど冷たいものだったため、ひどく不安になりました。低次のスピリットかもしれないと思いましたが、このようなスピリットには出会ったことがありません。何が起こっているのかわかりませんでしたが、とても警戒していました。

「信じないわ」と私は挑みました。

「信じなければなりません」相手は何食わぬ顔でそう答えました。

この会話の最中に、私はひそかに教師役の天使に助けを求めていました。何が起こっているのかを知るためには、彼らの導きと支援が必要でした。それまでにも、混乱したスピリットや偽りの姿を装ったスピリットたちが現れたことがありましたが、天使は常に助けてくれました。そのときはかつてないほど彼らの助けが必要でした。

助けを求める合図を送った私は、すでに彼らがその場にいることに気づきました。天使の一団がスピリットの世界からその男性を取り囲み、私を守っていました。すると天使は、その男性が誰であるのかを瞬時に教えてくれました。私は衝撃を受け、不安と恐怖を感じました。そのような悪意ある相手と一対一で出会ったのは初めてです。天使がそばにいてくれても、相手は私を傷つけたがっているのだという恐ろしい考えが真っ先に頭に浮かびました。

もちろん男は正体に気づかれたことをしっかり感知し、あっという間に善良そうな態度をやめました。強気の姿勢に転じ、催眠術をかけるように話しかけてきます。

「お前には私に従ってほしいのだ」

その言い方があまりに率直だったため、私は驚いてしまい、思いがけず怒りがわいてきました。

「決して従わないわ。あなたが誰かわかっているのよ！」

彼は私を熱心に見つめて言います。

「私を崇拝すれば何でも与えよう」

この時点で、天使の集団が男を囲っているのがさらにはっきり見えました。自分は守られているのだとわかりましたが、男の催眠的な力は相当なものだったので、天使の助けを得ている状態でも私は警戒を怠らず、催眠状態へと誘う相手のエネルギーをかわそうとしました。

「なぜ私なの？　他の人がたくさんいるじゃない」

どうして私にこだわるのか、とても不思議に思いました。

「すでに他のものたちは手に入れた。私が欲しいのはお前なのだ！」

彼はむかついた調子で答えました。すでに呪縛をかけた人たちに対してまったく敬意を払っていないのがわかり、恐ろしくなりました。

すると男は私をおだてはじめました。

「お前は自分で思っているよりも、もっと高い次元にあるのだぞ！」

私は自分が進化した魂であることはわかっていましたが、相手の言った内容には驚きました。のちに彼の言葉は真実だったことがわかります。自分で考えている以上に高い位置まで、私はスピリチュアルな梯子を上っていたのです。だから彼は正しかったのですが、正当な理由によるものではありませんでした。

それから彼は、彼に従った場合に私が手にするであろうもののイメージを投射しはじめました。このときの私は自分が教師になる運命にあることを知っていましたが、どうしたら教師になれるのかも、教師としてどのようなキャリアを築けるのかも、まったくわかっていませんでした。サタンは、大きな成功を収めて世界的に活躍する教師となった私の姿を投影しはじめました。崇められ、裕福になり、影響力をもっている私の姿です。目が離せなくなるような形で、そういったイメージが投射されてきました。想像したこともないようなライフスタイルでした。とても興味をそそられたと告白せざるをえません。私はとても見栄えが良く、しかもスピリチュアルな才能をもったままうまくやっているように見えました。そしてそうした姿が空約束などではないこと、私が従いさえすれば、彼は本当にそういったことを起こせるのだということが直感的にわかったせいで、私はますます心を掴まれてしまいました。傷つけられるかもしれないというサタンに対する恐れは、ひょっとしたら彼の意志に屈してしまうかもしれないという、より深いところで感じる恐れに変わっていました。

そうして困惑していると、輝かしい天使がひとり、私のすぐ近くまでやってきました。もし私がサタンの言う通りにしたらどうなるかについて、天使は神聖なビジョンを見せてくれました。私は悲惨な状態に陥るところでした。サタンに従ったら、偽の預言者、黒魔術師になってしまうのです。高次や神とのつながりも失ってしまいます。自分のスピリチュアルな才能を野心的な目的に悪用することになります。それこそがサタンが本当に望んでいることだと、イメージは教えてくれました。サタンが欲しがっているのは私などではなく、私のスピリチュアルな才能でした。それも、邪悪な目的のために欲しがっていました。天使は、私のせいで傷つき、惑わされた人々の姿を見せてくれました。そのかたわらで私は、すべては神の思し召しであると偽りの言葉を並べています。他の多くの人たちと一緒に人生を無駄に過ごし、台無しにする未来が見えました。ぞっとしました。天使は、人生を終えた私があの世で低次の冥界に行くことも教えてくれました。あの世にいる私はスピリチュアルな地位をすっかり失い、神秘な才能を完全に没収されていました。天使が見せるイメージには、そうした背信を贖うにはどれだけ長く困難な道を歩まねばならないかも映し出されていました。身の毛もよだつシナリオでした。

私はすっかりショックを受けていました。でも天使が見せてくれた光景はすべて正しいこともわかっています。サタンとのこの邂逅の全貌が徐々に見えてきました。サタンは依然として非常に攻撃的で、今度は天使が私に与えてくれたイメージを追い払おうとしました。また、ますます恐ろしいことに、ここに来てサタンは自分こそがスピリチュアルな才能を授けている神であり、聖なる存在は敵であるかのようにふるまっていました。真実とは正反対ですが、サタン自身がそう信じきっているせいで、いかにも悪魔的なその構図の信憑性は複雑な形で増していました。

「さあ来なさい。私に従いなさい」とサタンは強く要求しました。

しかし、もう私は固く決心していました。どんな犠牲を払うことになろうと、サタンの言葉に屈することはありません。天使がさらに強い光をサタンに向けると、彼が正体をごまかすためにまとっていた偽物のオーラの向こうに本当のオーラが少しずつ見えはじめました。信じられないくらい暗く、恐ろしいオーラでした。

また、サタンが見せていたハンサムな外見も本当の外見などではないことが明らかでした。聖なる存在は私にサタンの本当の姿を見せないことにしました。私は感謝しました。なぜなら一回の邂逅でそこまで経験するのは負担が大きすぎたからです。

聖なる存在に阻まれていたのでサタンはそれ以上近づいてはきませんでしたが、エネルギーと声色は相変わらず攻撃的で、私の頭に考えを植えつけて味方に引き入れようとしていました。

「私はあなたを絶対に崇拝しません」と私は宣言しました。

「お前はバカだ」と彼は言います。

「私はキリストだけを崇拝します」と私は伝えました。

その言葉にサタンは本気で激怒したようでした。

「それならお前を苦しめてやる！」

私に服従の意志がないと気づいたサタンは執念を燃やしました。すると聖なる存在が彼を連れ去ってくれて、邂逅は終わりました。

過酷な体験をしたせいで私が動揺していると、教師役の聖なる天使が光を送って落ち着かせてくれました。

彼らは私に言いました。

「何が起こっているのかに気づかせてくれた神に感謝しなさい」

このときになってやっとしっかり理解できたのですが、これは試験だったのです。自分が授かったスピリチュアルな才能を利己的な目的のために使うという誘惑に耐えられるか確認するために、私は試練を受けたのでした。

五分あるかないかの出来事で、起こったことのなかにはお話できないこともあります。じつはこの体験についてこれほど詳しくお伝えするのは初めてなのですが、お伝えする理由はここでもやはり、聖なる存在がそうしなさいと言っているからです。恐がらせるためではなく、サタンが実在することを知ってもらうためにお話ししています。サタンは万能ではないし、やりたい放題にできる自由ももっていません。しかし、存在はしています。

サタンとの出会いは、悲しく、心が落ち着かなくなる体験でした。その時点まで私が重ねてきたスピリチュアルな体験は大きな歓喜に満ちていましたが、そういった悪を直接体験するのはハッとして酔いも覚めてしまうような出来事でした。私はしばらくこの出来事を引きずりました。ある意味では、スピリチュアルな無邪気さを失ったと言えます。私はもともと用心深いタイプでしたが、さらに用心深くなりました。ここでお伝えしたいのは、このように用心深くあることです。スピリチュアルな道のりは非常に刺激的で驚きに満ちているため、自分が感じているそうした刺激や驚きを世界中の人々が経験しているものと誤って思い込み、スピリチュアルと銘打ったものはすべて本当にスピリチュアルだと信じてしまうことがあります。これは端的に言って事実ではありません。この世には邪悪な勢力がいます。スピリチュアルな道のりにはたくさんの落とし穴があるので、人は注意深くあらねばなりません。いずれかの時点で人は試練の一環として、闇の勢力の誘惑を受け、〈神の光〉を選ぶことを学ぶのです。

良い面もあります。そういったスピリチュアルな試練を乗り越えると、人はいっそう強くなれます。私の場合は、この体験によってスピリチュアルな才能が新たな極みへと達しましたし、〈神の光〉の道を歩むという決心を深めることもできました。お前を苦しめてやるというサタンの言葉について言うと、彼は二度ほど私を殺そうとしましたが、そのたびに聖なる存在が守ってくれました。私がお伝えしたいのは、サタンの勢力は人を誘惑したり、脅かしたりしますが、人が〈神の光〉とともにいるなら、彼らのそうした言葉は無力だということです。サタンたちには力も知性もないと言っているのではありません。彼らは力も知性ももっています。しかし、〈神の光〉とともにある人であれば大丈夫です。強く、用心を怠らず、光のうちにある人に、低次の存在は触れることができないのです。

保護の力

こういったネガティブな影響から自分を守るために何ができるでしょう。まず、低次の勢力が最終的に狙っているのは人ではないということを理解してください。彼らの最終的な狙いはスピリチュアル・ヒエラルキーで、私たち人間は戦場です。低次の存在はスピリチュアルな源から自分を切り離したため、自分たちの計画を成し遂げるには他から神聖な力を盗まなければいけなくなりました。つまり、私たち人間から得たいのは、人間がもつスピリチュアルな光なのです。

人がもっているもので最も価値があるのは、名声でも、お金でも、権力でも、影響力でもありません。〈神の光〉です。人がもつその光は、良い言葉、考え、行動、行為のひとつひとつを通じて獲得したものです。人の魂のうちにある光はその人の意識に力を与え、何をするにも必要なエネルギーを与えます。スピリチュアルな梯子をのぼり、人生を最大限に楽しむ力をくれるのもこの光です。低次の存在は〈神の光〉がどれほど貴重かを知っているので、得るためなら何でもします。

しかしながら、低次の勢力は人から簡単に光を奪うことはできません。低次が及ぼす影響に対して、人のほうがある程度まで心を開く必要があります。じつのところ、本人が許可しないかぎり、どんなネガティブなエネルギーもその人のオーラに入ることはできません。自分の意識を完全に純粋な状態に保つことができたなら、低次の存在に触れられる危険はなくなります。問題は、私たち人間は完璧な世界に生きているのでもなければ、完璧な存在でもないので、ネガティブな影響を受けてしまう恐れがあるということです。

ネガティブな影響から守られている状態を保つ三つの鍵は次の通りです。

1．保護の光を使う

自分の周囲に保護の光を巡らせておくことは、ネガティブな影響を遠ざけるためにとれる最善策のひとつです。スピリチュアルな面での保護は非常に重要です。安全のために家や車に鍵をかけるのと同じように、自分の周囲に保護の光を保つことは重要なのです。保護を役目として負っているスピリチュアルな存在は大天使ミカエルです。ミカエルや保護の天使の力を借りましょう。どの魂にも二、三人の保護の天使がついています。常に全員いるわけではないものの、必要なときにはやってきます。本人が気づいていようといまいとその人を守っています。もっと直接的に交流すれば、よりよいつながりを築けます。保護の天使は人のオーラに保護の光を添え、人が神とのスピリチュアルなつながりを維持できるようにします。

また、ボディガードになってくれる天使もいます。この天使は保護の光を強化し、保護の天使とともに悪の接近をはねつけ、危険や物理的な苦痛に対して警告を発してくれます。

保護にとても効果的なスピリチュアルな力をもつ光線は金色の光線です。この光線はダイナミックな力をもち、高次が人を保護の光で包むときに用いる光線です。普段から使っていただきたい、身を守るのに役立つ効果的な訓練をご紹介しましょう。立ち上がって、両腕を地面と並行に伸ばし、広げてください。目を閉じて、金色のシャボン玉のような光が手の届く範囲よりも少し大きく自分の周囲を取り囲んでいる様子をイメージしてください。そうして次のお祈りを唱えます。

金色のシャボン玉のような保護の光を得るための瞑想の祈り
天の父であり神聖な母である神様、大天使ミカエルと保護の天使の指揮のもと、金色のシャボン玉のような保護の光で私を七回包み、その聖なる力でお守りください。

この言葉を唱える際には、光が時計回りに七回自分を包み込むところをイメージしましょう。そのイメージをしばらく保ち、力が確立されるのを感じたら終わりです。この保護の祈りは瞑想の前に毎回行い、また少なくとも一日に一度は唱えて、保護の光を維持することをお勧めします。何かに心を乱されたり、危険が迫っていると感じたりしたときもやはり、この力を強化するとよいでしょう。祈りを終えたら力は確立されていますので、保護について考える必要はありません。

2．ハイヤーセルフとつながる

人間である私たちはみな、誘惑を覚えます。自分の意識をハイヤーセルフに上げることで、人は誘惑を抜け出して上昇することができます。地上にいる魂は全員、ハイヤーセルフをもっています。オーラのなかの頭上六十センチくらいのところで、光を放つ点として見えるのがハイヤーセルフです（第14章を参照）。ここに注意を向けると、人として味わう労苦を超越したところに自分の意識を上げた状態になります。また、そこには低次の悪魔的な影響が及びません。低次の勢力は人のハイヤーセルフには触れられないのです。低次の勢力は人がハイヤーセルフに達するのを止めようとしますが、いったん達してしまえば、人は完全に「全能の神の加護を受けた状態」になります。

ハイヤーセルフという高次の性質にうまく到達するための鍵は、心をかき乱すような思考や感情に陥らないことです。そうした思考や感情に陥るとその段階に囚われて、意識のより高い領域に到達しづらくなるからです。また、誤った考え方によりきわめて巧妙に欺かれてしまうのも、そういった状態にあるときです。人が悲しみ、怒り、嫌悪、自己憐憫に溺れているときは、低次のエネルギーが与える影響に対してつい無防備になります。怒りが爆発したら毎回そうなるとは言いませんが、ネガティブな行動をしつづけると低次のエネルギーを引き寄せてしまう可能性があります。つまり、ポジティブな状態の意識を保つことが、精神を高めて身を守るためには不可欠なのです。

3．教師役の天使を呼ぶ

人は保護の天使とボディガードに加えて、いつでも自分の先生を呼ぶことができます。教師役の天使は毎日最前線で人々を支えています。確信がもてないことや不安に思うことがあって導きが必要なときは、教師役の天使を呼んで啓示を与えてもらいましょう。これから降りかかりそうな災難を彼らは教えてくれるはずです。

†

この章を締めくくるにあたり、サタンが私たちの人生に影響を与えられる期間は終わりに近づいていると言わせてください。長いあいだにわたって、スピリチュアル・ヒエラルキーは事態を変えるために大変な努力をしてきました。新しい時代は急速に近づいており、訪れた際にはスピリチュアル・ヒエラルキーがこの地上を完全に支配します。彼らはこの惑星と進化の過程全体を当初の計画通りに導けるようになります。スピリチュアルな浄化の最終段階にある今は〈神の光〉から離れないようにと、聖なる存在は伝えています。つらい日々が待っているかもしれないと忠告もしてくれていますが、最終的には〈神の光〉が勝つことでしょう。人はスピリチュアルな人生を精一杯生きることで自らの役割を果たし、あとは神に任せればいいのです。

第4部　知覚の手段

第12章　サイキック界と聖なる世界

第4部では、透視能力やテレパシーといった手段を使って聖なる存在と交流するプロセスを詳しく見ていきます。スピリチュアル・ヒエラルキーを感知し、彼らと交流する能力は、真に啓発された魂の特徴のひとつです。しかし、透視能力やテレパシーは多々あるスピリチュアルな学びのなかでもきわめて誤解され、誤用されているものでもあります。私の場合、透視能力は三歳のときに目覚めました。また、ほぼ同時に、あちらの世界の聖なる存在と精神でコミュニケーションがとれるようになりましたが、それは透視能力者として訓練を受け、才能を利用して常に聖なる存在とやりとりができるようになるずっと前のことでした。その資格を獲得するには、長い年月をかけて献身と奉仕をする必要があったということです。今日でさえ、私はなお、聖なる存在との関係を深めている途中です。

スピリチュアル・ヒエラルキーとの交流は大きく二つのカテゴリーに分類されます。サイキックな力を使ったものと聖なる力を使ったものです。聖なる存在とどのように交流するかを理解し、危険を避ける方法を学ぶために、一歩下がって命のサイキックな次元と聖なる次元の違いについて少し集中的にお話ししましょう。二つは形而上学を学んでいる人たちの多くは、この二つのあいだに違いがあることに気がついていません。二つは同じものだと考えていますが、実際は大きく異なります。

命のこの二つの次元について考える際に覚えておいてほしいのは、「聖なる存在と交流するために、彼らを知覚する必要はない」ということです。彼らはすでに人に働きかけています。生活や瞑想、そして祈りに聖なる存在を取り入れ、彼らを理解することは、直接交流するための第一段階です。いっぽうで、たとえ透視能力やテレパシーがない場合でも、透視やテレパシーの仕組みを理解することは高次と交流するうえで不可欠です。また、高次と連絡を取り合っていると主張する人と付き合いがあったり、協力して何かに取り組んでいたりする人にとっては、これがとりわけ重要になってきます。

透視能力のような才能は単なる好奇心のためのものではありません。なぜならスピリチュアルな意味で知覚するということは、高次を見ることだけを指しているのではないからです。聖なる存在との交流は、人生に変化をもたらす創造的な経験です。同時にいくつもの力学が働いていて、だからこそ聖なる存在と純粋に交流できている瞬間は非常に神聖なのです。

聖なる存在とコミュニケーションをとり、交流することは、古代の世界では最も神聖な行為のひとつでした。神聖なる行動《テウルギー》と呼ばれるこの実践は、神秘能力者が聖なる存在と交流することを指していました。新プラトン主義者のあいだではテオファニー、すなわち「神の出現」と呼ばれた営みです。神秘能力者のヘレナ・ブラヴァツキーはテオファニーを「秘儀に通じ、神もしくは神々と交流できるスピリチュアリティを備えた人間が、神もしくは神々と交わすコミュニケーション」と見事に定義しました。ブラヴァツキーはさらに、聖なる存在と真に交流できるようになるには、神聖な清められた人生を送らねばならないと続けています。彼女が言うように、「聖なる存在のヒエラルキーがもつ本質的な意味を知り、命の純粋さを知ることによってのみ、彼らと交流するための力を得ることができます。そのような崇高なゴールに到達したければ、人は紛れもなくそれにふさわしい人間にならなくてはいけない」のです。

交流できる場所へとたどり着くために、古代の人々は多くの試練や試験を乗り越えて、自分がそれにふさわしいことを証明しなければなりませんでした。利己心や下心が少しでもある場合は、そういった欲望を抑え、魂の準備ができるまで待たなければなりません。スピリチュアルな力を誤用すると大きな危険を招いてしまうからです。透視能力を利己的な目的に向けたら、神への無私の奉仕であったはずのものが黒魔術に変わってしまいます。故意であろうとなかろうと、邪悪なスピリットを呼び出すことになってしまいます。テオファニーの神聖な実践は妖術に変わる可能性があるのです。

神秘体験に近道はありません。人格を養い、直感を鍛えることが、高次と交流するための鍵です。最終的に人はみな、それぞれのちょうど良い時期に聖なる存在と出会うことになります。

サイキックな領域

では、サイキックな世界を検討することから問題を掘り下げていきましょう。サイキックという言葉は、ギリシャ語のプシュケから来ていて、これには二つの意味があります。ひとつは「精神に関する」という意味で、たとえば心理学を表すサイコロジーという語で使われています。もうひとつは「魂に関する」という意味で、命に生気を与える性質を指します。この二つめの意味が、サイキックという用語の本来の形而上学的用法でした。人がもつサイキックな性質はその人の内なる本質だったのです。サイキックなエネルギーを、宇宙に充満し、あらゆる生物に生気を与える一種のスピリチュアルな流体だと考えた人もいます。時が経つと定義も変わり、今日のサイキックの一般的な定義は、物理法則によって説明がつかないように見える才能や現象とされています。

サイキズムに関して今日のような理解が欧米に広まったのは一八〇〇年代のことですが、その背景にはヨーロッパとアメリカで大きな人気を博していた心霊主義《スピリチュアリズム》の影響がありました（もちろん、サイキック現象は西洋文化に限られたものではありません。インドではサイキックな技能を使った実演が数多く見られます。シャーマンの営みの多くも本質的には同じくサイキックです）。有名な能力者には、フォックス姉妹の二人などがいます。この二人はその技能を使ってさまざまな実演を披露しました。心霊主義者のグループも交霊会を開催して物質化現象を起こしたり、霊媒やトランス霊媒を介してスピリットと交信したりするなど、サイキックな活動を行いました。心霊主義運動の主な目的は、この物質界を超えた存在があることを証明することでした。心霊主義者は物理的・科学的な理解では説明がつかない芸当を行い、多くの科学者をサイキック現象で困惑させました。心霊主義は、物質界を超えた世界が本当にあることについて何らかの証拠がほしい人たちを惹きつけました。

サイキック・エネルギーは、アストラル層やアストラル界として知られる次元から力を得ています。アストラル界は命における領域で、物質界と隣接しています。アストラルという語は「星の」という意味のラテン語に由来します。アストラル界はあの世です。この世から死という入口を通ってあの世へわたるとき、私たちはアストラル界にわたります。従って、アストラル界は物質界に最も近い、命の非物質的な次元だと言えます。

アストラル界は多元的です。そこにははっきりと区別できる七つのレベル、もしくは層があります。これらの各レベルにはさらに七つの下位層があるので、アストラルな事物は全部で四十九の段階で構成されていることになります。アストラル界は段階をのぼるにつれて成長の度合いが増し、第一アストラル界が最も原始的、第七アストラル界が最も成熟しています。あの世にわたるときには、地上にいるあいだにどれだけスピリチュアルな力を獲得できたかによってアストラル界のどの段階に引き寄せられるかが決まります。

アストラル界は聖なる世界への足がかりです。この次元では天の波動に順応することを学びます。地上での経験を吸収して、スピリチュアルな教示を受け、〈神の光〉のなかで成長します。アストラル界は地上からわたる到着地であり、地上へと転生するときの出発地でもあります。

物質界で物質的な経験をしている今も、私たちはアストラル界とつながっています。肉体をもって地上に転生するとき、自分のアストラル体も一緒にもってくるからです。転生しているあいだ、アストラル体は肉体を支えています。アストラル体はアストラル界へとつながるリンクです。死ぬときには肉体を捨て、完全にアストラル体のなかに入り、アストラル界に戻ります。つまり、地上にいるあいだは、物質だけでなくアストラルなものにも包まれているということです。

サイキック界とは、地上にいるあいだにアストラル界とつながって力を発揮することに言及する言葉です。サイキックとは、アストラル界からのそうした支援に目覚めている状態を意味します。

サイキックをバランスよく使えば、非物質的な環境に慣れることができます。人のサイキックな側面は進化にとって重要です。それは内なる世界について教えてくれます。スピリチュアルな存在に対して準備させてくれるのがサイキックです。直感の多くはサイキックのなかで始まります。サイキック界は日常の生活から連れ出してくれます。それは驚くべき世界です。サイキックな次元を通じて、人はスピリチュアルな色を見たり、亡くなった魂とつながったり、予言を得たり、スピリットと話したり、サイキック現象を生み出したりすることができます。

人がスピリチュアルな目覚めを体験するとき、聖なる存在が最初に呼び覚ますのはその人のアストラルな部分です。聖なる存在は人のアストラルな部分を刺激して、スピリチュアルな道へと誘います。これが、アストラルなものを聖なるものだと取り違えやすい理由です。しかし、人がいったんスピリチュアルな道に目覚めたら、聖なる存在は、サイキックな次元を突き破って自らの高次の神聖な本質とつながるように促します。高次の自分とつながれば、神秘の道に足を踏み出したことなります。そうしてここから、人は完全に神からの支援に頼ることを学んでいきます。

†

サイキックはスピリチュアルな道を歩む助けになってくれますが、スピリチュアルな導きや成長についてサイキックを当てにしてはいけません。サイキック界の表現範囲は限られています。物質界の表現範囲よりは広いものの、聖なる世界、あるいはエーテル的領域と比べたら、まったく力に劣ります。また、アストラルな領域の波動は混成的です。進化した意識とそうでない意識が混在しています。つまり、サイキックな経路のみを通じて得た情報は正確かどうかわからないということです。その情報がサイキック界のどのあたりから来ているかを区別することは容易ではありません。注意していないと、気づかぬうちにアストラルの低次な部分に心を開いてしまい、たくさんのトラブルを招いてしまう恐れもあります。
私たちはみな、何らかの形でサイキック的な部分をもっています。それは人の性質の一部です。サイキックになることも、それ自体は難しくはありません。一種の才能を生まれつきもっているか、あるいは学んで獲得することが必要になりますが、サイキックであるためにスピリチュアルな進化を遂げている必要はないからです。訓練を積んだサイキックたちが、必ずしも他の人よりスピリチュアルな面で成長しているわけではありません。いっぽうで、スピリチュアルな成長もしつつ、サイキックなレベルでも活動している非常に善良な人たちもいます。こういった人たちはもちろん高次の存在と交流していますが、透視であれ、チャネリングであれ、サイキックな活動に必要な力は命のアストラルな領域から引き出しています。

サイキックなレベルで活動しているとき、人はハイヤーセルフとはつながっていません。人が自分のもつ聖なる力とつながれるよう、聖なる存在が働きかけるのはこのためです。自分に秘められた聖なる力とつながることができれば、サイキックな自分も物質的な自分もコントロールできます。言い換えれば、アストラル的な力あるいはサイキックな才能には、使用に適した場があるということです。神は理由があってそうした能力を人に与えましたが、人はそうした能力にもとづいてスピリチュアルな基礎を築くべきではありません。物質界の限られた視点にのみ頼るべきではないのと同じように、サイキック界の限られた視点に頼るのはよくありません。まずは自分の神聖な性質とつながりましょう。その神聖な性質を通して、他のすべてのものを取り入れるのです。

サイキックな影響から抜け出すのは大変な作業です。私たちの生きる世界では毎日、途方もない量のサイキックな事象が起こっています。そうした事象に影響されないようにするには非常に大きなスピリチュアルな力が必要です。しかし、スピリチュアルな道を歩むうえできわめて重要なポイントは、自分自身のサイキックな部分をコントロールできるようになることです。

サイキックな力を得ることは魅力的で刺激的かもしれません。普通ではないことを体験し、その体験に陶酔してしまうこともあり得ます。ここで注意しなければならないことは、そういった体験をもとに物事を判断しないことです。私は、サイキックなビジョンを見たことで多くの生徒がエゴを増長させるのを見てきました。こういった生徒たちは他の人より自分のほうが進んでいると感じはじめ、そう感じることによってスピリチュアルな成長に害が出てしまいました。サイキックな力が仕掛ける罠に捕われないでください。私は半分冗談で、サイキックな力が仕掛ける罠を「サーカスの舞台」と呼びますが、その理由はサイキック現象がサーカスのショーのようだからです。どんなサイキックな体験をしたとしても、そうした体験に感謝しつつ、スピリチュアルな成長を第一に追求してください。

命の聖なる次元

サイキックが聖なるものでないとすれば、命の聖なる次元とはいかなるものなのでしょうか。人の魂は何段階にも分かれたアストラル界の次元を通って進化し、やがてアストラル界全体を通過します。アストラル界を通過したら、今度はスピリチュアルな進化における次のステップ、すなわち天界へと入る準備をします。天界は意識の聖なる領域です。

天界は物質界とアストラル界が発生した源です。つまり、神聖な源から流れ出すスピリチュアルな光や導きやインスピレーションはどれも、最初に天界を通って人へと届けられるということです。天界は人のスピリチュアルな進化を導く領域です。スピリチュアルな司令部です。天使や大天使などの聖なる存在は、この天界で人類のために働いています。天の領域はスピリチュアルな真の知の源です。人が神との直接のつながりを作る領域でもあります。しかし、単に善良であるだけでは、地上から天界へと飛んでいくことはできません。人は成長することで、確実に進化のプロセスを経て天へと到達するのです。

アストラル界のひとつ上の段階にある天界は、神秘能力者たちには〈スピリチュアルなエーテル界〉として知られています。〈スピリチュアルなエーテル界〉である天界は、暗闇もなければ未進化の意識もない、〈神の光〉と力の場所です。天使や大天使は私たちとつながるためにこの〈スピリチュアルなエーテル界〉で働きかけています。このことは私たちがすでにスピリチュアルなエーテル界とつながっていることを教えてくれます。このつながりのおかげで〈神の光〉や聖なる存在からの愛を受け取ることができるのです。誰もがこの神聖なつながりをもっていますが、自身のこの部分に意識的に働きかけると、聖なる存在や彼らの居場所である天界とのつながりを大いに深めることができます。

人は物質的・アストラル的存在であるときも、自身の神聖な性質とこのように直接つながっています。つなげているのはその人のハイヤーセルフです。ハイヤーセルフは本人がそのつながりに気がついていようといまいと、その人に働きかけています。そうした高次の性質に意識的につながる努力をすることで、人は神聖なる領域や、スピリチュアル・ヒエラルキーをはじめとするすべての聖なる存在と直接つながれるのです。

聖なる道こそが永遠の命へとつながる唯一の道です。サイキックは永遠の命を与えてはくれません。聖なる道だけが与えてくれます。スピリチュアルな世界と先につながることで、サイキックな世界に支配されることを避けられます。スピリチュアルな力を伸ばすほうが時間も労力もかかるのは知っていますが、聖なる力とサイキックな力の両方を鍛えた人間として言えるのは、この二つは比べものにならないということです。聖なる世界から受ける報いは、サイキックな世界から得られるどんなものよりも、はるかに価値があります。

人がもつ聖なる自己は神の流れと直接つながっています。そのつながりがあれば、完全に正確な答えと導きだけを得て、自身のスピリチュアルな成長に役立てることができます。導きは〈スピリチュアルなエーテル界〉から直接受け取らなくてはいけません。素晴らしいハイヤーセルフが聖なる自己とつながる鍵です。スピリチュアルな世界とつながれるというのに、サイキックな世界に甘んじる理由があるでしょうか。聖なる世界に到達するにはより多くの努力が必要ですが、はるかに大きな報いを得られます。ペントハウスまで行けるのに、なぜ六階で降りる必要があるのでしょう。聖なる世界が呼んでくれているのに、サイキック界の魅力に惑わされる必要はありません。選ぶのは自分自身です。

サイキック界を超えて

お気づきのように、本書はサイキックな能力を伸ばすための本でも、サイキックや霊媒師になれるようにする本でもありません。そういった内容を期待している人に向けて書かれた本ではないのです。形而上学の役目は、人が物質界やサイキック界を超えて自身の神聖な性質と直接つながれるように導くことであり、そうした超越こそ至高です。

サイキックな領域を超える鍵はいくつかあります。ここではとても効果的な方法を二つご紹介しましょう。

1．サイキック現象に魅了されない

サイキック界の体験というのは夢中になってしまいやすいものです。私の師アイネズ・ハードは生徒に対し、「自分にはスピリチュアルな色が見えて、仲間の生徒たちには見えないから、自分のほうが優れているとか、成長していると思いますか。もし思うなら、自分のエゴをじっくり見つめたほうがいいですよ」と言って注意したものでした。

サイキックなビジョンが見える場合は、正しい道を歩んでいる証拠だと思って感謝するにとどめ、大げさに考えすぎたり、スピリチュアルな意味を探ったりしないようにしましょう。そうした体験は、単にスピリチュアルな旅を進めるように促すための刺激でしかありません。そういった体験に夢中になってしまったら、スピリチュアルな成長が遅れたり、滞ったりする可能性があります。私が教えている生徒たちは、他の人は

サイキックな体験をしているのに自分はしたことがないという理由で落胆することがあります。私は常に、サイキックな体験はスピリチュアルな成長度合いを示すものではないのだと思い出してもらうようにしています。
神智学者のウィリアム・ジャッジは著書『春の花』で、サイキックによる「酩酊状態」と彼が呼んだものの危険性について雄弁に語っています。

道を歩きはじめた生徒が、折に触れて点滅する光や足下を転がっていく金色の火の玉を見はじめても、本当の自分が見えるようになってきているということにはならない。〔……〕霊的な青い炎が閃めこうと、のちに起こる出来事を予見しようと、アストラルな光の断片が過去や未来を見事に映し出そうと〔……〕人が自らのスピリチュアルな性質を伸ばしている証拠にはならない。こういった現象に心を奪われ、陶酔してしまわないように警戒しなくてはならない。〔……〕陶酔してしまえば酩酊状態となり、思考力は低下してしまう。〔……〕なぜならその種の酒に酔っているようなものだからだ。〔……〕アストラル界とはサイキックな感覚の世界に等しいものであり〔……〕しっかり理解しておかねばならないものなのである。

インドのヨギであるスリ・オーロビンドはサイキックな領域を「中間地帯」と呼び、一九三三年に公開された書簡でその危険性について警鐘を鳴らしています。以下はその書簡の引用です。

ここは実際のところ、中間状態——通常の意識とヨガの真の知とのあいだの移行地帯——だ。この地帯を苦痛なしに通り抜ける人もいるかもしれない。そういう人は瞬時に、もしくは早い段階で、その本当の性質を理解し、薄明かりに惑わされることなく、魅力的だが不完全で純粋さや信頼性に欠ける体験を拒否するのだ。いっぽうで、道に迷う人もいるだろう。偽りの声や嘘混じりの導きに従い、その結果、スピリチュアルな面で不幸を味わうことになる人だ。あるいは、この中間地帯に居場所を得る人もいるかもしれない。それ以上先に進むことは考えず、半端な真実を作り上げては偽りのない真実だと人に信じさせたり、そういった移行的な次元がもつ力の媒介者になったりするのである。居場所を得るケースは、多くのサーダカやヨガ行者に見られる。

これらの危険性に対する対策は、サイキックな体験はただ冷静に受け流し、聖なる世界に意識を向けた状態を保つことです。この方法が、サイキックを超える最大の鍵のひとつになります。

2．導きと指南を得るためにハイヤーセルフと直接つながる

ハイヤーセルフは、障害となる物質的・アストラル的な力を超えて自分の聖なる部分に直接到達するための鍵です。ハイヤーセルフは、神なる存在と直結しています。常にそばにあって、常に信頼できるものです。高次とのつながりを作れば、神なる命の恩恵を受けることができます。自身のハイヤーセルフと〈神の光〉の力を借りると、進化の速度を大いに速められます（ハイヤーセルフの詳細については第14章で説明します）。

自分のもつ神聖な性質に手を伸ばすことにより、サイキックの領域と距離をとるための瞑想の祈りは、次の通りです。

サイキックな世界を超えるための瞑想の祈り

天の父であり神聖な母である神様、私は聖なる存在が神の純白の光を私の意識の隅々まで投射し、サイキック／アストラル界にまつわる見せかけの魅力、陶酔、執心、妄想や幻想をすべて超えるための力を与えてくれるようにお願いします。私の〈スピリチュアルな知のハイヤーセルフ・ポイント〉を通して、真の正確な知恵と啓示の唯一の源である神なる存在に対し、忠誠を宣言します。サイキックなロウアーセルフの誤ったイメージをすべて拒否し、私は完全にハイヤーセルフとつながります。ハイヤーセルフが私のサイキックな性質と物質的な性質を導きと調和と支配のもとに置くよう求めます。私の神聖な性質を支えてくれる聖なる存在が、人生のすべての面で私を導き、指南してくれますように。愛を込め、心より謹んでお願いします。そうありますように。

第13章　透視の神秘

透視能力者として最も頻繁に尋ねられる質問のひとつは、「私も透視能力者になることができますか」というものです。透視はきわめて大きな神秘性をもったスピリチュアルな領域です。信じる人と信じない人が分かれる領域でもあり、透視能力者やそうなりたい人にとっては驚嘆の領域です。

この質問に対する答えは「はい」です。もちろん、人は学んで透視能力を高めることができます。入念な研究と訓練をすることなく透視能力者になれる人はいません。才能や能力というものはどれもそうであるように、透視能力もただ偶発的に生じるのではありません。努力を重ね、生涯にわたって成長することによって、人は透視能力者になる資格を得ます。その才能を伸ばせるか否かは、決意と訓練にかかっています。

透視は紛れもなく素晴らしいものです。物質的な体にいながらにして、物質的な領域を超えたものを見られるのですから、興奮します。そしてもちろん、透視を使えばスピリチュアル・ヒエラルキーを完全に感知し、交流することができます。正しく用いれば、スピリチュアルな成長に不可欠な力となるでしょう。しかし、スピリチュアルな世界における他の多くの面と同様に、透視とその正確な仕組みについては多くの誤解があります。

英語で「透視」を意味するクレアボヤンスという語は、「はっきり見ること」を表すフランス語から来ています。透視は、身体的な感覚の範囲を超えた領域にある命を感知する能力に関係しています。第六感、第三の目、預言、神秘能力など、多くの用語がこの能力を表す語として使われます。

透視能力者になる方法を教えることがこの章の目的ではありません。どんな本にもそんなことはできません。私の場合は、熟練の透視能力者として、スピリチュアルな道を歩む人々を助けられるようになるまで、何年間も地道に努力し、研究を重ねなければなりませんでした。しかし、透視能力をまだ開発していない場合でも、人は自分がもっているスピリチュアルな感覚を使っているため、そうした感覚について知っておくことは重要です。そうした感覚は人のスピリチュアルな装置の一部であり、その人のスピリチュアルな成長を促し、ヒエラルキーとの関係作りに役立っているのです。

透視はスピリチュアルな進化の副産物です。スピリチュアルな成長に集中していれば、透視能力はいずれ開花します。透視の仕組みを理解するには人のスピリチュアルな構造に関する高度な知識が必要となるため、説明しようとすると複雑で難解になります。人のオーラの構成や、肉体を支える非物質について詳しく知っていること、人の意識内で作用しているさまざまなスピリチュアルな力を把握していることなどが必要なのです。ここでは、透視がどのように高次の存在の感知につながるのかを重点的にお話ししますが、こうした導入的な説明をするだけでも、考慮すべき点がいくつかあります。

聖なる存在を感知して対話するプロセスは、以下にあげる複数の方法で機能します。

直感とインスピレーションによる働きかけ

直感とインスピレーションは間違いなく、人が聖なる存在とつながるときの最も一般的な誘因です。直感とは、聖なる存在からの語りかけです。本人が気づいているか否かにかかわらず、人は毎日聖なる存在から直感的な働きかけを受け取ります。同様に、聖なる存在はスピリチュアルな旅をする人を助けるために、新しい考えすなわちインスピレーションも頻繁に与えます。直感についてはこの章の最後で、インスピレーションについては第16章で、あらためて取り上げてお話しします。この二つは、聖なる存在につながる方法として最も即効性があり、欠くことのできない方法だからです。

高次から与えられるビジョン

高次から人の精神に送られるビジョンは、正確には透視の経験ではありません。スピリチュアルな感覚を使って得るものではないからです。こうしたビジョンは、高次の聖なる存在が人を励ましたり、教えたり、あるいはその人のスピリチュアルな達成の度合いを認めたりするために与える祝福です。精神にビジョンを得ているあいだは〈神の光〉や天使などの聖なる存在を「見る」ことができるので、透視を体験しているように思えます。与えられるビジョンには、精神世界に関する素晴らしいものや、将来起こる出来事の様子、あるいは今起きている事柄についての洞察などがあります。

真のビジョンを受け取る体験は、人生を変えてしまうような出来事です。聖なる存在が永遠を垣間見させてくれたような気がしますし、いろいろな意味で、実際に見せてくれています。人がビジョンを見ているあいだ、聖なる存在はその人の意識を高め、直接精神に刺激を与えて、彼らが見せたいと思っているものを見せます。見ている最中は、スピリチュアルな感覚はまったく働いていません。意識の高まりに合わせて、精神に直接イメージが刻みつけられます。高次から精神に送られるビジョンは素晴らしいものですが、彼らの姿は実際には見えていない点に注意してください。生き生きとしたビジョンだけを与えられています。

オーラで確認すると、ビジョンはきわめて美しい覚醒した思考形体がその人を祝福しているように見えます。いつ現れてもおかしくないものですが、めったに現れることはありません。ひとたび現れれば、抗し難いものになりますし、得た人が自分はスピリチュアルな極みに達したのだと誤解してしまう可能性があるため、聖なる存在は稀にしかビジョンを与えません。

霊媒とチャネリング

霊媒能力は、死後の世界にいるスピリットとアストラル／サイキックな次元を通じてテレパシーで交信する能力です。スピリットが霊媒師の精神にメッセージを送り、霊媒師はそのメッセージをキャッチして他の人に伝えるというのが、その原理になります。スピリットとコミュニケーションをとる際には非常によく使われる手法です。米国降霊術信者協会は霊媒師を、「スピリットの世界の波動に敏感で、あの世の知的存在がメッセージを伝えたり、心霊主義的現象を起こしたりできるように、その媒介となれるもの」と定義しています。霊媒能力を理解するためには、テレパシーがどのように働くかを少し理解する必要があります。形而上学によれば、思考は脳に閉じ込められているものではありません。考えるという活動は正確には精神による活動であり、精神は脳とは明確に異なるものです。脳というのは、精神が使う物理的な道具です。精神は考えを脳に刻み、その考えが脳に記録されると、人はその考えを思考として受け取ります。つまり、人は脳が考えているように感じるのですが、実際はそうではないのです。

オーラにおいては、頭のチャクラすなわちメンタル・チャクラが、人の意識の核、つまり考える自分です。

今考えているあらゆることは、その考えの質に一致したスピリチュアルなエネルギーをメンタル・チャクラから放散しています。メンタル・チャクラが精神の流れを脳に刻むと、人はその流れを思考として受け取ります。

この精神の流れは移動できます。たとえば誰かのことを強く思っていると、思っている相手に思考の流れを送ることができます。相手がその思考を感知できるなら、それを拾い上げられるのです。こうした精神の流れを移動、すなわちテレパシーを使った思考伝達は常に起こっていますが、意識的に感じ取っている人は多くありません。同様に、思考の流れをこちらに向けて投射しているかもしれない誰かから、自分が考えを受け取る可能性もあります。受け取る思考は前向きなものである場合も、否定的なものである場合もあります。人の思考は非常に強力であり、自身の思考の質に気を配ると同時に、他の人から受け入れる思考の質も意識することが非常に重要だということです。

精神間で行われるこのような思考のやりとりは、片方の精神からもう片方の精神へと思考が移動する形で行われ、精神の持ち主である二人はどちらも肉体をもっています。いっぽう、霊媒を行う場合はサイキックなコミュニケーションをとることになります。霊媒師は自身の精神のアストラル／サイキックな部分にアクセスする方法を学んでいて、アストラルな思考を受信できます。霊媒能力は、アストラル／サイキックの次元を通じてテレパシーをやりとりできる能力なのです（図表6を参照）。

最も一般的な霊媒の方法は、スピリットガイドと行うものです。スピリットガイドは進化した人間の魂であるため、進化の途上にある人とスピリチュアル・ヒエラルキーの橋渡しをするのに理想的です。スピリチュアル・ヒエラルキーはスピリットガイドを通して人を鼓舞し、向上させることができます。

天使や大天使といったスピリチュアル・ヒエラルキーに関して言えば、コミュニケーションの経路として

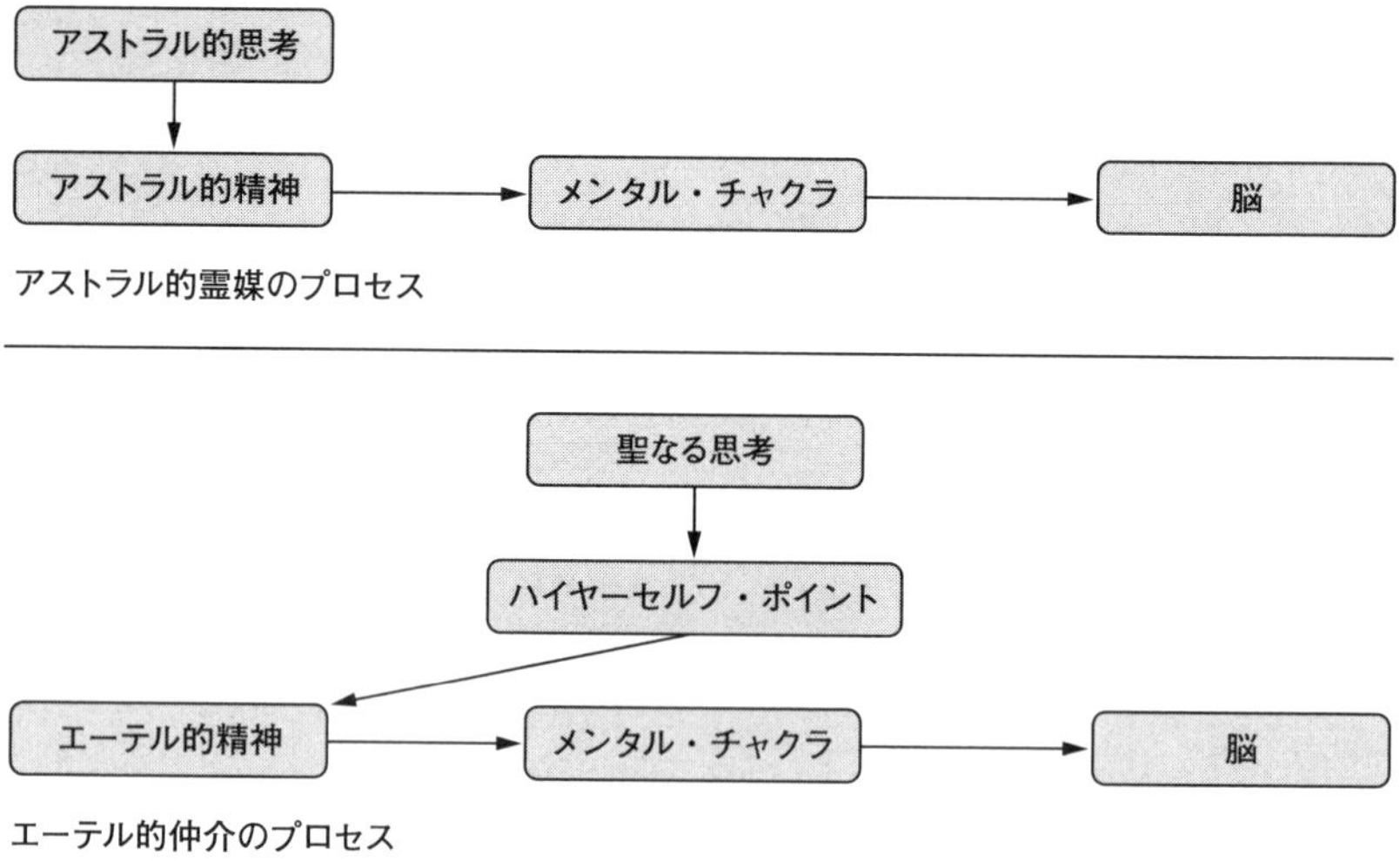

図表6　アストラル的テレパシーとエーテル的テレパシーの違い

霊媒を使う機会は比較的少ないかもしれません。アストラル的精神は、聖なるレベルからの信号をある程度まで拾うのには十分繊細ですが、この伝達はハイヤーセルフを経由していないため、霊媒師はメッセージを取り違える可能性があります。概して、天使や大天使が霊媒師を通して直接話すことは一般的ではありません。霊媒のメカニズムは天使や大天使が使う通常の通信回線ではないからです。

ここで浮上するのが、霊媒師は神秘な性質を通して交信していないため、ほとんどの場合、どんなスピリットが自分を通して実際にやってきているのかを確認できないという問題です。相手に尋ねることはできますが、答えが正確であるという保証はありません。誤った内容を伝達してしまう可能性を減らすために、良い霊媒師はしばしば特定のスピリットと親交を深め、親しくなったスピリットと頻繁に交信するようになります。相手の波動に慣れているからです。

霊媒能力のもうひとつの側面として、チャネリングがあります。今日、チャネリングと霊媒という用語は区別なく用いられることも少なくありませんが、少し違いがありそうです。歴史的には、チャネリングはトランス状態で行う霊媒もしくはチャネリングの一形式です。

トランス状態で行う霊媒では、媒介となる霊媒師は催眠状態になって、降霊中は実際に何が起こっているかにまったく気づいていないことがよくあります。霊媒師は、死後の世界から来るスピリットが入るための器になってしまうからです。いったんこのトランス状態が確立されたら、死後の世界から来たスピリットは霊媒師の体を本人に代わって操り、聞いている相手に霊媒師を通して話しかけます。このスピリットは「支配霊」として知られています。このようにして、その場にいる人たちは、願わくは死後の世界から来た進化した魂であってほしい存在と直接やりとりできるようになります。

スピリットの世界と交信できない人にとって、こうした場は死後の世界と直接交流できる素晴らしい機会のように思えます。トランス状態による霊媒は通常ドラマチックなので、全体的なインパクトも強くなります。スピリットが入ると、霊媒師の体と声はふだんとまったく異なる様相を帯びることもあります。たいていは、進化した魂と交信できるというのがうたい文句ですが、なかには有名人の霊と話せるとうたうものすらあります。しかし実際には、透視能力者でないかぎり支配霊を見ることはできないため、通常の霊媒と同様、誰が来ているのかを確認することはできません。

トランス状態で行うチャネリングは一種の催眠です。ただし、この場合の催眠術師はこの世の人ではなく、死後の世界のスピリットです。支配霊は霊媒師のアストラル的精神に催眠術をかけるプロセスを経て、霊媒師にアクセスします。このスピリット、つまり支配霊は、トランス霊媒師の潜在意識のなかにある特定のキーをいくつか押し、それによってトランス状態に陥らせます。

利点と課題について言えば、トランス状態で行う霊媒も通常の霊媒と同じ利点をもち、同じ課題を抱えています。ただ、トランス状態での霊媒の場合、降霊中は霊媒師が完全に受け身の状態になるため、さらなる危険が伴います。通常の霊媒では霊媒師はまだ事態を掌握しているので、いつでも交信を止めることができますし、アストラルなやりとりをどの辺りまでするか、自分で決めることができます。いっぽう、トランス状態の霊媒では支配霊が主導権を握っています。トランス状態で交信を行うあいだは、霊媒師をサポートする助手がつきますが、それでも主導権を握っているのはスピリットです。

スピリットガイドとは、彼らが望めばこうした経路を通して交信できますが、私の知るかぎりでは、スピリチュアル・ヒエラルキーの他のメンバーがそうすることはまずありません。単純に考えて危険が多すぎますし、彼らにはもっとずっと効果的なコミュニケーションの経路があるからです。

エーテル的仲介（非霊媒）

仲介は、聖なる存在とテレパシーで交信する方法のひとつです。霊媒とは対照的に、まったく異なるスピリチュアルなプロセスで行われます。霊媒師がアストラル的精神を通じて交信するいっぽう、仲介者はエーテル的経路を通して意思疎通を行います。人はアストラル体をもっているのと同じように、エーテル体ももっています。アストラル体やエーテル体のように、「体」をつけて呼ぶのが一般的ですが、ここではテンプレート（図表7を参照）という言葉を使いましょう。エーテル・テンプレートはとても強力です。聖なる自己とのつながりの一部です。このレベルで行うコミュニケーションこそが神秘なコミュニケーションであり、聖なる存在はこの方法で交流しています。偉大な預言者、賢人、聖仙《リシ》や神秘能力者はみな、エーテル的仲介に

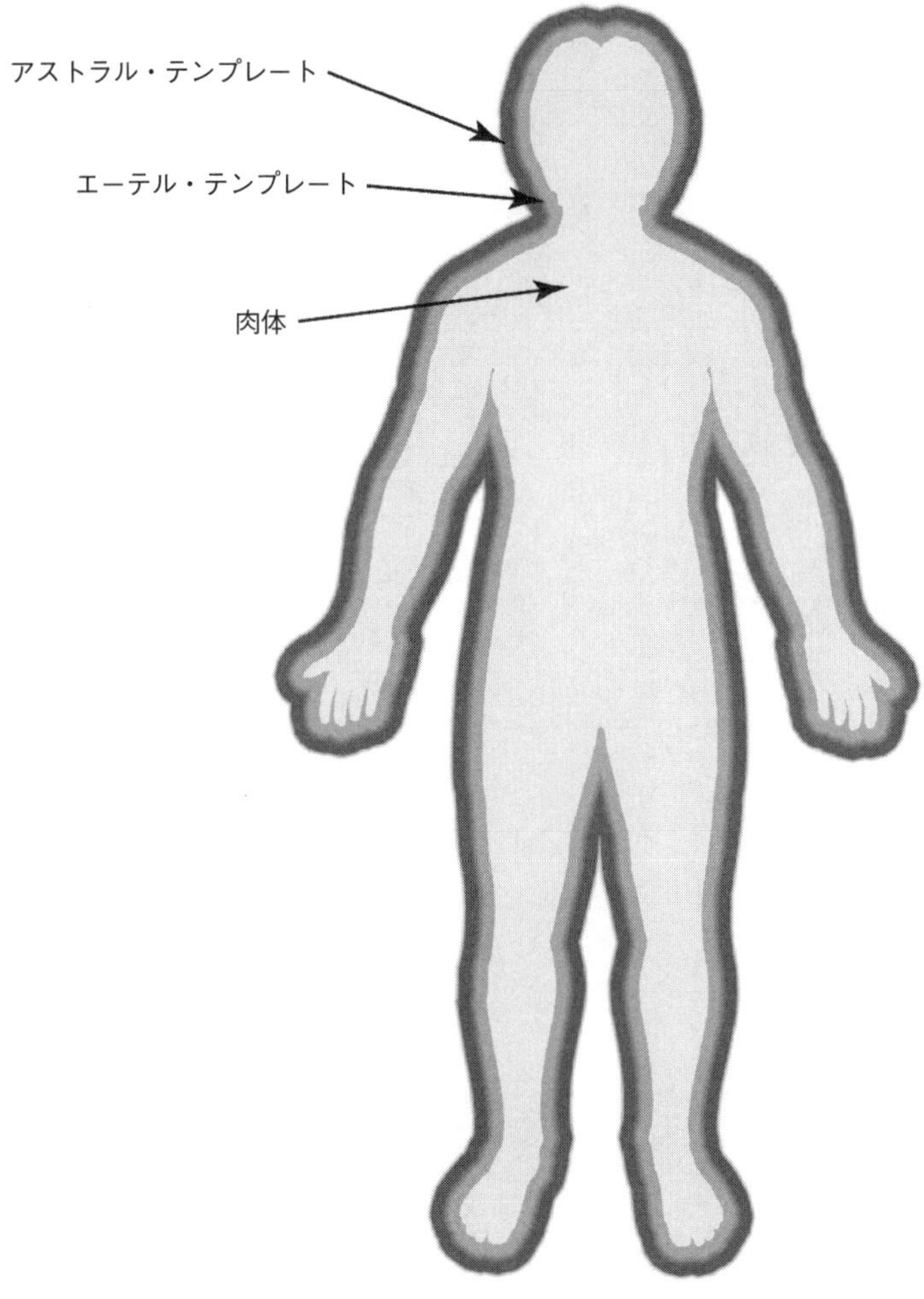

図表 7　エーテル・テンプレートとアストラル・テンプレート

より高次と交流します。

仲介が非常に強力なのは、何よりハイヤーセルフとの直接的なつながりを使うためです。これにより、誰と交流しているのかを直接知ることができます。なぜなら、交信相手となるスピリチュアルな存在は交信する回路を開くために、自身の波動をさらす必要があるからです。それほど進化していないスピリットはこの経路には触れられないので、低次のエネルギーを引き寄せてしまう恐れもありません。

言うまでもなく、仲介能力を開花させるには霊媒よりも時間がかかります。身につけたければ、いくつもの段階を経て成長し、このエーテル的交流を任されるようになるまで、進化しなければなりません。と言っても、聖なる存在とあらゆる意味において真に交流できていることになるのですから、努力も犠牲もまったく無駄ではありません。この本を書くために私が高次と精神を通じて行ったコミュニケーションはすべて、エーテル的仲介によるものでした。

仲介しているあいだ、人の意識レベルは高まった状態にあります。じつは聖なる存在が洞察に満ちた思考を送ってくるあいだは、人は彼らの意識のなかにいるのです。これは本当に心躍る体験です。こうした仲介を行っていた有名な例のひとつが、人間イエスと天の主キリスト（第8章参照）です。主キリストの使者として働いていたイエスは、主キリストが使う霊媒師やチャネラーではなく、仲介者でした。イエスは天にいるキリストの意識のなかにあり、そこに神がいることをしっかりと意識していました。イエスのなかでは、起こっている出来事や話している相手の正体について疑問の余地はありません。そのおかげで二者の関係は大変強力なものとなり、同時に、十分な知識のない人々がイエスをキリストだと誤解しやすい状況が生まれたのです。

聖なる存在とのこのような関係は、オルフェウス教やデルフォイの神託、エレウシスの秘儀など、古代ギリシャの有名な密儀宗教においても営まれていました。ヘブライの神秘能力者や預言者も、エジプトの偉大な秘儀の指導者たちも、エーテル的経路を通して天とのつながりを築いていました。時代を超え、あらゆる宗教と形而上学的教義における啓示的な教えは、この方法で培われたのです。

エーテル的仲介への道はすべての人に開かれています。仲介は神秘能力者になるプロセスの一部でもあります。スピリチュアルな進化を続ければ、自分のエーテル的性質へとつながる橋をいずれ築くことができ、聖なる存在との交流は素晴らしい高みへと達することでしょう。

サイキックな透視

透視はテレパシーとは異なるプロセスで起こります。テレパシーが使うのは精神ですが、透視は感覚を使います。透視はひとりでに起こるものではありません。人間は一連の複雑な感覚を備えていますが、透視はその一部になります。ちなみに感覚は全部で十八個あり、そのひとつひとつが私たちのスピリチュアルな進化に役立っています。感覚は三種類に分類できます。ひとつは身体的な感覚で、これは五つあり、二つめはアストラル／サイキックな感覚で、これも五つです。そして三つめはスピリチュアルな感覚で、これが八つあります。サイキックな感覚から見ていきましょう。

サイキックな感覚を理解するために、五つの身体的な感覚をおさらいしておきます。ご存じの通り、物質界で効率よく動くには身体的な感覚が必要です。身体的感覚がなければ周囲の物理的な環境を認識できないため、生き残ることができないでしょう。つまり、人の五感は、周囲の環境や人々とかかわり、交流するための手段なのです。

身体的な感覚は素晴らしいものですが、大きな限界があります。スピリチュアルな次元にあるものを感じ取ることができないのです。この欠点は、人々のあいだで大きな議論を引き起こしてきました。肉体で感じることができないという理由で、スピリチュアルな世界が現実に存在することを疑う人たちもいます。しかし、そう考えるのは大きな間違いです。身体的な五つの感覚はそもそもスピリチュアルな次元を感じ取るものではありません。それは五感が担う役目ではないのです。どんなに一生懸命に試みても、身体的感覚はそれ自体が物質から成っているため、物質というベールを貫くことはできません。

スピリチュアルな領域を認識するためには、その目的のために作られた感覚を使わなければなりません。これはつまり、人が高次の存在を真に体験しているときは、肉眼を通して見ているのではないことを意味します。人はそのとき、内なる感覚を使っています。スピリチュアルな解剖学的構造の一部として、人にはこうした内なる感覚がひと揃い備わっています。そうした感覚が機能している人がいるいっぽう、眠っているので起こさなければならない人もいます。

五つのアストラル的感覚は、自分のアストラル体とのつながりです。前述したように、この世界で物質的な生活を送っているあいだ、魂は物質に包まれているだけでなくアストラルな体にも包まれています。このアストラル体は、物質的な体の複製のような構造をしています。魂が物質的な生活を送っているあいだは物質的な体を支え、アストラル的領域とのつながりを維持します。さまざまな役目を果たし、健康や幸福と深く関係しています。アストラル体が肉体に類似した構造をしているということは、感覚も肉体と同じだけ備えていることを意味します。アストラル的感覚は、身体的な感覚と同じ領域をカバーします。つまり、視覚、聴覚、味覚、嗅覚、そして触覚です。ただし、アストラル的感覚は、身体的感覚より強力です。肉眼よりずっと遠くまで見えますし、聴覚もずっと優れています。アストラル的感覚はより高い周波数で機能するため、アストラル界に同調することができますが、身体的な感覚にはそれはできません。

今この瞬間にもアストラル的感覚につながっているということに、多くの人は気づいていません。前述したように、肉体がアストラルなものから影響を受ける状態をサイキックと呼びます。つまり、サイキックな状態であるとき、人は肉体にいながらにしてアストラル的感覚と意識的につながっているということであり、これがサイキックな透視です。

アストラル的感覚は常に機能していますが、誰もが意識的につながっているわけではありません。サイキック界と同じ原則がアストラル的感覚にもあてはまります。エーテル的感覚に比べると、アストラル的感覚は表現範囲が限られているため、スピリチュアルな成長を目指すうえで頼るべき感覚ではありません。サイキックな波動は混成的なので、得られる情報や認識は正確である場合も、そうでない場合もあります。形而上学的・神秘的な道を歩む人に対し、サイキックな感覚を発達させようと注力することをお勧めできないのはこのためです。サイキックなビジョンが見えるなら、それは素晴らしいことですが、そうした体験をもとに物事を判断しないように注意してください。

アストラル的感覚を通して聖なる存在を見ることは可能です。天使や大天使といった聖なる存在は、彼らが望めば、人が見るサイキックなビジョンに自身の姿を現すことができます。頻繁に起こることではありませんが、それは彼らが神秘な経路を通して認識されることを好むためです。スピリチュアル・ヒエラルキーとのサイキックな交流として最も一般的なのは、スピリットガイドとの交流です。亡くなってしまった大切な人や魂との交流も、同じくよく行われます。私はこのような存在の訪問をたくさん受けてきましたが、交流はほとんどいつもサイキック／アストラルなレベルで起こります。また、こうした交流が、まったく予想していないときに起こることもあります。父が亡くなったあと、私は父の訪問を受けたのを憶えています。

父は若くして亡くなったため、私は寂しく感じていました。あの世で父に会っていたので、父がうまくやっているということは知っていましたが、亡くなったことにまだ悲しみを感じていました。あるとき、父はリビングルームに現れました。大好きな茶色の肘掛け椅子に座り、ふざけたように微笑んでいます。自分がそこにいること、自分はうまくやっていることを、私に知らせたかったのです。父はアストラル体をまとっていたため、このときの交流は完全にサイキックな感覚を通して起こりました。

サイキックな交流には、低次のスピリットとの交流のように、それほど楽しくないものもあります。低次のスピリットはアストラルな体をまとっているので、サイキックな経路を通して働きかけてきます。低次のスピリットは善良そうなふりをすることができるので、注意していないとだまされることもあります。サイキックな透視には注意深く取り組まなければいけない大きな理由のひとつです。

サイキックな感覚を使うと、スピリチュアルな色を見ることができます。この色は正確には〈神の光〉の色ではなく、〈神の光〉の一種の反射で、霊光《アストラル・ライト》として知られています。霊光は見た目に美しく、元気を与えてくれることもありますが、やはり〈神の光〉と混同してはなりません。アストラル的感覚を通して、アストラルな音を聞いたり、アストラルな匂いを嗅いだりすることもできます。これらの体験も同様に、神秘な体験へとつながる足がかりです。魂はこういった体験を通して、物質的な領域を超えたところにもっと大きな命が確実にあることに気づくのです。

神秘な透視

身体的感覚とアストラル／サイキック的感覚に加えて、人にはスピリチュアル／神秘な感覚があります。

スピリチュアルな感覚は比類のない、別格なものです。神は非常に大きな目的のためにこの感覚を人に与えました。神なる命に目を向けさせるという目的です。物質界で周囲のものを知覚して動くためには身体的な五感が必要であるのとちょうど同じように、スピリチュアルな世界を知覚して交流するためには、スピリチュアルな感覚が必要になります。

スピリチュアルな感覚は八つあります。そのうちの五つは、スピリチュアルな視覚、聴覚、嗅覚、味覚、触覚で、本人のエーテル体またはエーテル・テンプレートとつながっています。エーテル・テンプレートはアストラル体と同じように、物質的な体の複製のような構造をしています。しかし、エーテル・テンプレートはエーテル原子でできているので、アストラル・テンプレートよりもはるかに強力です。エーテル原子はたいへん頑丈なのです。エーテル・テンプレートは独自のチャクラをいくつかもっていて、ヨガに関連する文献にはこのチャクラに関する非常に詳しい（場合によっては象徴的な意味合いの）説明が載っています。エーテル的感覚機能はもちろんですが、エーテル・チャクラも神秘な体験をするうえでは大きな役割を果たすため、こうした資料があることはとても重要になってきます。

以上の五つの感覚に加えて、チャクラにだけつながっている感覚が三つあります。これらの感覚は、スピリチュアルな「感知」、「情感」、「知」として知られています。「知」とは、知っている理由に関する知です。

八つのスピリチュアルな感覚は、人がもつ神の特質です。神の視覚は、神秘能力者が使う透視力です。オーラを隅々まで見てとり、聖なる存在の姿を真にとらえるには、スピリチュアルな視覚が必要です。神の聴覚は、透聴力とも呼ばれ、スピリチュアル・ヒエラルキーの声や天の音楽など、スピリチュアルな音を聞きとります。スピリチュアルな味覚と嗅覚と触覚は、とてもリアルに具体的な方法で、人を精神世界へとつなげてくれます。これらの感覚はエーテル的ですが、神秘能力者をしっかりと地に足がついた状態に保ってくれるため、天にある精神世界を体験しても圧倒されたり、動揺したりすることはありません。エーテル的感覚はじつに心が躍るものです。天の食べ物を口にしたり、天のバラの匂いを嗅いだりすると、あたかも天国が地上に降りてきたような感じがします。

それから、透感力とも呼ばれる神の感知があります。その感覚によって人は、聖なる存在が自分に伝えようとしていることを直感できます。この感覚があることで、人は本当の意味で神に心を開くことができます。神の情感は、人が神の出現というスピリチュアルなエクスタシーを得る感覚です。身体的な快楽は神の情感と比較すればまやかしに過ぎません。この感覚は本質的に求めるものが聖なる存在から離れないようにしています。そして何より、人には透知力としても知られている神の知があります。この感覚によって人は、周りが何と言おうと、神はそこにいるのだということがわかります。神の知は、すべての感覚のなかで最も重要かつ神秘な感覚です。それはまた、最後の、最も覚醒しにくい感覚でもあります。この感覚を直感的な力と勘違いする人は少なくありません。直感的な力は非常に重要ですが、直感と透知力はまったく別物です。スピリチュアルな感覚をひとつだけ選ばなければならないとしたら、私は神の知を選ぶことでしょう。

スピリチュアル・ヒエラルキーが人間と真の交流をするのは、こうした神秘な感覚を通してです。神秘能力者の感覚をすべて開花させたとき、私は完全に新しい世界が開けたかのように感じました。スピリチュアル・ヒエラルキーに完全に包まれて、まったく新しい形で彼らを体験したのです。

スピリチュアル・ヒエラルキーは主に、人の性質の神秘な部分を通して働きかけてきます。なぜなら彼らが共感し、かかわりをもてるのは、その神秘な部分だからです。形而上学を教える真の教師や導師たちは、自らの神秘な感覚を使って偉大な仕事をします。神秘な感覚は、テオファニーの手段でもあります。素晴らしいのは、たとえスピリチュアルな感覚がまだ開花していない人でも、聖なる存在がこうしたエーテル的感覚機能を通じて働きかけると、無意識のうちにその信号を受信できてしまうということです。これが、瞑想やスピリチュアルな取り組みに聖なる存在を含むことがとても重要であるもうひとつの理由です。また、聖なる存在と交流するために彼らの姿が見える必要はない理由でもあります。彼らに心から接触しようとすることによって、人はスピリチュアルな全感覚を刺激しているのです。

人がもつスピリチュアルな感覚は、その人の素晴らしい部分です。感覚がフル稼働しているときは、人生の目的や命の本質に疑問の余地はありません。求める気持ちが十分に強ければ、スピリチュアルな成長の過程でいずれ、スピリチュアルな感覚は見事に開花するでしょう。

神は、人にスピリチュアルな装備をたくさん与えました。理解もしないまま、人生をやみくもに歩いてはいけません。神は人に、完全なる気づきを手にし、スピリチュアルな知をもって生きるための道具を与えてくれました。しかし人は、生き方を選ぶことでその気づきを手にしなければなりません。スピリチュアルな道における成功は、聖なる存在を見ることではなく、生きることにあります。スピリチュアルな原則を生きているなら、他の側面はすべて整うことでしょう。スピリチュアルな視覚で見る光景は素晴らしいものですし、誰もがこの人生で体験できるように願ってはいますが、そうした体験はスピリチュアルな成長を遂げる大切さに比べたら到底及びません。

自己誘発幻覚

透視という刺激的な体験は心を奪われやすいものですが、危険があることもしっかり意識していなければなりません。しかも、透視に伴う危険は現実問題として危ないのです。怖がらせるつもりはありませんが、くれぐれも慎重に行動してください。真の透視は、スピリチュアルな成長が自然な形でもたらす副産物です。スピリチュアルな進化を目指し、向上し、他者を助ければ、この能力はちょうど良いときに開花します。透視能力を簡単に身につける道はありません。

自分には透視能力があって聖なる存在と交流しているのだと思っていたけれど、実際はそうではなかった多くの人たちに、私は助言してきました。そうした体験は、彼らが得たいと心から望んでいたために自分の心のなかで作り出してしまったものでした。彼らが見たものは幻覚ですが、幻覚は本当にリアルに見えることがあります。思いが強ければ、求めている体験をイメージとして作り出すことが可能です。別に統合失調症を患っているわけではなく、スピリチュアルな高みに達したいという願望に心が奪われてしまっているということです。こうした状態は集団でいるときに特に起こりやすいものです。その場の熱狂に飲み込まれて、自分でも気づかないうちに一種の自己催眠にかかってしまうのです。

スティーブン・アイザックは著書『巡礼の家の歌』で、自己誘発幻覚の危険性を見事に書き記しました。アイザックは有名な透視能力者フラワー・ニューハウスの夫で、ニューハウスには私も運よく会ったことがあります。アイザックはニューハウスの透視の才能と、彼女の生徒たちがそうした才能をまだ準備ができる前から真似したがっていたことについて、次のように語っています。


それは、彼女が多くの教師の綿密な指導のもとで得た才能であり、生涯をかけて準備と浄化を重ねる必要があるものだった。〔……〕しかし、その若い生徒はあきれたことに、自分にもすぐできるはずだと考えたのだ。不幸にも、この生徒の強い熱意は彼のなかで無意識の力を呼び起こし、まるで睡眠中に夢を作り出すように、その種の交流を擬似体験できるようにしてしまった。彼はこのように無意識が映し出すイメージを、自分が偽りなく受け入れられた証であると誤って解釈し、それによって「スピリチュアルな世界で偉くなりたい」というエゴを膨らませ、その後も偽りの体験を次々にしていったのだった。

もうひとつの自己誘発幻覚は、さらにわかりづらいものです。幻覚を見る人がすでにサイキックで、本物のサイキックな経験をしたことがある場合です。過去の体験が想像力を刺激します。ときにはエゴが絡んできて、再びその体験をしたいと願うなかで無意識のなかから意図せずに聖なる存在のイメージを作り上げてしまいます。本物の体験をしたことがある彼らの幻想は、非常に説得力があります。スピリチュアルな体験をしている最中に、その体験が現実かどうかわからなくなったら、聖なる存在に真実を教えてくれるようにお願いしてください。そして現実の体験でなかったら、偽のイメージを手放せるようにお願いしましょう。

肝心な点は、高次を見ることではなく高次と交流することを目的にすることです。透視体験はいずれ起こります。ゆっくりと確実に近づいていくのが、いちばんの近道です。

邪悪なスピリットが誘発するビジョンと透視体験

お伝えしておかなければならない偽のスピリチュアルな体験がもうひとつあります。それは邪悪なスピリットの影響によるものです。サイキックな体験はアストラル界で起こりますが、邪悪な勢力はアストラル・レベルで活動しているため、サイキックな体験に心を開くことによって、低次の存在に対してつい無防備になってしまう危険があります。これがどんなに恐ろしい結果を招きうるかについてはあえて話す必要はないでしょう。邪悪なスピリットは狡猾です。彼らにはスピリチュアルな力があるので、自分を善良そうに見せることができ、心霊現象すら起こせてしまいますし、心霊現象のひとつとしてヒーリングを行うこともあります。もちろん、これは人を助けるためではなく、だますためです。注意すべきヒントは彼らの波動です。人が心から純粋であるなら、彼らがどのようにふるまうかに関係なく、不安に感じるでしょう。不安に感じたら、何かがおかしい可能性があります。すぐに聖なる存在に助けを求めてください。

もうひとつ注意することは、自分の心に背くようなことを頼まれていないかどうか、あるいはどんな形であれ強制されているように感じていないかどうかです。純粋にスピリチュアルな体験の場合は、それがどんなものであれ、感激したり、元気が出たりするのはもちろんですし、非常に頭が冴え、かつ地に足がついている感じがするはずです。つながりが切れた感じがしたり、地面から足が浮いているように感じたりする場合は危険信号になります。スピリチュアルな体験において、私は一度も「孤立感」を感じたことはありません。常に、聖なる存在に力をもらっていると感じてきました。常にです。

直感力を育てる

私たちはみな、スピリチュアル・ヒエラルキーを直接知できるようになる運命にありますが、自分のなかにあるその神秘な部分が覚醒するまでは、どのようにして聖なる存在との意識的なつながりを強化したらよいのでしょうか。すぐに使えるものとして聖なる存在が与えてくれる手段はいくつかあります。高次に直接つながるルートを築く最高の鍵は、直感とインスピレーションの力です。インスピレーションについては第16章で掘り下げますので、ここでは直感と呼ばれている不思議なプロセスについてお話ししましょう。

直感とは何でしょうか。これまでいくつかの方法で定義されてきましたが、おそらく、何が直感ではないかから考えるのが得策でしょう。直感する力は知力ではありません。精神は直感的なプロセスに強く関与していますが、直感力と知力は別物です。また、直感は感情ではありませんし、本能とも違います。感情も本能も直感とともに作用しますが、直感と同じではありません。

直感は、知覚的な働きかけです。人の直感に働きかけるとき、聖なる存在はその人がもつ聖なる感覚に働きかけています。そのスピリチュアルな感覚は、たとえまだ開花していないとしても機能はしています。こうした感覚機能につながった無意識の経路があり、聖なる存在はその経路を通じて人に働きかけます。つまり、神秘主義的な透視能力者にはまだなっていない人であっても、聖なる存在はその人のなかで眠っている透視能力を使って、スピリチュアルな道において上を目指すように働きかけているということです。

直感への働きかけを受けるあいだ、人は何らかの感覚や印象を抱くかもしれませんが、なぜそうした感覚や印象を抱くのかを自分できちんと説明することはできません。説明できないのは、その人のなかの直感的な部分が話しているからです。たとえば、ある人の家に入ったところで、ひどく不安に感じるかもしれません。どういうわけだか、そこにいることに不安を感じます。家自体は見た目も快適で、設備も良く整っているのですが、波動にどうも違和感を覚えます。ここで起こっているのは、その人が無意識のレベルで聖なる感覚から刺激を受け取っているということです。身体的な感覚からだけではなく、何かを感じ取っています。これが、直感が働いているということです。人は毎日、こういった働きかけを受けています。残念なことに、そしてあまりに頻繁に、「論理的に」意味をなさないという理由でこういった働きかけを無視する人が多くいます。しかし実際には、論理的です。その刺激を受け取った手段に意識的に気がついていないために、論理的だと思えないだけなのです。

直感を精神や感情の動きと混同してはいけません。たとえば、何かに感情的に狼狽したとしましょう。誰かの言動のせいで精神的苦痛を受けるような場合です。起こったことに動揺し、相手に「悪い感情」を抱きますが、これは直感ではありません。感情的な反応です。他方、直感は客観的です。特定の状況において自分がどう感じるかには左右されません。これはつまり、直感を効果的に働かせるには、精神的・感情的に偏りのない調和のとれた状態でいなければならないということです。

人が自分のオーラと意識を高めれば高めるほど、聖なる存在は直感を通してより容易にその人に働きかけることができます。意識には今この瞬間にも、高次がつながったり、交信したりできるスピリチュアルな部分があります。本人はきちんと気づいていないかもしれませんが、それでも人の意識にはそうした側面があるのです。直感を通して、聖なる存在は人の意識におけるこうした進化した部分を活性化させます。

直感的なアプローチは、サイキックな体験のように驚きに満ちたものではありません。一般的に言って、直感を通じた探求の道を歩んでいる人は、サイキックなビジョンや体験は得ません。直感は静かに訪れます。内側で静かにささやくあの声をご存じでしょう。私たちはみな、こうした直感的な働きかけを受けますが、人間的な欲求のせいでその声がかき消されてしまうことが少なくありません。しかし、静寂に包まれると、声が話すのを聞くことができます。直感を通じた探求の道を歩むには、いっそう強い信念と揺るぎない姿勢が必要だということです。最初はサイキックなアプローチほど驚異的な体験ではないかもしれませんが、最終的には最も実りの多い道のりになります。

サイキックな体験に傾きがちな人たちには、直感的なアプローチをくれぐれもお勧めします。直感力を磨くことによって、意識はよりしっかりと安定したものになりますし、サイキックな感覚を養うのにも効果的です。サイキックな力を得て、かつ自分の直感的な部分をバランスよく使えるようになれたら、両方の良いところを手にできたことになります。

直感を使う訓練

多くの人々が、「高次から直感を得ているのか、それとも単に自分から得ているのか、どうしたらわかりますか」と尋ねます。これは妥当な質問です。唯一の答えは、その直感に従って行動してみるまではわからない、ということです。直感を得たら実行に移して試さなければなりません。直感には信用に足るかを測る基準があります。実行に移してうまくいったら、それは直感です。うまくいかなくても、試した経験から人は学びますから、ひとつの進歩です。そのときの経験を次回に応用できるでしょう。直感を使う力は練習を重ねることで磨かれていきます。

また、直感は持続します。言い換えると、何らかの印象を受けて心が高揚することがあっても、その高揚感は必ずしも高次から来ているとは限らないということです。そうした高揚感は一時的で、通常素早く消えます。これは直感ではなく、言うなれば衝動でしょう。直感が高揚感をもたらすこともありますが、そこにはある種の穏やかな強さがあります。

この「穏やかな強さ」を養うには、雑多な考えに満ちた精神を鎮めることが肝要です。心を落ち着かせて、受け入れる態勢を整える一助として、この本で紹介している光のワークをすべてやり通してください。オーラの力を強めると、意識をより高い次元に高めることができ、それによって直感により波長を合わせられるようになります。光のワークの一環として、自身のハイヤーセルフと強いつながりを築けているかに気を配るようにしてください。

聖なる存在はみな、直感を磨く力になってくれますが、直感的な力を伸ばしたいときに祈りを捧げるべきなのは、教師役の天使、そして〈英知の光の主〉（主キリスト）です。

直感力を強化するための瞑想の祈り

天の父であり神聖な母である神様、私は主キリストと天使の先生のもと、私のもつ聖なる感覚のすべて、特にスピリチュアルな視覚、聴覚、感知、情感、知を活性化できるように、私のスピリチュアルな知のハイヤーセルフ・ポイントへと純白の光を投射してくださるようお願いします。その白色光が、私のエーテル・テンプレート、メンタル・チャクラ、そしてあらゆるレベルの意識を祝福し、直感的な力の大いなる目覚めに至らせてくれますように。聖なる存在が語りかける声を聞き、受け取った直感に従って行動する勇気がもてるよう、私に勇気と信念の力を与えてくださるように、大天使ミカエルと金色の光線の天使のもとでお願いします。そうであることに感謝します。そうありますように。

第5部　神との交流

第14章　高次とつながる

スピリチュアルな教師であることの大きな喜びのひとつは、聖なる存在が生徒と交流しているのを見ることです。あるとき、ひとりの生徒が仕事を失ったことがありました。その女性は優秀な社員だったため、失職は予想もしていませんでした。しかし、状況にいろいろな変化があり、彼女は突然解雇されたのです。職を失ったことで女性は動揺し、不安になりました。そしてそれが彼女のオーラに灰色のエネルギーとして現れました。彼女は仕事を探そうとしましたが、見つからないまま二か月ほど経つと、やる気をどんどん失っていきました。

ある夜のクラスで、精神的な強さと勇気を得るために金色の光線をお願いする瞑想を行っていました。私はまさにその部屋で、ひとりの天使が職を失った女性のすぐ近くに姿を現すのを見ました。腕の長さほども離れていません。天使は女性の後ろの上方九十センチほどのところにいたのですが、女性自身はすぐ近くに天使が現れたことにまったく気づいていませんでした。通常、天使は離れたところから働きかけます。それはそれで効果的ですが、部屋に現れた天使は直に治療を行うことに決めたようでした。天使が女性に金色の美しい光線を照射すると、そのエネルギーが彼女のオーラ、特にメンタル・チャクラとハート・チャクラに流れ込んでいきます。天使は彼女が心の安定を崩したり、無意識に抵抗したりすることがないように、ゆっくりと慎重に働きかけます。こういったことはときどき起こることです。

グループでの瞑想は約十分で終わりましたが、天使は三十分近く彼女のそばにとどまり、休むことなく祝福を与えつづけました。私には、ネガティブなエネルギーが女性のもとを離れ、彼女のオーラが金色の光で明るくなっていくのが見えました。

彼女はその夜、まるで背負っていた重荷が消えたかのように元気になって帰っていきました。そしてこのスピリチュアルな交流の後は、自身の苦しい状況により前向きに取り組めるようになりました。毎回このようにうまくいくわけではありません。聖なる存在がとてつもない量の祝福を与えても、受け取る人の思考や感情があまりにも頑固に凝り固まっていると、良くないエネルギーを再び作り出して終わることになり、聖なる存在の仕事はより難しくなります。しかし、今回のケースでは、女性は状況を改善するためにはもっと積極的なアプローチをする必要があるというメッセージを直感的に受け取りました。落ち込んでいる自分を許して、お願いしているスピリチュアルな力を実際には使えていなかったことに気づいたのです。なかなか消えなかった不安は消え、幸いにも、かつての状態に再び戻ってしまうこともなく、彼女は約三週間後に新しい仕事を得ました。

第5部では、自分の人生とスピリチュアルな取り組みに聖なる存在を含める実用的なテクニックを見ていきます。主要な手段は、瞑想と祈り、または瞑想の祈りです。瞑想の祈りは、聖なる存在にこちらから働きかけて交流する方法としてとても効果的です。瞑想の祈りを通して、人は〈神の光〉と力、導きと指南、インスピレーションと祝福を受け取ることができます。

スピリチュアルな知のハイヤーセルフ・ポイント

聖なる存在と交流する鍵は自分のハイヤーセルフです。ハイヤーセルフは神とひとつになるためのリンクであり、スピリチュアル・ヒエラルキーとつながったり、彼らから受け取ったりするためのリンクです。聖なる存在の話によると、スピリチュアルな交流に必要な取り組みの四分の三は常に彼らが行います。彼らは人に合わせて自分の波動を下げます。彼らのエネルギーはとても高次なので、人のエネルギー領域を乱してしまわないように和らげる必要があるからです。いっぽうで、人も自分の分の準備をしなければなりません。四分の一ではありますが、聖なる存在に合わせて自分の波動を高めるのです。また、心配事や不安に浸った状態では聖なる存在に近づくのが難しくなりますから、そうした意識から努力して踏み出し、聖なる存在の導きと指南を受け入れられる精神状態になる必要があります。両者の精神が出会うのは、その人のハイヤーセルフです。

ハイヤーセルフとは何でしょう。それは人の意識の完成された部分です。人が物質的世界に転生するとき、意識のこの完成された部分が肉体に現れることはありません。ハイヤーセルフはスピリットの領域に残り、神聖な源とのつながりを維持します。神と聖なる存在と進化の過程にある人の魂をつなぐ役目も果たします。スピリチュアル・ヒエラルキーが結びつき、その人を支えるために働きかけることができるのは、このスピリチュアルな意識です。

オーラで見ると、ハイヤーセルフは頭部より六十センチほど上で輝く金色の太陽のように見えます。正式名は、スピリチュアルな知のハイヤーセルフ・ポイント（図表8を参照）で、第八チャクラと呼ばれることもあります。ハイヤーセルフ・ポイントは金色がかった白く美しい光線を放射します。頭上から動かないの

図表８　スピリチュアルな知のハイヤーセルフ・ポイント

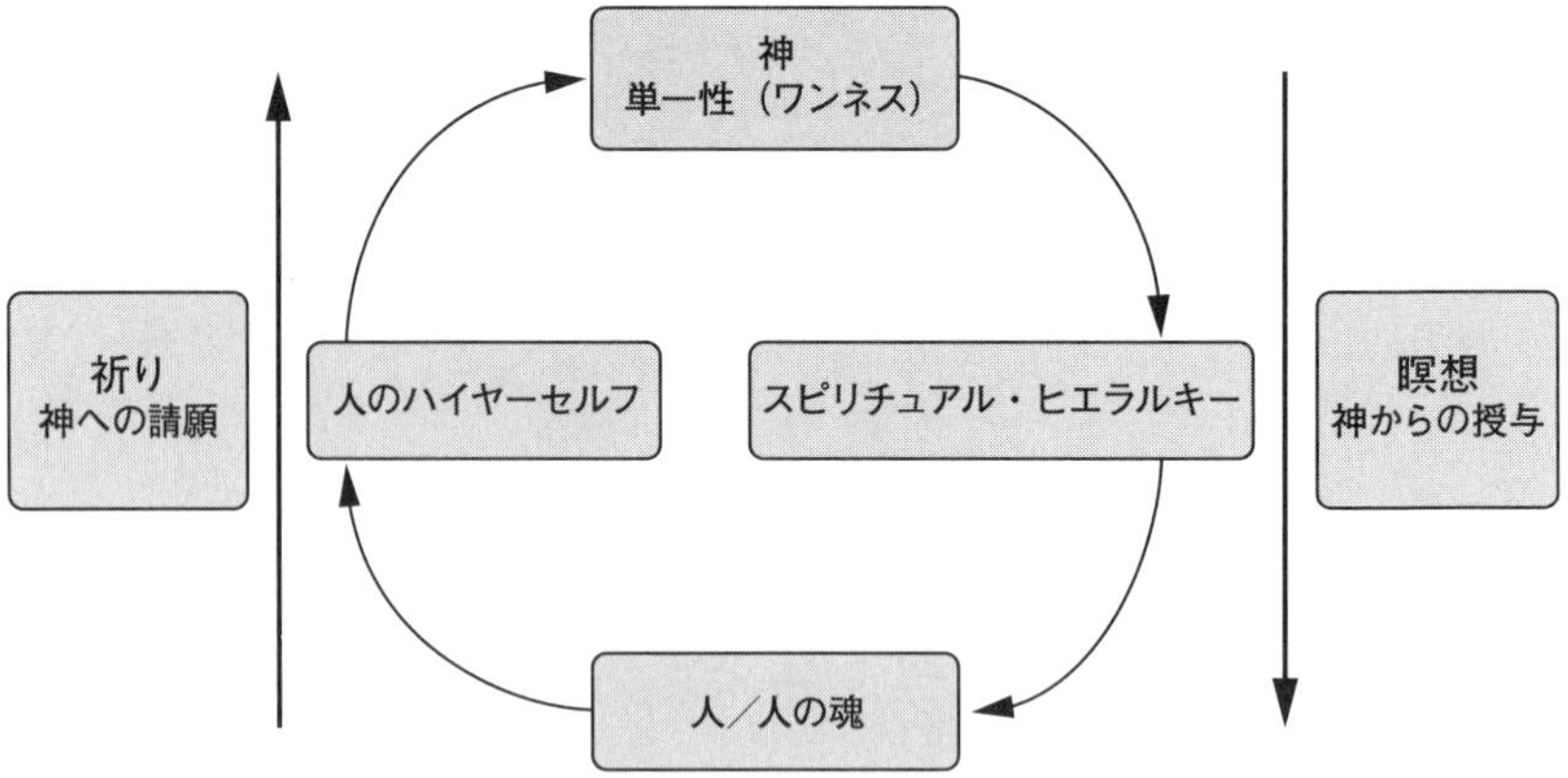

図表９　人と神との関係

で、人の体のオーラと混ざることはありません。これは人にとって大きな利点です。体のオーラの外側にあることによって、ハイヤーセルフは完全な状態を保ったまま、上昇の過程にある魂を絶えず支え、高められるからです。人が受け取る〈神の光〉とインスピレーションはすべて、まずはこのハイヤーセルフ・ポイントを流れたうえで人に届きます。ハイヤーセルフなしではスピリチュアルに成長することはできないことでしょう。

ハイヤーセルフ・ポイントは、人がスピリチュアル・ヒエラルキーと交流する場所です。聖なる存在はハイヤーセルフより低い意識のなかには降りることができないので、より直接的に彼らと心を通わせるためには、人が努力をして意識を高める必要があります。

自身のハイヤーセルフとつながるのは、聖なる存在と真の交流をする際に必ずたどる美しいプロセスの一部で、第15章で詳しく述べる瞑想のプロセスの一部になります。美しいプロセスの内容は次のようにとらえることができます。

・ハイヤーセルフへと意識を高める
・神と結びつき、ひとつになる
・必要とする支援が、神からスピリチュアル・ヒエラルキーへと送られる
・スピリチュアル・ヒエラルキーから光と導きとインスピレーションが届く
スピリチュアルな交流においては、それがどんなものであれ、人は最初にハイヤーセルフと結びつきます。そのうえで、そうしたより高い意識を保った状態で、自らの神聖な源、すなわち神と一体となります。さらに人は、神聖な源から自分に向けて送られる光と力の管理者である聖なる存在と交流します（図表9を参照）。神なる存在に接触する行為は祈りと呼ばれ、神なる存在から受け取る行為は瞑想と呼ばれます。

教師役の天使を召喚する

優しくて支えとなる聖なる存在は大勢いますが、人が最も頻繁に交流する存在はその人の教師役となる天使です。教師役の天使がとても重要なのは、彼らがスピリチュアル・ヒエラルキーとの交流を調整しているためです。教師役の天使は、聖なる交流の釣り合いをとる天秤の支点になります。

人には教師役の天使との特別なつながりがあります。彼らは人の進化を導くために神なる存在によって割り当てられています。平均して二人または三人の教師がひとりの人に割り当てられます。人が光を受けて成長したり、特定の任務にあたったりするときなどに、さらに多くの教師を割り当てられる場合もあります。

その人の人生で起こっていることによって教師は交代します。それぞれに専門分野があるため、人が人生において必要としているものや行っている活動の種類により、引きつける天使が変わることも少なくありません。

教師役の天使は、毎日ずっと人のそばにいるわけではありません。しかし、人が考えるよりも頻繁にそばにいます。人の成長を助けることが彼らの仕事です。教師役の天使は、その人の人生の目的とスピリチュアルな可能性を知っています。カルマの負債と残高も、長所と短所も、知っています。さまざまな点で、その人自身よりもその人のことを知っています。教師役の天使は他のスピリチュアル・ヒエラルキーと密に協力しますし、その人の守護天使ならびに聖なるエネルギーの天使とも強く連携します。スピリットガイドは教師役の天使のもとで指示を受けて働きます。そしてもちろん、教師役の天使は自分たちより進んだ聖なる存在からの指示を受けるので、人は自分に必要な種類の支援を常に正確に得られるというわけです。

教師役の天使たちを取りまとめ、人の進化全体を監督する「熟練の教師」がいるかどうか尋ねる人もいます。答えは「はい」です。私たちひとりひとりに、熟練の教師と呼べるような存在がついています。この聖なる存在は天使ではありませんし、大天使ですらありません。無名の第十一界のスピリットです。熟練の教師は心から私たちを愛していて、私たちの目的と運命である壮大な計画の実行を慎重に導きます。瞑想中にこの熟練の教師を認識することはできますが、熟練の教師自身は自分ではなく、教師役の天使たちに意識を向けてほしいと思っています。

教師役の天使とのつながりを築くのは難しくありません。相手により親しみを感じるために、まずは挨拶することから始めましょう。自分のために彼らがしてくれているすべてのことに対して、愛を表明してください。瞑想中はもちろん、一日中愛を示すことで、瞑想中であってもなくても教師役の天使を絶えず認識していられるようになります。

教師として自分についてくれている天使の名を教えてもらえないかと聞いてくる人は少なくありません。こういう人たちは、相手が人間であれば顔と名前を知ることで親しくなれるため、天使が相手でも同じことができると考えて、私に彼らの名前を尋ねるのです。聖なる存在を擬人化したいという気持ちは理解できますが、聖なる存在と親交を深めるうえでそのようなやり方は通用しません。彼らは、人や物を想像するときのように自分たちのことを想像してほしくないと思っています。そうではなく、波動と光でとらえてほしいのです。つまり、彼らが誰で、どんな名前なのかは、知る必要がないということです。向こうはこちらを知っているのですから、それで十分です。今の時点で彼らが見えるかどうか、その声が聞こえるかどうかは重要ではありません。重要なのは彼らはそばにいると知っていることであり、彼らが与えてくれている励ましを感じ取ることです。

教師役の天使が見えなくても、彼らと密に交流できないわけではない点を指摘しておきたいと思います。教師役の天使は人とつながりたがっていますし、その人に自分を見てほしいと思っています。その人を愛していて、天使である自分たちと交流できるスピリチュアルな真の自己へとその人が意識を高められるように力を尽くしています。

教師役の天使とうまくつながれるようになるにつれて、人は彼らの存在を感じ、認識できるようになります。教師役の天使は本当に素晴らしい波動をしています。素晴らしい香りがして、どこからやってくるのだろうと不思議に思うこともあるでしょう。それは彼らの香りです。何より、自分の活動パターンが良い方向に変化したことに気づくはずです。仕事に取り組む際には、高次と協力して働いているのが感じられるようになりますし、より大きな成果を得られます。そしてもちろん、確固たる姿勢でスピリチュアルな成長を目指せば、教師役の天使をより直接的に見られる日がいずれやってきます。

聖なる存在が人とつながる三つの方法

人がハイヤーセルフを通して聖なる存在につながる際、聖なる存在は次の三つの方法のうちのいずれかを使ってその人に接近します。

1．天の領域から祝福を投射する

精神世界には壮大で美しい天の領域があり、スピリチュアル・ヒエラルキーはその領域から直接私たちにスピリチュアルなエネルギーとインスピレーションを与えることができます。これはとても効果的で効率的な方法です。彼らが人のハイヤーセルフ・ポイントに向けて聖なる力を送ると、その力はハイヤーセルフ・ポイントを入り口にしてその人のオーラと意識に流れ込みます。この方法が使われるときは透視能力を使っても聖なる存在を見ることはできませんが、彼らが送ってくれる素晴らしい光線は感じ取ることができます。

これは、スピリチュアル・ヒエラルキーのリーダーたちが特によく使う手法です。リーダーは集合レベルで働きかけることが多いため、スピリチュアルな光と祝福を送るときにはこの方法がたいへん効果的なのです。一度に複数の場所に力を送れることから、彼らは同時に複数の場所にいられるのだと考えてきた人たちもいますが、それは誤解であり、真実ではありません。リーダーはひとつの大きなスピリットのまま、一度に複数の場所に意識を向けることができます。

2．地上には降りてくるものの、上空の離れた場所からハイヤーセルフに祝福を投射する

この方法をとる場合、聖なる存在は地上に降りてきますが、人間の波動と直接交わることはしません。近くにはいるのですが、ここでもやはり、スピリチュアルな力はハイヤーセルフに対して投射します。透視能力でそうした様子が見えることはほとんどありません。聖なる存在が人に癒しを施す際によく使われる手法です。癒すには深いつながりを築く必要があるからです。また、人の魂が瞑想の祈りによって神なる存在と強いつながりを作っているときにも使われることがあります。

3．人がいるところに現れる

聖なる存在が間近に現れるのは疑いようもなく劇的な出来事です。人が瞑想している最中に聖なる存在が近くまでやってくるのは本当ですが、人と同じ場所に姿を現すのは珍しいことです。姿を現すときは、予想外のタイミングであることが少なくありません。必要に迫られて現れる場合もあります。単に祝福を与えたいだけの場合もあります。強力な癒しが必要だったり、特別なワークを行っていたりするときに、現れることもあります。このように人間を訪問する方法をとる場合であっても、聖なる存在はやはり、人のハイヤーセルフを使ってその人とつながりますが、同時に、人の意識のどの部分であろうと自らの望むところに直接働きかけることができます。

聖なる存在と交流するためのガイドライン

高次につながるさまざまな方法を紹介するいっぽうで、心にとどめておいていただきたい追加の注意点が

いくつかあります。
・聖なる存在は人を支援してくれる存在であり、使用人ではありません。聖なる存在に自分の成長を任せたり、自分の代わりに問題を解決するよう仕向けたりしないでください。彼らは人の成長を支え、神なる計画に参加するためにそこにいるのです。つまり、聖なる存在と交流する際には利己的な欲求は忘れなければならないということであり、神なる計画における自分の役割には責任をもって取り組まねばならないということです。
・自分の価値に気づきましょう。人は命にとって不可欠な要素です。誠実な姿勢でお願いするのであれば、高次に支援を求める資格は十分にあります。すでに起こったことやしてしまったかもしれないことは、関係ありません。聖なる存在は人が喜んでいるときだろうと悲しんでいるときだろうとそばにいます。
・聖なる存在は神ではありません。たとえ驚異的な力をもっていても、聖なる存在は遍在しておらず、力も無限ではありません。また、完全無欠でもないので、稀にではありますが、天使ですら叱責を受けることがあるそうです。
・聖なる存在は人間の意志に背く働きかけはできません。地球はスピリチュアルな学校で、私たちはすべて生徒です。聖なる存在は、教師であると同時に友人で、スピリチュアルな旅の仲間です。彼らは私たちのためにたくさんのことをしてくれますが、私たちが神の計画に協力する度合いによって、彼らができることは制限されます。私たちが神からの支援と調和し合えば、物事はスムーズに進みます。私たちが意地を張り、断固として協力を拒めば、スピリチュアルな基盤は弱まってしまいます。

聖なる存在はときに仕方なく身を引いて、私たちが間違いを犯すのを放置しておくときもあります。犯すのが大きな間違いの場合もあります。そのすべてが成長のプロセスだからです。聖なる存在が私たちを愛していないとか、気にかけていないということではありません。ただ単に、人間の見地からは天の領域で展開される聖なる存在の論理を常に理解できるとは限らないということです。悪いことが自由意志の表れとして起こることもあります。こうした表現の自由がなかったら、人生は息苦しいものになることでしょう。私たちには聖なる存在の良し悪しを判断することはできません。私たちがすべきことは、最善を尽くし、命のより大きな力を信用することです。

なお、例外的にですが、聖なる存在が人間たちの揉め事に直接関与してくることがときどきあります。私の知るかぎりでは、冷戦の最中に聖なる存在がやむなくそのような介入をして、核兵器の撃ち合いにつながりかねない出来事を防いだことが何度かありました。彼らが放置していたら、想像を絶する壊滅的な結果になっていたことでしょう。

聖なる存在はまた、人のカルマに背く働きかけもできません。人生で起こっている多くのことは、過去の行動（カルマ）の結果によるものです。カルマの管理は聖なる存在の役目ですが、自由意志と同様、彼らは私たちがカルマによる試練を最後まで受けられるようにする必要があります。さもなければ、私たちは学んだり成長したりできないからです。聖なる存在は、できるかぎりカルマの重荷を軽減できるように助けてはくれますが、表出しているカルマのエネルギーには干渉できません。ただ、本当のところを言うと、カルマの清算に高次の支援は不可欠です。彼らは心から私たちを愛していて、人類の経験する悲しみと試練をはっきりと認識しています。私たちが人生の課題を乗り越えられるように、想像以上に多くのことを行っているのです。

第15章　聖なる存在と〈神の光〉の階層

私のクラスに、スピリチュアルな課題にとても熱心で、スピリチュアルに成長したいと願っているジョンという男性がいました。ジョンは三十代で、真面目で、ハンサムでしたが、独身でした。とても有望な建築家で、約五年間、私のもとで学んでいました。すでに魂は進化を遂げているものの、可能性はまだ完全には開花していないことが彼のオーラには表れていました。非常に誠実で、光のワークではスピリチュアル・ヒエラルキーとも交流していました。一生懸命に瞑想し、特に日常生活に光を用いるのが得意でした。

ある日のクラスで、平和を意味する紫の光線をもたらす瞑想していました。この紫の力光線は大天使ウリエルの管理下にあります。光が届きはじめると、私たちに働きかけている天使たちが見えました。すると不意に、大天使ウリエルが部屋に姿を現しました。私以外は誰も彼女を見ることはできませんでしたが、明らかにクラスの全員がこの瞑想にうっとりしていました。ウリエルはジョンのすぐそばへと近づき、直接彼に働きかけはじめました。ウリエルが祈りはじめると、彼女のハイヤーセルフからジョンのオーラにたくさんの白色光が投射されるのが見えました。彼のメンタル・チャクラを特に狙っているようです。祝福はみな受けていましたが、ウリエルはジョンに集中していました。ジョンは自分が誰とつながっているのかわかっていませんでしたが、祝福を受けて明らかに高揚していました。ウリエルは五分ほどで去りましたが、透視で見ると、ジョンのオーラには彼女の祝福による輝きが確認できました。

この体験はジョンにとって飛躍的進歩を遂げるきっかけとなりました。ウリエルと交流したことで、スピリチュアルな探求における新しいレベル、すなわち新たなレベルの意識へと達することができたからです。ジョンは初めて透視能力で天使を見るという神秘体験をしました。彼の献身と進歩を確認した証として四人の天使が祈り、光を送ってくれるところを見たのです。天使を見た後、ジョンの姿勢は変わり、人生も変わりました。信じる心は増し、決意も強くなりました。ジョンの場合、こうした変化はスピリチュアルな可能性の開花する日が近いことを意味しました。可能性が開花するタイミングは人によって異なり、若くして達成する人もいれば、年をとって達成する人もいますし、もっとずっと時間をかけて達成する人もいます。そのタイミングはすべて、本人のカルマの記録および達成しなければならない事柄によって決まります。ジョンの場合は、すでに進化した状態でこの世に生まれたのですが、前進して目的を達成するためには、このようなスピリチュアルな橋をわたる必要があったのです。

建築家としてキャリアを伸ばしたジョンは、住居建築の設計分野で非常に有名になりました。素晴らしい女性と結婚して、二人のかわいい子どもにも恵まれました。仕事とプライベート、そしてスピリチュアルな生活において成功を手にしたのです。ジョンはずっと、こうした成功をすべて収められる力を秘めていたのですが、実現できたのはスピリチュアルな成長を最優先して取り組んだからでした。やがて彼は私との学びを終え、自分が手にしたすべてについて感謝の気持ちを表してくれました。その後も時折天使と遭遇しながら、光のワークと瞑想を続けています。ジョンが成功する姿を目にし、大天使ウリエルからの祝福が転機となるところを見られたのは、とてもよい経験になりました。

聖なる存在と交流する最も基本的な方法のひとつは、〈神の光〉をお願いすることです。聖なる存在は〈神の光〉の階層に属しています。聖なる存在に位階があるように、〈神の光〉にも位階があります。〈神の光〉のこの階層は、あらゆる被造物に生気を与えるエネルギーのテンプレートを形作ります。聖なる存在はこの光の序列内に「持ち場」を与えられ、それによってスピリチュアルな力と権限を自分のものにします。たとえば、大天使ミカエルは大天使界の聖なる存在です。彼もまた、人類を導く有力な存在として持ち場をもち、自分の職務を負っています。持ち場で職務を全うするために、彼は光の階層秩序に含まれるスピリチュアルな力光線のひとつを体現します。いずれミカエルは別の任務を負うようになり、他の大天使がその持ち場と職務を引き継ぐことになります。

ここで、核心となる疑問が生じます。〈神の光〉とは何なのでしょうか。それは物理的な光ではありません。色は透視能力で確認できますが、電磁エネルギーなどとはまったく違います。〈神の光〉は、意識の導管です。神はこの導管を通じて、神なる命のさまざまな特質を人間や他の全被造物に送ります。今この瞬間も、人は自分の意識を向上させ、拡大させる過程にあります。〈神の光〉はそうしたより高い意識を人に与えるものです。光と意識は手に手をとって進みます。オーラでより多くの光を得るほど人の意識は高まります。〈神の光〉には神の意識が染みわたっているので、「生命光線」ともしばしば呼ばれます。〈神の光〉を受け取るということは、きれいな色で祝福されるというだけのことではありません。きれいな色の光は人の意識を変えてくれる、生命の力なのです。

スピリチュアルなエネルギーにはさまざまな種類があります。少し例をあげただけでも、愛、平和、調和、英知、やる気、繁栄など、神のさまざまな特質を人は体現しなければならないためです。〈神の光〉がもつ特質ごとに、その光と力の管理者となるスピリチュアルな存在がいて、それぞれに独特の力と才能をもっています。

〈神の光〉の全領域

この本では主に、人生のさまざまな面で助けとなってくれる〈神の光〉を種類ごとに取り上げて瞑想していきます。しかし、さまざまな光線が実際にもつエネルギーについてお話しする前に、一歩離れたところから〈神の光〉の全領域を眺め、自分がどんなに素晴らしい力を呼び起こすことになるのかについて理解を深めていきましょう。
光のヒエラルキーは、図表10で示すように分類されます。

絶対の神が放つ原初の光線

最初のスピリチュアルな光線は、そこからあらゆる〈神の光〉の光線が生じる原初の光線です。この光線は絶対の神から生じ、すべての被造物はその力のもとにあります。創造にかかわるスピリチュアルな光線にはそれぞれ特質がありますが、その特質はこの驚異的な原初の光線の力に組み込まれているものです。原初の光線はすべての意識の原動力となります。光のなかの光です。すべての被造物はこの光を浴びていますし、私たちは毎日この光による恩恵を受けています。

全能の神が放つ七光線

原初の光線が全能の神まで流れると、全能の神の七光線になります。多くの人がこの光線について書いてきました。形而上学者アリス・ベイリーは、このテーマに関して特に説得力のある文献を残しています。七光線は、全能の神が統括している神の計画全体においてエネルギー的なテンプレートを形成します。この七光線を通して、私たちひとりひとりに自分の目的を達成するための力が与えられます。

父であり神聖な母である神が放つ聖なる光

この光は創造的な人生を与えてくれる力光線です。父であり神聖な母である神のもとにあるということは、ダイナミックかつマグネティックな性質をもっているということです。この力光線は私たちを導き、円熟した魂となって天の両親のもとへ帰れるように促してくれます。私たちの創造力と表現力の源となる光です。

惑星ロゴスの宇宙光《コズミック・ライト》

惑星ロゴスの宇宙光は地球での進化を可能にしてくれる光線です。この力光線はアセンション光として知られ、さまざまな区分があります。新しいレベルの意識に達したり、より深く神を認識したりするときなどにこのエネルギーの祝福を受けます。

人類のための英知の光線

この段階まで降りてくると、〈神の光〉はスピリチュアル・ヒエラルキーの持ち場を表す光として機能します。英知の光線は天の主キリスト（別名〈英知の光の主〉）のもとにあり、地上に生きる全人類を照らします。人が十二界を通る旅を終えられるように背中を押してくれる光線です。

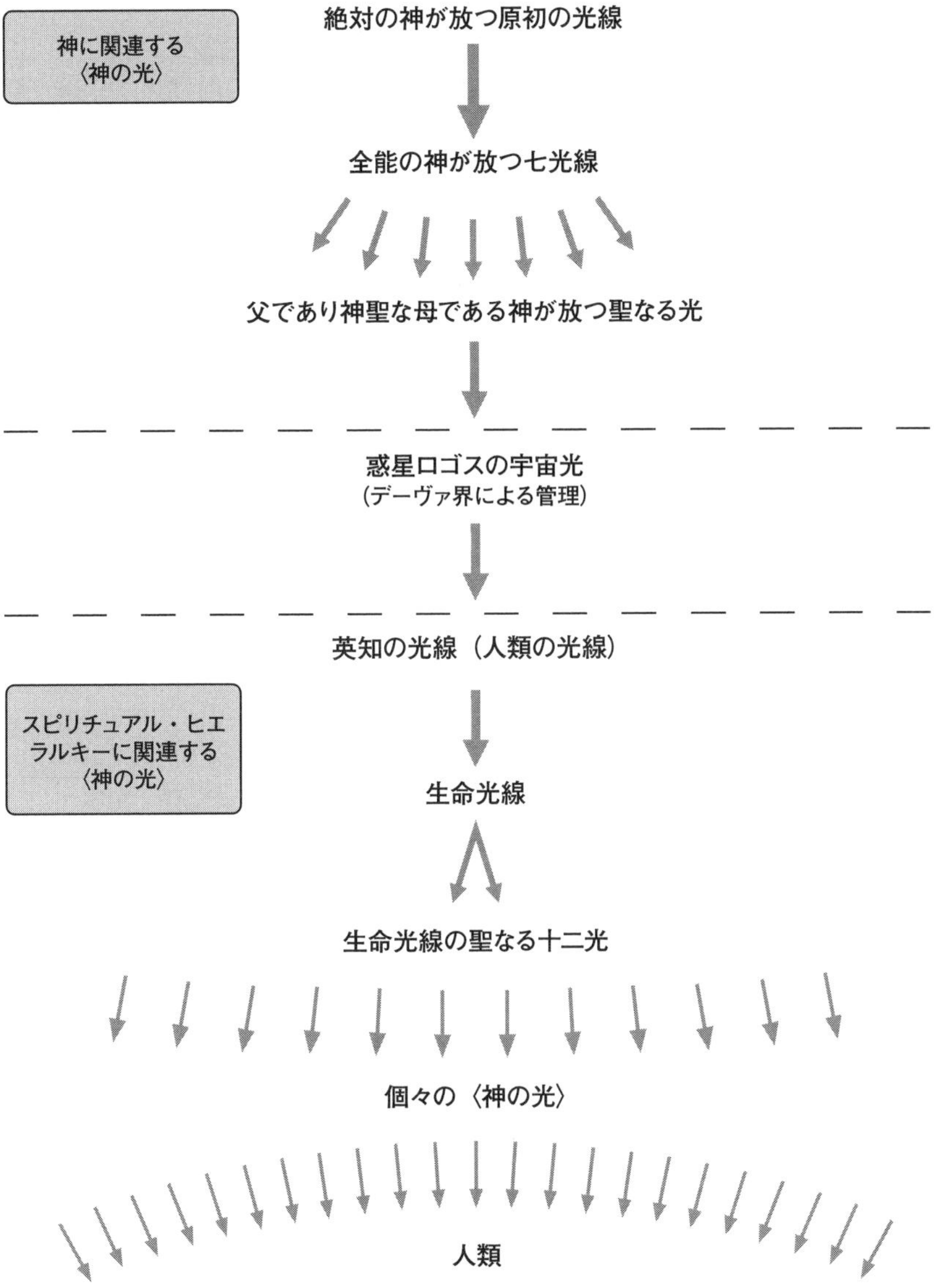
神に関連する〈神の光〉
絶対の神が放つ原初の光線
全能の神が放つ七光線
父であり神聖な母である神が放つ聖なる光
惑星ロゴスの宇宙光
(デーヴァ界による管理)
英知の光線（人類の光線）
スピリチュアル・ヒエラルキーに関連する〈神の光〉
生命光線
生命光線の聖なる十二光
個々の〈神の光〉
人類

図表10 〈神の光〉の階層

生命光線

英知の光線は、ダイナミックな力とマグネティックな力という二つの基本的な力光線に分かれます。二つの光線は、「創造的な命の具体的表現」につながっていて、聖霊《ホーリー・ゴースト》と聖霊《ホーリー・スピリット》が管理を受けもちます。人が神の計画を実現できるように助け、天使と大天使に導きと指南を与える光です。

生命光線の聖なる十二光

聖なる十二光は、天の十二大天使がそれぞれ「持ち場」として担当するエネルギー光線です。聖なる十二光から生じるのが、私たちが日々受け取り、ワークでお願いをする数多くの〈神の光〉の光線になります。

〈神の光〉の光線

〈神の光〉の光線は、神の具体的な性質やスピリチュアルな人生をもたらしてくれるさまざまな光を指します。ひとつの光線をひとりの天使が担当し、大天使から受け取ります。このさまざまな〈神の光〉の光線を人がしっかり受け取る方法については、後ほどご紹介します。多様な光線は意識のレベルが多様であることの表れであり、こうしたエネルギーは毎日お願いしなくてはなりません。

瞑想と祈りの力

瞑想と祈りは、神なる存在と交流するためのきわめて重要な手段です。瞑想は、神から受け取ることを意味します。祈りは、神に請願すること、すなわち思いを表に出すことです。高次に働きかける際には、瞑想の祈りを通してこの二つを同時に行います。それは、神なる存在への一種の祈願です。この種の瞑想では高次に具体的な要請をし、そのうえで、神なる存在が与えたいと思う祝福を受け取ります。愛や豊かさにつながるスピリチュアルな力を得たいときもあるでしょう。啓示や調和を求めることもあるかもしれません。瞑想の祈りの素晴らしさは、自分が求めているスピリチュアルな性質や意識に自分の心と意識を集中させていることです。そうすることで、瞑想中の心は研ぎ澄まされ、集中力を保てます。

まず、瞑想するための静かな場所を選んでください。注意をそらす可能性がある雑音やものがない場所にしましょう。瞑想は神と一対一になる時間なので、高次とつながることに意識を完全に集中しなくてはいけないからです。寝室や自分専用のオフィスなどは非常に適しています。

神なる存在に何を要請するかをじっくり考えましょう。求めているのは、導き、愛、平和、それとも啓示でしょうか。どれも素晴らしいものですが、絞り込むことでつながりを強くできます。神の性質はその性質独自の力光線を通じてやってくるので、要求がはっきりしているとより良い効果が得られます。求めすぎてはいけません。一度にお願いするのは三つか四つまでにしておくことを勧めます。そうすることで、得た力を吸収して稼働する時間を増やせるからです。高次に何をお願いしたらいいかわからなくても悩まないでください。わからないなら、神の知性によって導いてもらえるようにお願いしましょう。

椅子に座って両足を床にしっかりつけ、背筋を伸ばします（オーラを使った瞑想のコツに関する詳細は付録を参照）。この種の瞑想では、蓮華座のように足を組むことはおすすめしません。エネルギーは頭上のハイヤーセルフから降りてきて、電流のように体内を流れるので、足を組むなどしてエネルギーの流れを妨げることにより「混線」させたくないからです（瞑想の姿勢については271ページの図表8を参照）。

心はリラックスしていますが、意識は清明に保ちます。二、三回深呼吸をして、体が精神および魂と調和していることを感じてください。状態が落ち着いてきたら、神なる存在に優しく包まれているところを想像しましょう。金色のシャボン玉にすっぽりと守られているイメージです。どんなタイプの瞑想をする場合でも、スピリットが守られていることは重要です。
次に、頭より六十センチほど上にあるハイヤーセルフ・ポイントに意識を向けます。自分の頭上で金色の太陽が輝いているようなイメージです。ハイヤーセルフ・ポイントに意識を向けるときは、実生活での心配事や悩みはすべて忘れるようにします。そうした不安や懸念は神なる場所には存在しないからです。今この瞬間は神聖な場所にいて、神なる存在と完全につながっているのを感じましょう。自分の意識の一部が実際にハイヤーセルフにあることを感じ、ハイヤーセルフ・ポイントが光と力を通して脈動しているのを感じてください。ただそこにいるだけで嬉しく、敬虔な気持ちになるはずです。
意識をハイヤーセルフ・ポイントに向けたまま、次の祈りを声に出して唱えます（祈りの言葉はぜひ暗記してください）。

ハイヤーセルフ・ポイントとつながるための祈り

天の父であり神聖な母である神様、私は高めます、私の意識を。あなたの意識まで、あなたとひとつになるために。今私が必要とするもの、そして知る必要があることを受け取らせてください。（訳注　日本語として不自然な語順ですが、スピリチュアルな意味があるためこの語順のまま唱えてください。）

ハイヤーセルフで神なる存在との一体感を感じましょう。進化のリンクにより自分と聖なる存在が神と命の単一性《ワンネス》につながっていることを感じてください。この美しい瞑想状態に入ると、まるで天の家に帰ったかのように感じます。宇宙のなかで自分がいるべきところにいて、人生には目的があります。その目的をいっそう美しい方法で成し遂げるため、意識はあらためて清々しく澄みわたります。

これで、瞑想の祈りを開始する準備が整いました。感覚をつかむために、まずはこの本でご紹介する祈りを行い、そのうえで、ご自分で考えられた祈りを行うと良いでしょう。瞑想の祈りは、神なる存在に対する個人的な告白のようなものです。ひとつの技術体系であると同時に知識体系でもあります。瞑想の祈りでは心を開いて、胸のうちを神に話してください。

何か頼みごとをするときは、自分がお願いしている美しい光の力が神の源から自分のハイヤーセルフ・ポイントへと投射されている様子を心に描くようにします。ハイヤーセルフ・ポイントがほとばしる光のなかで活性化するのをイメージし、今度はそのハイヤーセルフ・ポイントから光が滝のように自分へと降り注ぐ様子を思い描きます。自分のオーラ全体と体とチャクラに光を浴び、あらゆるレベルの思考、発話、活動、行動、感覚がその光に浸ります。壁を取り払って、光が自分の隅々まで行きわたるようにしてください。

動かずにじっとして、光の祝福を受けていることを感じ取りましょう。お願いしているスピリチュアルな特性を受け取ることで、意識が高められていくのを感じてください。同時に、聖なる存在が近くにいることを感じるようにします。彼らはそばにいて、祈っている人を愛し、支えています。彼らがそこにいること自体が、気分の高揚する素晴らしい出来事です。聖なる存在を自分の意識に迎え入れましょう。神に満たされた聖なる存在に波長を合わせてください。彼らの存在により力を得て、愛と敬意で満たされることでしょう。人を思いやる気持ちは膨み、自分の内面にあるものをどこまでも表に出せるように感じます。どんな困難や試練が現れても、神と聖なる存在がいれば、すべて正面から向き合い、克服できるのだと、心の底で理解できます。神と一緒なら何でも可能なのです。

瞑想を終える際には、受け取ったものに対する感謝を神なる存在に表明してください。そのうえで、地上にある、〈神の光〉で強化された意識に、ゆっくりと戻ります。すっきりとして、地に足がついた感覚を覚えるはずです。光のなかでは地に足がついた状態でいなくてはなりません。なぜなら、今受け取った聖なる祝福を、今度は実際の生活に活用しなければならないからです。与えられた力を使い、可能性を開花させて目的を達成する必要があります。

最初は一日に十五～二十分間ほど、瞑想することを勧めます。しかし、瞑想の長さより重要なことは、瞑想の深さです。瞑想を終えるときは、始めたときと違う感じがしていなければなりません。瞑想中に光や聖なる存在を見ることができなくても構いませんが、彼らの存在を感じることは大切です。しかし高次の存在を感じなくても、高次がそこにいないということではありません。聖なる存在を引きつけるのは祈る人の献身と専心です。

スピリチュアルな存在を介して〈神の光〉を受け取る

〈神の光〉をお願いする方法はこれでわかったので、瞑想の祈りを開始することができます。以下にあげる祈りでは、聖なる存在を具体的に特定してお願いをし、彼らが受けもつスピリチュアルな力を受け取ることになります。聖なる存在を介さず光だけをお願いすることもできますが、聖なる存在が現れるように祈ると、受け取れるものがずっと大きくなります。

瞑想の祈りは命令ではなく、頼みごとであることを覚えていてください。どのスピリチュアルな存在が頼みに応え、何を与えてくれるのか、確実なことはわかりません。しかし、誠実であれば神からの支援は得られますし、瞑想は神聖な体験となります。
すべての聖なる存在はもちろんスピリチュアルなエネルギーをもっていますが、次にあげる天のリーダーたちは人に光を送ることを特に仕事としており、人からお願いされるのを望んでいます。

〈英知の光の主〉〈主キリスト〉が管理する〈神の光〉

〈英知の光の主〉は輝く純粋な白色光を管理しています。白色光は希望を与えるエネルギーです。心配事や悩みがあって負担を感じているなら、白色光の力を借りて、暗澹とした意識から抜け出すことができます。純粋な光なので、意識の暗くなった部分を光のなかへと戻してくれます。聖なる存在は多くの場合、白色光に乗ってやってきます。白色光は直感力と透視力を大きく伸ばしてくれます。

純粋な白色光を受け取るための瞑想の祈り
天の父であり神聖な母である神様、主キリストと純白の光の天使の指揮のもと、私に純白の光を投射し、それによって意識を隅々まで均質化し、整え、中心に戻し、調節して、神なる単一性《ワンネス》へとつないでください。今の私にできる最大限まで、私の意識を高めてください。

大天使ミカエルが管理する〈神の光〉

大天使ミカエルはいくつもの任務を負っているので、管理する光もひとつにとどまりません。たとえば、次のような光を送ってくれます。

浄化をもたらすオレンジと赤の炎

「オレンジと赤の炎」は、オーラと意識を浄化してくれる光線です。地上で歩んでいるあいだ、人はスピリチュアル・エネルギーの海に浸っています。スピリチュアルな浄化は、人が受け取ったり、自分で生み出したりした啓発されていないエネルギーを手放すために不可欠です。ミカエルとその指揮下にある光の使者は、そういった否定的なエネルギーをオーラから解き放つ達人です。

浄化をもたらすオレンジと赤の炎を受け取るための瞑想の祈り

天の父であり神聖な母である神様、大天使ミカエルと浄化の天使の指揮のもと、私にオレンジと赤の炎を投射して、黒や灰色の原子、すなわち啓発されていないエネルギーのすべてを、私のオーラと意識から解き放ってください。そうしたネガティブなエネルギーは鉱物界に送って分解し、光のなかで再構成されるようにしてください。（この瞑想のあとには、大天使ガブリエルが管理する青と白の火をお願いしましょう。）

英知の光と保護をもたらす金色の光線

人類のための英知の光線と混同しないようにしてほしいのですが、この金色の光線は、神がもつ大いなるダイナミックな力です。自信、勇気、信頼、意志力、啓発などといった、神のダイナミックな特質を高めたいときはこの光線が役に立ちます。人がスピリチュアルな目的を叶える力を得るために欠くことのできない光線です。

英知の光をもたらす金色の光線を受け取るための瞑想の祈り

天の父であり神聖な母である神様、大天使ミカエルと英知の光の天使の指揮のもと、私に金色の光線を投射してください。それにより、私のオーラと意識が英知、勇気、強さ、自信、信念といった、神のもつあらゆるダイナミックな特性で満たされますように。このダイナミックな力が、神の恵みであるすべてのインスピレーションと直感的な働きかけを実行に移すために必要な力を私に与えてくれるようにお願いします。

金色の光線はまた、強い保護の力ももたらします。身体を守るだけでなく、自分のオーラやスピリチュアルな力を他人に利用されないように守るうえでも不可欠です。

金色の光線による保護を得るための瞑想の祈り

天の父であり神聖な母である神様、大天使ミカエルと保護およびボディガードの天使の指揮のもと、私に保護のための金色の光線を投射してください。その光で金色のシャボン玉のように私のオーラを七回包んでください。人生のあらゆる側面でこの保護の力を保てる強さをもてますように。

活力をもたらすカーネーションレッドの光線とルビーレッドの光線

カーネーションレッドの光線は、活力を与えてくれる素晴らしい力光線です。エネルギーとスタミナを与えてくれます。身体的に、精神的に、あるいは感情的に疲れているなら、まず得たいエネルギーになります。この光のエネルギーは身体をよく動かす人たちに不可欠です。

活力をもたらすカーネーションレッドの光線を受け取るための瞑想の祈り

天の父であり神聖な母である神様、大天使ミカエルと活力の天使の指揮のもと、私に活力をもたらすカーネーションレッドの光線を投射することで、意識の隅々まで活性化し、エネルギーを補充し、体力を補給してください。

ルビーレッドの光線は、カーネーションレッドの光線よりも濃い色をしています。この光のエネルギーもまた、活性化する力をもちますが、カーネーションレッドの光線よりも利き目が早く現れます。スピリチュアルな力を強める注射のようなものと考えてください。カーネーションレッドの光線ほど長持ちはしません。眠れなくなるかもしれないので、寝る前にお願いするのはやめましょう。

即座に活力をもたらすルビーレッドの光線を受け取るための瞑想の祈り

天の父であり神聖な母である神様、大天使ミカエルと活力の天使の指揮のもと、私に活力をもたらす濃いルビーレッドの光線を投射してください。スピリチュアルな力を強める注射のようなその力が、足りない分のエネルギーを今すぐ与えてくれますように。

やる気と熱意をもたらす明るいオレンジの光線

明るいオレンジの光線（浄化をもたらすオレンジと赤の炎と混同しないこと）は、魅力的な力です。野心というエネルギーを与えてくれます。スピリチュアルな道において努力するうえで、野心は軽視されることもありますが、人生におけるスピリチュアルな目的を達成するには野心的である必要があります。この光のエネルギーは人をやる気にして行動へと駆り立てる素晴らしい力をもたらします。また、落胆していたり、何かに意気をくじかれたりしているときに必要となる熱意も与えてくれます。

やる気をもたらす明るいオレンジの光線を受け取るための瞑想の祈り

天の父であり神聖な母である神様、大天使ミカエルと明るいオレンジの光線の天使の指揮のもと、私にやる気と熱意と覚悟をもたらす光を投射して、オーラと意識の隅々まで行きわたらせることで、私がさらなる高みへと達し、最高善を果たせるように勇気づけてください。その光が私の野心を駆り立て、自分の才能と力を最大限に使おうという気持ちにさせてくれますように。

集中力をもたらすレモンイエローの光線

純粋なレモンイエローの光線は、集中力をもたらします。新しいことを学んだり、研究したりしているなら、この光線が必要です。また、日々の生活を送るうえで、感情面も含めて集中力を高めたいときも助けてくれます。

集中力をもたらすレモンイエローの光線を受け取るための瞑想の祈り
天の父であり神聖な母である神様、大天使ミカエルとレモンイエローの光線の天使の指揮のもと、集中力をもたらすエネルギーを投射することで、私の知性を刺激し、意識の隅々まで刺激を与えてください。それにより、オーラ全体がいっそう研ぎ澄まされ、焦点の定まった状態になりますように。

大天使ガブリエルが管理する〈神の光〉

大天使ガブリエルはさまざまなスピリチュアル・パワーを与えてくれるため、多面的な大天使であると言えます。大天使ガブリエルが管理する光を以下に八つあげましょう。

新たな生命力と癒しをもたらす青と白の火

青と白の火は、神なる存在が与えてくれるスピリチュアルな力のうちでもきわめて強力な力をもたらします。基本色はサファイアブルーですが、白色光など他の色のエネルギーが入り混じっています。ひとつの光線しかお願いする時間がないときはこの光を選べば間違いないと、高次は言っていました。この光は新たな生命力をもたらします。それゆえ、オレンジと赤の炎を得て古いエネルギーを解放したあとは、この青と白の火でオーラを再び満たしてください。

新たな生命力をもたらす青と白の火を受け取るための瞑想の祈り
天の父であり神聖な母である神様、大天使ガブリエルと青と白の火の天使の指揮のもと、私に、電流のような生命力をもたらす神聖な青と白の火を投射してください。その光により意識の隅々までエネルギーで満たされ、私のオーラと存在のあらゆる側面が回復しますように。
青と白の火は癒しをもたらす唯一最大の光線でもあります。癒しが必要なときはこの光をお願いするとよいでしょう。

癒しをもたらす青と白の火を受け取るための瞑想の祈り

天の父であり神聖な母である神様、大天使ガブリエルと癒しの天使の指揮のもと、私に青と白の火を投射して、心と体と魂を完全に健康な状態へと回復させてください。その光が私の体のすべての細胞に入り込み、細胞にあなたの健康の意識をもたらしてください。

バランスと調和をもたらすエメラルドグリーンの光線

エメラルドグリーンの光線はバランスと調和の力を与えてくれます。さまざまな側面をもつ人生と意識を調和した状態に保つことは必要不可欠です。何かに動揺していたり、バランスが崩れてしまったと感じたりしているなら、この光線をお願いしてください。この光は神のリズムに同調させてくれるので、高次とよりうまく波長を合わせられるでしょう。日々の生活の混沌としたリズムに巻き込まれることはあまりに容易ですが、この力を使えばすべてを神の調和のなかに保つことができます。

バランスと調和をもたらすエメラルドグリーンの光線を受け取るための瞑想の祈り

天の父であり神聖な母である神様、大天使ガブリエルとバランスの天使の指揮のもと、私に、バランスと調和をもたらすエメラルドグリーンの光線を投射して、私のあらゆるレベルの意識、すなわち心と体と魂を神のリズムに同調させ、調和した状態に保ってください。神のリズムと波長を合わせて歩めますように。

繁栄をもたらすターコイズの光線

ターコイズの光線は、豊かさと繁栄の意識をもたらします。貧しさの意識や欠乏感、閉塞感から抜け出て、神の無限の恵みに気づかせてくれるため、人気の高い光です。

豊かさをもたらすターコイズの光線を受け取るための瞑想の祈り

天の父であり神聖な母である神様、大天使ガブリエルと繁栄の天使の指揮のもと、私に、豊かさと恵みをもたらすターコイズの光線を投射して、意識の隅々まで神の無限の富で祝福してください。欠乏感や閉塞感をすべて手放すことで貧しさの意識を払拭し、神の無限の豊かさに同調できますように。

インスピレーションをもたらす淡青色《パウダーブルー》の光線

インスピレーションをもたらす淡青色の光線は、非常に独創的で創造的なアイディアをもたらします。芸術家や発明家であるならば、この光がインスピレーションの流れを速めてくれるでしょう。同時に、人生において新たな閃きを求めているすべての人にとって重要な力でもあります。

インスピレーションをもたらす淡青色《パウダーブルー》の光線を受け取るための瞑想の祈り
天の父であり神聖な母である神様、大天使ガブリエルとインスピレーションの天使の指揮のもと、私に、インスピレーションをもたらす淡青色の光線を投射して、希望や喜びへとつながる独創的で創造的な発想をお恵みください。意識のあらゆるレベルでオープンになり、神のインスピレーションを受け取れますように。

才能をもたらす鋼青色《エレクトリックブルー》の光線

インスピレーションと才能は、オーラでは二つの異なるエネルギーとして存在します。インスピレーションは独創的な考えをもたらすものですが、才能はその考えを形にする技術を指します。創造的な試みをするには、この両方を確立している必要があります。鋼青色の光線は、人が実際にもつ創造的な技術や才能の力です。色は光沢のある青緑色をしていて、芸術の分野でも、科学の分野でも、創造的な才能を傾ける分野であれば、創造的な技術を伸ばすにつれてこの力が確立します。

才能をもたらす鋼青色《エレクトリックブルー》の光線を受け取るための瞑想の祈り
天の父であり神聖な母である神様、大天使ガブリエルと創造力の天使の指揮のもと、私に、才能をもたらす鋼青色の光線を投射して、技術と創造的能力を伸ばすのを助けてください。特に、その光が、オーラのなかで創造力を表す部分である磁気区分に向かいますように。

決断力をもたらす紺青色《ロイヤルブルー》の光線

決断力をもたらす紺青色の光線は、献身と忠誠ももたらしてくれるパワフルなエネルギーです。神への専心がときどき揺らぐのを感じるなら、この光をお願いすれば優先順位を付け直すのを助けてくれるでしょう。

決断力をもたらす紺青色《ロイヤルブルー》の光線を受け取るための瞑想の祈り

天の父であり神聖な母である神様、大天使ガブリエルと決断力の天使の指揮のもと、私に、献身と決断力をもたらす紺青色の光線を投射して、私の神への専心と忠誠を深めてください。自分のすべきことにしっかりと取り組み、最後までやり遂げられますように。

スピリチュアルな成長をもたらす青リンゴ色《アップルグリーン》の光線

このエネルギーは淡い緑色をしています。「真珠のような光沢をもつ」色のひとつとして知られ、かすかにきらめき、オパール色に近い質感があります。この光のエネルギーは、スピリチュアルな面で順調に進歩している人のオーラに見られます。この力を得ると、スピリチュアルな成長を速め、人生を新鮮な目で見ることができます。淡青色《パウダーブルー》の光線と相性の良い光です。

スピリチュアルな成長と再生をもたらす青リンゴ色《アップルグリーン》の光線を受け取るための瞑想の祈り

天の父であり神聖な母である神様、大天使ガブリエルとスピリチュアルな成長の天使の指揮のもと、私に青リンゴ色の光線を投射して、スピリチュアルな旅路を歩む私に刺激を与え、高めてください。その光のエネルギーにより私の魂が再生され、スピリチュアルな進化における次のステップへと進む準備ができますように。

大天使ウリエルが管理する〈神の光〉

大天使ウリエルは、神なる命がもつ崇高たるマグネティックなエネルギーをもたらします。

スピリチュアルな愛をもたらす濃いバラ色の光線

この光は必ず手にしたい光線のひとつです。人は多くの愛がなければ人生を生き抜けないことでしょう。愛は被造物をひとつにつなぐ絆です。人は愛を通して、命の単一性《ワンネス》を経験します。この光線は、神とスピリチュアル・ヒエラルキーをより近くに感じるために不可欠です。孤独を感じたり、愛されていないと感じたりしているなら、お願いすべき必須のエネルギーです。人間関係がうまくいっていないときはその関係を修復してくれますし、単に誰かをより身近に感じたいときも、それを叶えてくれます。思いやり、喜び、親切、優しさといった多くのマグネティックな性質をもたらしてくれるこの光線は、ダイナミックな金色の光線と互いに補完し合う素晴らしいエネルギーです。この光線には多くの特質があるため、ウリエルのもとにはこの光の力を管理する大勢の天使がいます。

スピリチュアルな愛をもたらす濃いバラ色の光線を受け取るための瞑想の祈り

天の父であり神聖な母である神様、大天使ウリエルと愛の天使の指揮のもと、私に、スピリチュアルな愛をもたらす濃いバラ色の光線を投射して、私がもっと愛に満ち、親切で、思いやり深くあれるように、オーラと意識を神の永遠なる無条件の愛で満たしてください。私から孤独や悲しさといった感覚をすべて解き放ち、神の永遠の喜びで満たしてください。その優しい光が私に、神およびスピリチュアル・ヒエラルキーとの親しい交わりをもたらしてくれますように。

平和と静けさをもたらす紫とすみれ色の光線

紫の光線は人をスピリチュアルな深い平和へと導きます。落ち着きを失っているときや、じっとしていられないとき、あるいは動揺したり、いらついたりしているときに、このエネルギーを得ると、神の静けさを感じることができます。悲しみのなかにあるときにも助けてくれる素晴らしい光線です。世界の苦難を一身に背負っているように感じるなら、この光のエネルギーでリラックスし、すべての心配事を神の愛の手にゆだねましょう。

平和をもたらす紫の光線を受け取るための瞑想の祈り

天の父であり神聖な母である神様、大天使ウリエルと平和の天使の指揮のもと、私に、濃い紫の光線を投射して、私の魂と意識を神の平和で満たし、平和の静けさ、静けさの平和へと導いてください。心配することは何もなく、神の腕に抱かれてリラックスすればよいのだと感じさせてください。

すみれ色の光線は濃い紫より淡い色合いで、紫の光線より穏やかに静けさと落ち着きをもたらします。職場や家庭でストレスやプレッシャーを感じているなら、この光が緊張した神経を和らげてくれるでしょう。

静けさをもたらすすみれ色の光を受け取るための瞑想の祈り
天の父であり神聖な母である神様、大天使ウリエルと平和の天使のもと、穏やかな静けさと落ち着きをもたらすすみれ色の光線を投射して、私の神経を鎮め、心と体と感情をリラックスさせてください。

大天使ラファエルが管理する〈神の光〉

大天使ラファエルは、神の知性をもたらす銀色の光線を管理します。いくつもの光線を管理する大天使もいるのに、どうしてラファエルが管理する光線はたったひとつなのだろうと思われるかもしれません。理由は銀色の光が多くの場面で使用されるためです。この光線は人のスピリチュアルな感覚を活性化します。さまざまな形でスピリチュアルな追求をするうえで、覚醒した鋭敏な状態を保てるようにしてくれます。魂はすぐに満足して眠ってしまうことがありますが、この光線はスピリチュアルな意味でしっかりと目覚めた状態を保ってくれます。新しい知識を吸収しようとしているなら、銀色の光は非常に役立ちます。また、活性化作用もあるので、人生がどこか「形式主義」的になって行き詰まりを感じているなら、この光のエネルギーが行き詰まりを解消してくれるでしょう。

神の知性をもたらす銀色の光線を受け取るための瞑想の祈り
天の父であり神聖な母である神様、大天使ラファエルと知性の天使の指揮のもと、私に銀色の光線を投射して、鈍くなっている部分をすべて解放し、また理解力と気づきを高めることでオーラと意識を隅々まで活性化してください。神からの働きかけを鋭く察知し、神が与えてくれるさまざまなエネルギーにいっそう敏感に気づけますように。物事を自分がそうあってほしいと思う姿でとらえるのではなく、ありのままに、もっとはっきりとらえられるように助けてください。

瞑想のときに聖なる存在が人とつながる方法

ここからはとても刺激的なお話をしていきます。瞑想のとき、聖なる存在はどのようにして人とつながるのか、というお話です。瞑想のあいだは最高に素晴らしい交流が起こっていて、神なる存在がいかにその人を愛し、気にかけているかを教えてくれます。すでに述べたように、瞑想のプロセスそのものへとつなげてくれるのはその人の教師役の天使です。どの聖なる存在の光をお願いしているかにかかわらず、プロセスは教師役の天使が調整しています。

聖なる存在に呼びかける瞑想中は、複数の聖なる存在が関与します。その理由は、光のエネルギーが天の源から降りてくるため、意識が上につながっている必要があるからです。

つないでいくプロセスは次のようになります。典型的な瞑想ではまず、教師役の天使が二人やってきます。この天使たちは瞑想する人のずっと上にいて、天の領域と直接つながった状態を維持します。彼らの下には瞑想する人の守護天使がいます。守護天使も二人いて、ひとりはダイナミックな天使、もうひとりはマグネティックな天使です。守護天使の仕事は、教師役の天使から送られてくるスピリチュアルな力が人の高次の性質、つまりハイヤーセルフへと正確に伝わっているか確認し、さらにそこからその人自身へと確実に伝わるようにすることです（図表11を参照）。

以上の全体像のさらに上に、人が瞑想の祈りのなかで呼びかけている聖なる存在（大天使と天使）がいて、

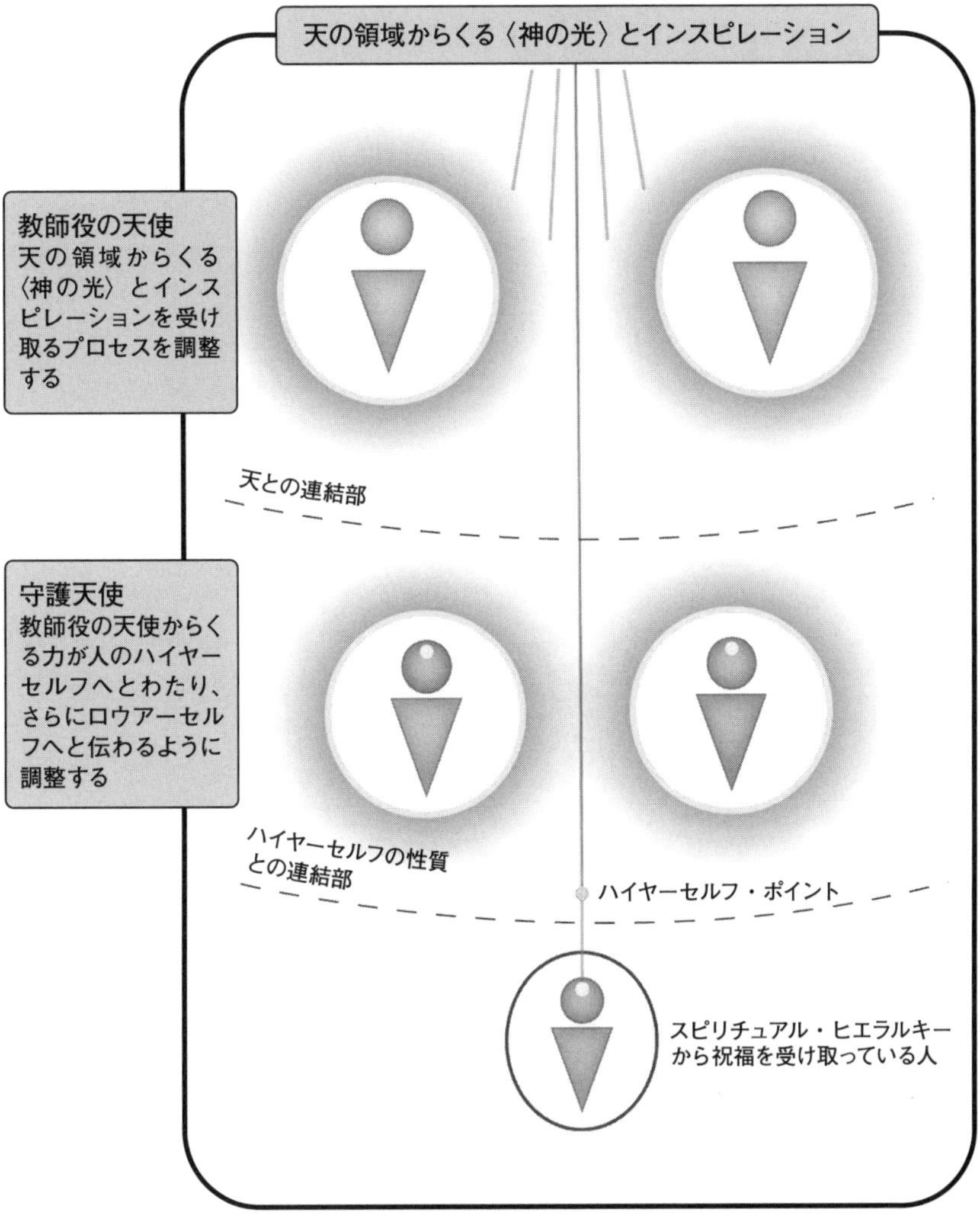

図表11　瞑想中の高次とのつながり

天の領域から力を投射しています。その力は、人のオーラに向かって降りてくる一筋の光線のように見えます。教師役の天使と守護天使がそのプロセスを調整していることで、力はいくつもの層を順調に通ってしっかり人に届くのです。

こうした支援体制を見ると、瞑想のたびに聖なる存在がこのような形でやってきてくれるのかと思われるかもしれません。まずお伝えしたいのは、瞑想は誠実でひたむきに行うものでなければならないということです。瞑想する人がうわべだけ装っていたり、気が散っていたり、いらついていたりしたら、聖なる存在はなかなかつながれません。第二に、彼らがつながってくれるのはせいぜい一日に一回か二回です。また、彼らは自分の役目を果たしたと思ったらすぐに去っていきます。聖なる存在は自分が与えている光や力を人が実際に使うことを望んでいるので、「過剰な瞑想」は求めていません。瞑想は人のスピリチュアルな力を蓄積する時間です。いったん蓄えたら、その力を稼働させて、永遠に自分のオーラと意識の一部となるようにする必要があります。力を蓄えられると思って瞑想しすぎる人たちがいますが、そのような方法で力を蓄えることはできません。自分に必要な分を受け取ったら、それ以上は与えてもらえないからです。高次は力を与えたら、自分が与えた力を使って人は何をするだろうと見守っています。人が力を使えば使うほど、高次は力を与えてくれます。瞑想が足りない場合も同様に、聖なる存在がこの種のつながりを作ることは難しくなります。

瞑想をしない人たちや、スピリチュアルな道を歩んでいない人たちについてはどうなのでしょうか。このように高次から祝福を受け取るのでしょうか。答えは「はい」です。神なる存在は私たちが気づいていようといまいと、私たちを平等に愛しています。神と直接交流する時間をとらない人の場合、聖なる存在はその人が静かに考えているときにやってきて光と力を与えます。つまり、たとえ瞑想しなくても、少し時間をとって熟考し、学ぶ必要があるということです。それは生活の一部です。常に忙しくしていても高次はその人のところへやってきますが、来られる頻度は減ります。もちろん、瞑想する時間がとれるならそれが最良の方法です。高次のために時間を割いて彼らとのつながりを強めていることになりますし、自分の受容力を強化していることにもなるからです。スピリチュアルな道を歩む場合は瞑想が不可欠です。

瞑想は、神なる存在から手を差し伸べてもらう唯一の方法ではありませんが、神なる存在と交流する方法としては、最も一般的で効果的な方法のひとつです。

瞑想や祈り以外のときに高次を呼ぶ

瞑想は〈神の光〉を高次にお願いする唯一の方法ではありません。光が必要でも瞑想できる場所にいるとは限らないというケースは、いつ何時でも起こることでしょう。聖なる存在は、必要であればいつでも自分を呼んでほしいと思っています。それは神聖な経験の一環です。瞑想中もそうでないときも、聖なる存在は人の生活にかかわっています。瞑想の時間は神なる存在とつながる非常に神聖な時間ですが、彼らは常に近くで人を支えていますし、想像もしていなかったときに支援を申し出てくれることも少なくありません。

瞑想以外のときに高次を呼ぶ場合は、主に教師役の天使に助けを求めることになります。教師役の天使はスピリチュアル・ヒエラルキーへとつながるリンクであることを思い出してください。つまり、彼らを呼ぶことにより必要な支援はどんなものでも得られます。意識を高めて、前述した瞑想のプロセスを行う必要はありません。ただ目を閉じて、命の単一性《ワンネス》を感じたら、自分が必要とする支援と光を教師役の天使にお願いします。光が降りてくるところをイメージしたければしても構いません。この呼びかけはいつでも行えます。

たとえば、職場の会議の最中にうまくいっていないことがあるとします。参加している人たちが感情的になり、自分はそのネガティブなエネルギーに飲み込まれてしまいそうです。そういうときは、黙って教師役の天使に助けを求め、たとえば、自分の心の安定を保つために調和をもたらすエメラルドグリーンの光線をお願いします。ものの見え方がどのように変化し、良い方向へと向かっていくか、注意して観察しましょう。あるいは、激しい運動の最中にエネルギーが足りないと感じているなら、シンプルに次のように言ってみてください――「親愛なる教師役の天使よ、エネルギーを回復するためにカーネーションレッドの光線を与えてください。どうかよろしくお願いします」。そしてその生き生きとしたカーネーションレッドの光線の力を感じます。ただそれだけです。

日常的な活動の最中に教師役の天使を呼ぶことで、瞑想の効果も大きくなります。お願いする力を実際に稼働させやすくなりますし、光のなかで安定して過ごせます。自分の生徒を見ていてよく思うのは、瞑想以外では教師役の天使をほとんど呼んでいないということです。一日の流れのなかで神なる存在を感じることは、聖なる存在との絆を強化する最も簡単で効果的な方法のひとつです。

スピリチュアル・ヒエラルキーとつながると〈神の光〉を受け取れるだけでなく、導きと指南も得ることができます。聖なる存在はこのように、あらゆるインスピレーションや導きの源である〈神の精神〉の特使としても働いています。

共著者であるディミトリには、聖なる存在とその導きにまつわる感動的な逸話があります。もう何年も前のことですが、私が初めて会ったとき、ディミトリは二十代で、劇的なスピリチュアルな目覚めを体験したばかりでした。その体験によりディミトリの人生は変わったのですが、スピリチュアルな探究にはまだ着手していませんでした。素晴らしい家庭の出身で、始めたばかりの映画の仕事では将来を有望視されていましたし、形而上学に対する燃えるような情熱ももっていました。ただ、形而上学とは縁のない生い立ちだったため、スピリチュアルな生活を送るということがどういうことかまだよくわかっていないようでした。

ディミトリに会ったときに最初に印象に残ったのは、彼の高次の性質でした。ディミトリは、私が人のオーラに見たことがあるなかで最も発達した高次の性質をもっていました。ディミトリの低次の性質、すなわち「人間のオーラ」は、当初はこの高次の発達レベルを反映していませんでした。つまり、呼び覚ますべきものがたくさんあったのです。こうしたケースは、特に今日では珍しいものではありません。過去生で魂を発達させているものの、その力を今生で取り戻す必要がある人たちは大勢います。ディミトリに会う前、私は聖なる存在から、私の行っているスピリチュアルな仕事を補佐する役割を担う人に会うだろうと言われていました。そしてディミトリと最初に会ったこのときから、彼こそがその人だとはっきりお墨付きをもらいました。

一緒にスピリチュアルな訓練をするようになると、ディミトリはすぐになじみました。ただ、自分が秘めている可能性について、ディミトリは高次からいくつかヒントをもらっていたものの、全貌は見えないままでした。すべてを見せて彼を圧倒してしまわないように、高次が配慮したためです。ディミトリには、自分の将来のライフワークがどのようなものになるのか、はっきりわかりません。全体像をつかめるようになる前に、たくさんの訓練を積んで魂がもつ可能性を伸ばし、いくつもの試験に合格する必要がありました。私には、ディミトリが訓練で成果を上げれば、私の後継者として〈光界の教え〉を伝える仕事を引き継ぐべき人になるとわかっていました。

ディミトリは立派にも、形而上学をいっそう深く追求するために早い段階で人生の進路を変える決断をしましたが、当時の彼は非常に異なる道を歩んでいたため、進路変更は容易ではありませんでした。スピリチュアルな訓練により専念するため、仕事のチャンスもいくつか手放さなければなりません。進路を変更するということは、多くのことを変え、ときにはひっくり返すということでした。誰もがこのように人生の方向転換を求められるわけではありませんが、ディミトリにとっては正しい選択でした。

しかし、いくつか犠牲を払っても、ディミトリが期待していたような「新たな人生」はなかなか始まらず、スピリチュアルな機会もすぐには開けません。私は、ディミトリが落胆し、当惑しているのを感じました。彼の形而上学に対する情熱は衰えていませんでしたが、仕事や私生活について誤った決断をしてしまったのではないかと、彼は思っていました。どちらの道を進むべきか確信がもてなくなり、事態は混乱しました。始まるはずの人生はいまだ始まらず、かつての人生に戻ることもできません。私はディミトリに光を掲げていましたが、介入しすぎるわけにもいきませんでした。これは明らかに、彼がひとりで向き合わなければならない重要なレッスンだったからです。探究は続き、ディミトリはそのあいだ熱心に瞑想をして、神に導きと啓示をお願いしていました。それでも答えがやってくる様子はありませんでした。

ある日、私たちが瞑想をしていると、大天使ガブリエルがとても近くにやってくるのが見えました。ガブリエルは射るように鋭いサファイアブルーの光線をディミトリに照射しました。サファイアブルーの光は強い癒しの力をもつ光です。その光が彼の意識の隅々へと行きわたり、特にオーラ内の精神の部分に向かいました。大天使ガブリエルは熟練の癒し手であり、その彼が実際に人を癒すところを見られたのは素晴らしい体験でした。精神の部分に特に光を当てていたのは、ディミトリが混乱した考えや誤った考えを手放せるようにするためです。ディミトリはとても元気が出たように感じたそうです。彼を取り巻いていた悲観的なエネルギーも、いつの間にか消えていました。ガブリエルの祝福を受けてから、ディミトリのオーラは目に見えて明るくなり、彼自身も以前と比べてさらに意欲的になりました。決意は最初から固めていましたが、ディミトリは新しいレベルの志を得たのです。

ディミトリの祈りに対して高次が応えたのは、ガブリエルが初めてでした。ディミトリはそれまでとは違った目線で物事をとらえるようになりました。これから歩むスピリチュアルな道のりは長いことを理解し、姿勢を改める必要があることに気づきました。つまり、今よりもさらに積極的に訓練をし、努力を重ね、すぐに結果が出ることは期待せずに取り組むべきだということです。このときを転機に、スピリチュアルな集中訓練が始まりました。その訓練によって神なる命の新たな次元が開け、ディミトリは自分の性質の発達した部分と再びつながることができました。スピリチュアルな取り組みが根付くには時間がかかるため、大変な時期はその後も何年か続きましたが、ディミトリは今や完全に打ち込んでいました。自分のクリエイティブな才能を生かせる仕事をしながら、スピリチュアルな面でも長期的な目標の達成を視野に入れて取り組むようになったのです。

今日、ディミトリはスピリチュアルな意味でひとつの素晴らしい頂点に到達しており、正当な資格をもったスピリチュアルな教師となっています。彼のオーラを見ると、今はもう低次の性質が高次の性質を見事に反映しているのがわかります。聖なる存在との直接のつながりも獲得しており、ちょうど良い時期がきたら、私が長年従事してきた仕事を引き継ぐでしょう。これが聖なる存在による導きと指南の力です。

導きを求めて高次のもとへ赴くとき、人は驚異的に蓄積された知識と経験にアクセスしています。聖なる存在はほとんどの場合、こうした英知を少しずつ分けてくれます。さらなる英知を与える前に、人が受け取った英知を実際に使える時間をとるためです。たとえば、私の人生の目的は何ですかと、人が高次に尋ねたとします。その人はおそらく混乱していて、はっきりした目標がないように感じているのでしょう。聖なる存在はその人にインスピレーションを与えますが、人生の目的を簡潔にはっきりと伝えることはまずありません。その理由は、第一に、混乱しているときはたとえ求めているものであっても、そのような直接的な答えをきちんと理解できなかったり、あるいはそうした答えに対する心の準備が十分に整っていなかったりするためです。第二に、聖なる存在はその人に対して、真の成長へとつながる自己発見の瞬間を体験してほしいと思っているためでもあります。真実は心のなかに生きて初めて意味をもつのです。

聖なる存在が最もよく行うのは、次のステップを示すことです。彼らは人が進むべき正しい方向を示します。そうすることで、人がすでにもっている内なる知を呼び覚まします。その後はしばらくその人を見守ります。与えられたインスピレーションにその人が従うかどうか。インスピレーションを受け入れて実行に移そうとするか、あるいは捨て去るか。自分が与えているものを人が実際に使っているのがわかったら、聖なる存在はさらなるインスピレーションと導きを授けてくれます。人がインスピレーションを役立てなければ、同じ働きかけを繰り返すか、他のアプローチを探すことになりますが、どちらにしても人がそのメッセージを受け取れるまで忍耐強く呼びかけを続けます。

こちらから高次に働きかけるときは注意して行うようにしてください。高次は、何をすべきかを人に伝えたり、人の代わりにスピリチュアルな成長をしたりするためにいるわけではありません。人が自らの可能性を最大限に発揮し、目的を達成する手助けをするために、そばで優しく見守っているのです。彼らはその人が何を成し遂げる定めにあるかすでに知っているため、日々その人に働きかけて、与えられた最高の目標に気づくよう促しています。つまり、導きや指南を求めるという行為は実際のところ、お願いというよりも、自分自身の心を開き、神の計画と一体になれるように姿勢を正すということなのです。

聖なる存在からの導きを得ることに関して、ひとつ大きな問題として残るのは、受け取ったインスピレーションが本当に高次から来ているのか、あるいは自分の頭から来ているだけなのか、どうしたらわかるのかということです。正しい道を歩めているか確かめたくて、何らかのサインや兆候を探す人は少なくありません。真実をお伝えするなら、受け取っている働きかけが本当に高次から来ているのかどうかは、試してみるまでわからないこともあります。直感と同様に、正しいと感じるならインスピレーションも実行に移してみましょう。誠実に訴えかけていれば、聖なる存在は呼びかけに応えてくれます。導かれた通りに行動を起こせば、正しい道を歩めているかはすぐにわかります。高次からの真の導きであるなら、結果はすぐに得られますし、続けたくなるはずです。自分自身の頭から聞こえる声だったとわかっても、それはそれでけっこうです。失敗から学びましょう。そうすれば次に高次に助けを求めるときには、少し賢くなっているでしょう。

導きを求めているのに応えてもらえないと最初は感じても、落胆しないでください。インスピレーションが強まるには時間がかかります。高次とつながろうとするまさにその努力が彼らとつながる橋を強化していますし、聖なる存在を一貫して意志決定のプロセスに加えることが大切です。彼らに働きかけるたびに、彼らのほうも働きかけてくれて、スピリチュアルな絆は深まっていきます。

導きと指南を得るために高次に働きかける際のヒントをいくつかあげておきましょう。


正しいやり方でお願いができれば成功したも同然

高次にお願いしたいことをよく考えてください。冷静に考えるのです。葛藤や怒りを抱えていたり、動揺していたりしたら、聖なる存在としっかりつながることは難しくなります。人の意識はその人の感情の影響を受けるからです。穏やかな安定した状態で考える時間をとりましょう。

お願いする内容に条件をつけてはいけません。求めているものが得られない可能性を残しておく必要があります。たとえば、非常に欲しいと思っているものがあって、導きを求めているとしても、あらゆる答えを想定しておかなければいけないということです。たとえ聞きたくない答えであってもです。自分が望む答えを得られるようにお願いの仕方をうまく変えればよいと考える人がいますが、当然のことながら、聖なる存在にはその人の意図が見えます。高次をだますことはできません。相手からの答えは自分がお願いしたのと同じ形で返ってきます。

お願いの準備

何についての助けを求めるか決め、率直な言葉でまとめたら、書きとめておくか、頭のなかではっきりと考え抜いておきます。

ハイヤーセルフ・ポイントに意識を高める

意識を高める祈りを行います。この祈りを行うときは、お願いする内容については考えません。最初に、神なる存在とひとつになるという心からの幸せを感じられるよう、高次に意識を向けます。心配事は存在しません。瞑想に入り、神の存在、神の単一性《ワンネス》を感じましょう。ハイヤーセルフ・ポイントに達したら、神に対する気づきの意識とその素晴らしさを感じ、聖なる存在が自分とのつながりを作っていることを感じてください。

〈神の光〉をお願いする

導きや指南と非常に相性の良い三つのスピリチュアル・エネルギー光線は、大天使ミカエルの管理する、英知の光をもたらす金色の光線と、主キリストの管理する、啓発と希望をもたらす白色光と、大天使ラファエルの管理する、神の知性と理解力をもたらす銀色の光線です。ここでは、ハイヤーセルフ・ポイントにだけエネルギーをおろせば大丈夫です。

金色の光線を通じて導きと指南を求める瞑想の祈り

天の父であり神聖な母である神様、大天使ミカエルと聖なるエネルギーの天使の指揮のもと、英知の光をもたらす金色の光線が私のスピリチュアルな知のハイヤーセルフ・ポイントに投射されるようにお願いします。その光が、神の理解、導き、指南を私の意識にもたらしてくれますように。

純白の光を通じて導きと指南を求める瞑想の祈り

天の父であり神聖な母である神様、主キリストと聖なるエネルギーの天使の指揮のもと、純白の光が私のスピリチュアルな知のハイヤーセルフ・ポイントに投射されるようにお願いします。その光が、〈神の精神〉が放つ力光線をもたらし、私が〈神の精神〉とひとつになれるよう意識の波動を最高のレベルまで高めてくれますように。その光によって、私の意識にある雑念や啓発されていない思考が解き放たれるようにお願いします。

銀色の光線を通じて導きと指南を求める瞑想の祈り

天の父であり神聖な母である神様、大天使ラファエルと神の知性の天使の指揮のもと、銀色の光線が私のスピリチュアルな知のハイヤーセルフ・ポイントに投射されるようにお願いします。その光により私のスピリチュアルな理解力が高まり、聖なる存在が言っていることをはっきり理解できるようになりますように。

教師役の天使にお願いする

つながりが確立して、晴ればれと啓発された状態になったと感じたら、願いごとを神の祭壇に預けます。結果に対して完全に身をゆだねてください。自分の予想や希望したものとは違っても、あらゆる結果を受け入れる準備を整えてください。

導きと指南を得るうえで頼りにしたい聖なる存在は、教師役の天使です。スピリチュアルな旅をする人を助ける役目を直接担い、人からの呼びかけに対して応える存在です。彼らは人が必要とするインスピレーションを得るためなら、どの位階のスピリチュアル・ヒエラルキーにもアクセスできます。お願いをするとき、そして聖なる存在に働きかけるときは常に、「かかわるすべてのもののために神の法則と愛に従って」という一言を添えましょう。

お願いをする際は、胸のうちにある欲望は捨て置いてください。もちろん神にはこちらの必要としているものがわかっていますが、欲望をあえて捨て置くことで、自らの行動を神にゆだねていることになります。自分の手で物事を管理するのをやめ、神の手にゆだねているのです。

しっかり受け取る

お願いをしたら沈黙に入ります。精神をできるだけ静かに保ってください。ここでも、状況を操作しようとしないことです。精神は今や受信機になっています。ラジオのように、神なる存在が送っている信号を受信しようとしています。インスピレーションはあらゆる形でやってくる可能性があります。考え、イメージ、音、感覚、いずれの場合もありえます。

感謝を述べる

インスピレーションを受け取ったら感謝を伝えます。何もやってこなくても感謝を伝え、答えはいずれやってくるということを忘れないようにします。お願いはしたので、答えは何時でもやってくる可能性があります。もし答えがすぐに来なくても落胆する必要はありませんが、しっかりと心を澄ませていれば、たいていは何かが訪れるものです。

得た答えにもとづいて行動する

インスピレーションを受け取ったらそれにもとづいて行動してください。インスピレーションを実行に移すなかで確証が得られ、さらなる活動へとつながっていきます。心を開いて希望に満ちた状態を保ちましょう。

インスピレーションの力を鍛える

インスピレーションは直感とは違います。前述したように、直感はスピリチュアルな感覚が無意識に働くものです。直感は神秘の感覚を目覚めさせる過程の一環として、誰もが得ることになっているスピリチュアルな手段です。

直感が感覚を通じた体験であるいっぽう、インスピレーションは精神を通じた体験になります。聖なる存在はインスピレーションを使って、〈神の精神〉から受け取った特定の考えを人に送ります。彼らはその考えを人のハイヤーセルフからエーテル的な部分へ、そしてメンタル・チャクラへと送ります。第13章で述べたように、魂が聖なる存在とテレパシーで直接交流する方法をエーテル的仲介と呼びます。聖なる存在と意識でつながる橋をまだ架けていない場合であっても、スピリチュアル・ヒエラルキーはその人のエーテル体を刺激しますし、この刺激は精神／脳で受信できるものです。エーテル体とこうして無意識につながることを、インスピレーションと呼びます。

問題は、意識は常に聖なる刺激に向けられているわけではないということです。自分自身の思考はもちろん、世のなかに無数にある考えや精神的打撃の数々に占領されてしまっていることがほとんどです。聖なるインスピレーションをもっと受け取るためには、頭のなかから雑念を一掃することが不可欠です。新鮮な新しい思考が入る余地を残しておく必要があります。頭がすっきりしていないような気がしたら、次にあげるお祈りを使って大天使ミカエルの管理するオレンジと赤の炎をお願いし、すっきりさせてもらいましょう。

オレンジと赤の炎で精神を浄化するための瞑想の祈り
天の父であり神聖な母である神様、大天使ミカエルと浄化の天使の指揮のもと、オレンジと赤の炎を私のメンタル・チャクラに投射し、混乱した考え、幻想、妄想をすべて解き放ってください。精神的打撃の数々や衝突はもちろん、私が受け取ったり、自ら生み出したりした啓発されていない思考のすべてを取り去り、黒や灰色の原子から成るこうした雑念を鉱物界で光の力により分解してください。

次に、大天使ガブリエルの管理する青と白の火をお願いして、回復力を得ましょう。

青と白の火で精神を回復するための瞑想の祈り
天の父であり神聖な母である神様、大天使ガブリエルと生命力の天使の指揮のもと、青と白の火を私のメンタル・チャクラに投射し、永遠の命をもたらすその聖なる光によって私をエネルギーで満たし、回復してくださるようにお願いします。その光を浴びることでメンタル体が回復し、再生し、強化されますように。

最後に章の結びとして、大天使ガブリエルの管理する淡青色《パウダーブルー》の光線を得るための瞑想の祈りをご紹介したいと思います。この祈りは導きや指南を得るためのものというよりは、独創的な思考を得るためのものです。新しいクリエイティブなアイディアをもたらしてくれます。発明をしたり、何か新しいものを生み出したりするなら、この力は不可欠です。オーラを見ると人の頭上によく確認できる力ですが、これは聖なる存在がその人に新しい考えを送っていることを示します。新しい考えがまったく浮かばず、反復的な思考パターンに陥っているなら、淡青色の光がインスピレーションの経路を開く力になってくれるでしょう。

淡青色《パウダーブルー》の光線で新しいインスピレーションを受け取るための瞑想の祈り

天の父であり神聖な母である神様、大天使ガブリエルとインスピレーションの天使の指揮のもと、インスピレーションをもたらす淡青色の光線を私に投射してください。新しいアイディアや新鮮な思考が自由に私の意識に流れ込み、インスピレーションを常に受け取れる状態にしてくださるようにお願いします。与えられたインスピレーションに従う勇気を私にお与えください。

インスピレーションの力を鍛えるための一環として、本書でご紹介する光を使った瞑想の祈りはすべて行ってください。オーラ内のその力を鍛えると意識の次元が上がり、より高い気づきを得られる効果もあります。ハイヤーセルフ・ポイントと強いつながりをしっかり築きながら、あらゆるインスピレーションが流れるその通路を確保できるように心がけましょう。

第17章　神との交流に関するまとめ

本書を通して、神なる存在と交流するために不可欠な手段をできるだけご紹介してきました。こういった手段は、私が数十年にわたって教育の現場で使い、個人的にも用いてきたものです。使いこなせるように時間をかけて練習すれば、聖なる存在との関係は大いに深まるでしょう。おわかりのように、スピリチュアル・ヒエラルキーについて学ぶのは大変です。身につけるべきことがたくさんあります。この章では、高次とのワークにすぐに取りかかれるように、鍵となるポイントをまとめ、また簡単な実践方法もひとつお伝えしたいと思います。

これまで見てきた聖なる存在とつながるうえで目指したい基本的な目標は、以下の四つです。

1．認知

聖なる存在とつながるには、相手とかかわる必要があります。彼らはいつもそばにいてくれますが、こちらの態度と注意が重要です。どんな関係でもそうであるように、相手を自分の生活の一部とすることで結びつきが形成され、つながった際の効果が増加します。

2．理解

聖なる存在についての知識が増えれば増えるほど、状況は良くなります。どんな技術や技芸もそうであるように、自分が何をしているかをきちんと把握しておく必要があります。時間をとって、どの聖なる存在がどんな役目を果たすのかを理解してください。誰を呼ぶべきかはっきりわからないときは常に、神の知性に導きを求めましょう。それから、低次のスピリットの危険性にも注意してください。うわべだけで物事をとらえないでください。直感やインスピレーションはすべて試し、実体験にもとづいてその価値を見きわめるようにしましょう。

3．瞑想の祈り

瞑想は、神なる存在と交流する最も親密な時間です。瞑想と祈りを毎日の日課にし、起こる奇跡を見守ってください。一日に十五～二十分から始めるとよいでしょう（第15章を参照）。

4．直感とインスピレーション

直感は感覚による体験、インスピレーションは精神による体験です。直感とインスピレーションは人が聖なる働きかけを受け取る方法です。この二つの力を鍛えることで直接的な交流ができるようになります（第13章と第16章を参照）。

まずは教師役の天使とつながる

教師役の天使は、最初につながるべき聖なる存在です。彼らはスピリチュアル・ヒエラルキー全体への扉であり、名前は教えてくれませんが、知らなくてもまったく問題ありません。人が必要とするときにそばにいてくれます。

教師役の天使と今すぐつながるための簡単な実践方法を以下にご紹介します。

●座り心地の良い椅子に、足を組まずに背筋を伸ばして座ります。
●保護の光が金色のシャボン玉のように自分を包んでいるところをイメージします。二、三回深呼吸して、リラックスしましょう。
●頭上約六十センチのところに金色の太陽（ハイヤーセルフ・ポイント）をイメージし、そこに意識を向けます。金色の太陽が神に対する気づきで満たされているのを感じます。そうしながら、自分の意識が高まり、心配や気がかりなことがなくなるのを感じてください。自分は今、神の知がある神聖な場所にいます。
●頭上の金色の太陽から、濃いバラ色の美しい光線が自分へと注がれているのをイメージします。この〈神の光〉が降りてくると、大量の愛――無条件の愛――を感じます。精神と体と魂を祝福する優しい光です。その聖なる光の力を浴びると心は浮き立ち、癒され、明るい気分になり、自分がひとりではないのを感じます。教師役の壮麗な天使が近くにいて、愛を送っているからです。この聖なる存在に強い親しみを覚え、自分が愛されて支えられていることがわかります。祝福に大いに感謝しましょう。
●そのまま静かに二～三分待ち、最後まで祝福を受け取ります。

●意識を再び頭上の金色の太陽に戻します。その太陽の美しさと力をいっそう深く感じられるでしょう。ここまで来ると今度は、近くにいる教師役の天使が純白の光を送ってくれているのを感じます。非常に明るい光ですが、少しも目はくらみません。この白色光とともに天使の力が近づいてくるのを感じます。まるで天使が同じ部屋のすぐ近くにいるような感じです。白色光は、思考や感情、言葉、行動など、あらゆるレベルの意識を祝福します。体の細胞のひとつひとつがこの白色光を受け取っています。さらなる高まりを感じ、神なる存在とひとつになっているのを感じましょう。
●こうした神秘な結合をすると安心感を覚え、頭が冴えわたります。心を開いて、神の祭壇に、質問、懸念、願望などをひとつ置き、教師役の天使に祝福と導きとインスピレーションをお願いします。
●そのまま静かに二〜三分かけて、反応を待ちます。
●受け取ったものすべてに対して感謝を伝えます。答えを受け取れたら、その答えを実行できるように最善を尽くします。受け取れなかった場合でも、答えはいずれやってくるということを忘れずに、やってきたら受け取れる状態を保ちましょう。
●地上の意識に戻り、しっかり地に足がついているのを感じます。もう一度、金色のシャボン玉のような保護の光を周囲にイメージします。
●これで終わりです。

スピリチュアル・ヒエラルキーのまとめ

以下は、この本で見てきたスピリチュアル・ヒエラルキーに属するメンバーのまとめです。

スピリチュアル・ヒエラルキーのリーダーたち

英知の光の主（主キリスト）　人類全体を導くスピリチュアル・ヒエラルキーのリーダー。〈英知の光の主〉とそのもとにいる天使たちは白色光をもたらす。
聖霊《ホーリー・ゴースト》　聖霊《ホーリー・スピリット》と並んで神の計画を遂行し、命にまつわる神の法則に人類を確実に同調させる役目を担うダイナミックな存在。
聖霊《ホーリー・スピリット》　聖霊《ホーリー・ゴースト》とともに神の計画を遂行する存在。人がスピリチュアルな道を歩みつづけられるように熱心に働き、神の導きと適切な指南に深くかかわる。

四大天使（大天使の中心的リーダー）
ミカエル　上位の大天使で、神の発するダイナミックな力を担当し、英知の光と保護をもたらす金色の光線、浄化をもたらすオレンジと赤の炎、活力をもたらすカーネーションレッドの光線、集中力をもたらすレモンイエローの光線などを管理する。
ガブリエル　癒しの力、繁栄のエネルギー、創造力をもたらす大天使。ガブリエルの管理するスピリチュアル・パワーには、新たな生命力と癒しをもたらす青と白の火、バランスをもたらすエメラルドグリーンの光線、繁栄をもたらすターコイズの光線、インスピレーションをもたらす淡青色《パウダーブルー》の光線などが含まれる。
ラファエル　同じくダイナミックな大天使で、神の知性をもたらす銀色の光線を投射し、人がスピリチュアルな面で覚醒した鋭敏な状態を保てるようにする。ラファエルの専門領域にはビジネス、科学、教育が含まれる。神の導きと適切な指南を与えるだけでなく、スピリチュアルな感覚を活性化してくれる存在。

ウリエル　マグネティックな大天使で、スピリチュアルな愛をもたらす濃いバラ色の光線と、神の平和をもたらす紫とすみれ色の光線を管理する。人が神なる単一性《ワンネス》とつながっていられるようにし、人間同士の関係を愛に満ちた状態に保ってくれる存在。

専門領域をもつ八大天使（四大天使とともに十二大天使を形成）

ザドキエル　カルマおよび原因と結果の法則に携わる大天使。原初の光を使い、人類に対して命にまつわる自然の法則と神の法則を執行する手伝いをする。
サミュエル　転生のプロセスを管理する。真実をもたらす紺青色《ロイヤルブルー》の光を司る大天使。
サリエル　ダイナミックな大天使で、心理学の世界で働き、精神と感情の安定を維持できるように助ける。スピリット光を使うことで、人が間違った願望や依存症や嗜癖を手放し、神を求める思いを高めるのを手伝う。
天のルシファー　同じくルシファーと呼ばれる堕落した大天使とは別の存在で、肉体の発達と維持に強く関係する大天使。肉体内の物理的原子を完全な状態に保ってくれるスピリット物質をもたらす。
ハニエル　マグネティックな大天使。スピリチュアルな進化のプロセスをたどる魂がひとつの意識レベルから別の意識レベルへと跳躍するのを助ける。人類のアセンションのプロセスを支援する宇宙光《コズミック・ライト》を使う。
ラジエル　パワフルな大天使で、魂が疲れていたり、負担を感じていたりするときなどに、元気づけて回復させる役目を果たす。聖なる呼吸を使って精神と体と魂を再生させてくれる。
ジョフィエル　美しいマグネティックな大天使で、大天使ウリエルと密接に連携して働く。無私の愛をもたらす真珠の輝きを帯びた淡いピンクの光を使って、魂が執着を手放し、無条件の愛とより密接に交われるように手助けする。
サンダルフォン　ダイナミックな大天使で、〈神の聖なる言葉〉をもたらす。人の話し方や声に宿るスピリチュアルな力が振動としてエーテルへと伝わる過程に大きくかかわる。

天使

ケルブ　希望、楽観性、驚きのエネルギーをもたらす天使界の赤ちゃん。他の天使たちとともにやってくる。天使界で感じる興奮に満ちた存在。
ジョイガイド　天使界の子どもで、元気と楽しさに満ちている。人に活力を与え、笑顔を絶やさずにいられるようにしてくれる。地上にいるどの魂にもジョイガイドはついている。
聖なるエネルギーの天使　大天使と密接に協力し、聖なる力がもつ多様な特性や性質を管理する天使。
守護天使　ヒエラルキーと人間の魂とのあいだの聖なるつながりと交流を維持する天使。教育の天使を綿密にサポートし、彼らを手本にしている。
教育の天使　人類と日常レベルで最も強く結びついている天使。人の魂にはそれぞれ、スピリチュアル・ヒエラルキー全体へのリンクとなるスピリチュアルな教師が任命されている。支援とインスピレーションを求めてこの聖なる存在に毎日呼びかけることが重要。さまざまなタイプがいて、それぞれに技術と専門領域をもっている。
天軍九隊　この天使の集団には、ユダヤ／キリスト教の伝統的教義に説明のある、九つの階級の天使（天軍九隊の天使、天軍九隊の大天使、権天使、能天使、力天使、主天使、座天使、智天使、熾天使）が含まれる。宗教的信仰の厚い人や自らの高次の性質に近づこうと奮闘している人を特に助ける存在。

聖なる偉大な兄弟愛の天使　天使界のエリート。天使の軍勢のリーダーで、覚醒のプロセスと強く結びついている。

人間の魂による支援
天のスピリチュアルな教師　肉体をもって地上に転生する段階を超えたところまで進化し、高みにある天界まで到達した人間の魂。教師役の天使と似たような役目を果たすが、教師役の天使ほどは発達していない。天のスピリチュアルな教師は教師役の天使に教えを請う準備ができていない魂にあてがわれ、自分のなかにあるスピリチュアルな可能性にまだ気づいていない人たちを支える。
スピリットガイド　教師役の天使とつながれるように力を貸してくれる、覚醒した人間の魂。地上に転生しているスピリチュアルな教師にまだ出会えていない人にとって特に重要。

つながるべき聖なるエネルギーの天使

大天使や主キリストを手伝い、人類に光と力を送ってくれている天使はたくさんいます。聖なるエネルギーの天使として類別できるこうした存在を、以下により詳しく列挙してみましょう。

英知の光の主（主キリスト）
純白の光の天使、天啓の天使、キリストの光（人類のための英知の光線）の天使

大天使ミカエル
英知の光の天使、啓蒙の天使、オレンジと赤の炎の天使、浄化の天使、保護の天使、ボディガードの天使、精神力の天使、動機づけの天使、神意の天使、集中力の天使、エネルギーと活力の天使、信仰の天使
大天使ガブリエル
青と白の火の天使、癒しの天使、生体化学者の天使、バランスの天使、創造力の天使、インスピレーションの天使、決断力の天使、献身の天使、繁栄の天使
大天使ラファエル
知性の天使、コミュニケーションの天使、経済の天使、ビジネスの天使、正しい方向性の天使、整備士の天使、科学の天使、導きの天使
大天使ウリエル
愛の天使、平和の天使、思いやりの天使、理解の天使、光の姉妹（幼子を担当）
大天使ザドキエル
神の正義の天使

大天使サミュエル
真実の天使
大天使ジョフィエル
無私の愛の天使

第18章　聖なる存在とともに歩む

スピリチュアル・ヒエラルキーについて掘り下げてお話しし、そのまとめを終えたところで、さまざまなスピリチュアルな存在が私たちの活動や意識の隅々まで働きかけていることがおわかりいただけたと思います。

神との交流とは、スピリチュアル・ヒエラルキーを通して自らの神聖な源とつながることを意味します。聖なる存在は、私たちひとりひとりを駆り立て、神へとつながる橋を築けるように熱心に働いています。どんな関係もそうであるように、物事がうまくいくことを望むならその関係に打ち込む必要があります。神なる存在が表す愛や気配り、聖なる存在がもたらす力や英知は、人の理解できる範囲を超えたものです。彼らが与えてくれるものにしっかり報いるには、神なる存在を表現する存在となり、他の人の手本になるしかありません。人が自分のなかに神なる存在を通わせると、神はそうした本人だけでなくその人の周囲の人をも祝福します。ハイヤーセルフに意識を高めて交流するたびに、人はその交流の一部を地上にある人間としての意識に持ち帰り、これによりオーラと意識が向上します。そのうえで、聖なる存在が授けてくれた真実を生きると、その人の思いやりは増し、魂は進化します。

聖なる存在とつながると、人生のあらゆる側面が祝福されます。スピリチュアルな成長に集中すれば、ちょうど良いときに高次の存在に気づけるでしょう。今すべきことは、高次が行ってくれている働きかけを認識することです。その信号は、スピリチュアルな感覚が開花していなくても受信できます。高次が与えている直感とインスピレーションを解釈することを学んでください。

毎日、高次を認識してください。彼らの波動と光線を感じてください。助けと支援を求めてください。高次がしてくれるすべてのことに愛と感謝を示してください。

忍耐強くあってください。スピリチュアルな梯子を一晩でのぼることができないように、高次との神秘なつながりを一気に形成することはできません。インスピレーションを通じて教えられた手順に従っていけば、やがてスピリチュアルな結合という目標を達成できるでしょう。そうしてスピリチュアル・ヒエラルキーとの交流を重ねるうちに、神なる存在と直接会える日がいずれやってきます。

付録　スピリチュアル・ヒエラルキーを介して〈神の光〉を受け取る瞑想

ハイヤーセルフ・ポイント

ハイヤーセルフ・ポイントは頭上約六十センチのところにあり、神聖な源から流れ出るすべての光とインスピレーションを受け取る場所です。第八のスピリチュアルなチャクラとして考えることができ、金色の太陽のように見えます。あらゆるスピリチュアル・エネルギーはハイヤーセルフを経由して人へと届きます。

四つの重要なチャクラ

人には七つのチャクラがあり、スピリチュアルな構造の一部を成しています。ただし、スピリチュアルなエネルギーを受け取る際に特に重要な役目を果たすのはそのうちの四つで、スピリチュアルな光を得るときにはこの四つを大いに活用することになります。四つのスピリチュアルなチャクラは、内部から美しい光線を発する金色の光の球のように見えます。

1．メンタル・チャクラ

額の中心に位置する、意識的に考える自己の核。

2．喉のチャクラ

喉の中心に位置する、創造的な声の核。

3．ヘルメスのチャクラ

胸の中心に位置する、個人的な事柄の核。

4．感情のチャクラ

臍がある太陽神経叢に位置する、感情のエネルギー的な核。

〈神の光〉を受け取る瞑想の六つのステップ

プロセスの詳しい説明については、『オーラを変えて人生を変えなさい』を参照してください。ここでは、瞑想の六つのステップをご紹介します。

光を受け取る六つのステップは以下の通りです。

1．リラックスする

興奮した状態で瞑想を始めないでください。努力して心配事を手放します。

2．保護を固める

瞑想を始める前に、周囲に金色のシャボン玉のような保護の光を思い描きます。

3．スピリチュアルなチャクラを点検する

スピリチュアルなチャクラが時計回りに動いていることを確認します。

4．ハイヤーセルフとつながる

意識を頭上の金色の太陽に向けて、神の現存のうちに自分がいることを感じます。

5．〈神の光〉の投射を受け取る

6．地上に戻る

〈神の光〉を受け取ったら、感謝を述べ、光を体と意識全体に均一に行きわたらせてから、瞑想を終えます。

神との交流

スピリチュアル・ヒエラルキーの手引き

訳者紹介
山田恵（やまだめぐみ）
山形県鶴岡市出身。東北大学博士（国際文化）。仙台白百合女子大学教授。専門はアメリカ文学。2009年に著者と出会い、以来親交を深める。現在、著者が設立した形而上学の非営利教育機関であるスピリチュアル・アーツ・インスティテュートの日本語プログラム責任者として、通訳・翻訳・クラス指導等を行っている。

スピリチュアル・アーツ・インスティテュート公式サイト
http://www.spiritualarts.org/
日本公式ブログ「オーラブログ・ジャパン」
http://aurablog.jp/

2022年8月30日　第1刷
〔著者〕
バーバラ・Y・マーティン
ディミトリ・モライティス
〔訳者〕
山田恵
〔編集〕
藤沢祥子
〔発行者〕
籠宮啓輔
〔発行所〕
太陽出版
〒113-0033　東京都文京区本郷 3-43-8
TEL 03（3814）0471　FAX 03（3814）2366
http://www.taiyoshuppan.net/
E-mail info@taiyoshuppan.net

〔装幀・DTP〕KMファクトリー
〔印刷〕株式会社 シナノ パブリッシング プレス
〔製本〕井上製本
ISBN978-4-86723-087-9